세계문학 속의

# 한국전쟁

**일러두기**

1. 번역서에서 인용한 부분의 지명이나 맞춤법 등은 표준국어대사전에 맞게 수정하였으며, 한자의 오류와 오자는 바로잡았습니다.

2. 작가의 약력이나 업적은 원서와 번역서, 위키백과 그리고 저자의 책『한국을 사랑한 세계작가들』등을 참고하여 편저하였습니다.

3. 각 해당 작가의 작품들은 번역서가 있는 경우 번역서의 제목과 함께 원서의 제목을 기재하였고, 번역서가 없는 경우 저자의 번역으로 한국어 제목을 기재하거나 원서 제목만 기재하였습니다.

4. 이 책에 소개한 일부 작가와 작품은 저자의 책『한국을 사랑한 세계작가들』에서 소개한 바 있습니다.

# 세계문학 속의 **한국전쟁**

38인의 작가로 읽다

최종고 지음

와이겔리

# 세계의 명저들 속에서
# 한국전쟁을 발견하다

무슨 뜻인지도 모르면서 '잊혀진 전쟁(forgotten war)'이란 별칭으로 함부로 불리는 한국전쟁이 작년에 어언 70주년을 맞았다. 세상이 많이 바뀌어 과거지사가 잊혀지는 면이 있다손 치더라도 용납할 수 없는 것은 국내에서도 '잊으려는 전쟁'처럼 보인다는 사실이다. 남북통일을 위해 6·25전쟁은 잊혀져야 한다는 정치적 분위기가 현저하다. 그렇지만 전쟁은 계속되고 있다는 사실을 우리는 알고 있다.

이러한 소용돌이 속에서 이런 의문을 가져본다.

한국전쟁이 16개국의 유엔군이 참여한 20세기 대전쟁의 하나라면 세계사적 지평에서 어떻게 기록되었고, 특히 문학에서 어떻게 작품화되었을까?

한국인들이 그렇게 갈망하는 노벨문학상을 수상할 수 있는 좋은 주제일 텐데, 『누구를 위하여 좋은 울리나』 같은 명작은 왜 나오지 않을까? 지금까지 한국전쟁을 다룬 문학작품은 어떤 작가들에 의해 어떤 형식으로 나왔을까? 이런 의문들을 품고 찾아보니 정연선 교수의 『잊혀진 전쟁의 기억: 미국소설로 읽는 한국전쟁』(2019)이란 연구서 외에는 좀처럼 보이지 않았다. 영문학자인 정 교수는 미국소설 100편가량을 분석하여 연구서를 내었는데, 나는 이 책을 읽고 직접 연락하여 대화하면서 전쟁문학의 중요성을 새삼 깨닫게 되었다. 그러면서 미국 외의 국가들에선 어떠한지 궁금해서 찾아보니 그 중요성을 더욱 실감할 수 있었다. 이것들을 한 권의 책으로 소개하자니 전문적인 전쟁문학 평론서보다는 일반인도 알 수 있도록 작가와 작품을 간단 명료히 소개하는 것이 바람직하다고 생각되었다. 문학과 작가란 개념이 광범하여 소설이나 시 외에도 수필, 르포, 전쟁 기사, 자전적 회고록 등이 포함된다. 소설이 픽션이라 해도 전쟁의 현실을 간과한 것이라면 의미가 없을 것이다. 아무리 역사가들이 전쟁사를 기록하더라도 문학의 서술과 묘사만큼 전쟁의 실상과 의미를 깊이 있게 포착할 수는 없을 것이다. 참고로 한국전쟁을 쓴 국내 시인 21인의 작품을 영문학자 서지문 교수의 번역으로 『Brother Enemy: Poems of the Korean War』(2002)란 책으로 나온 것도 있다.

한국전쟁은 세 가지 점에서 최초의 전쟁이므로 특히 흥미롭다.
첫째는, 세계사에서 처음으로 공산주의의 대외팽창을 유엔의 힘으로 저지 격퇴한 전쟁이다.
둘째는, 주력을 이룬 미국군이 역사상 처음으로 백인과 흑인이 동등하게 취급된 전쟁으로, 그에 따른 독특한 심리적 사회적 특징과 문제가 드러난 전쟁이다.

셋째는, 전쟁포로를 종전처럼 당연히 고국으로 귀환하지 않고 본인의 자유의사에 따라 선택하게 한 전쟁이다.

이에 대해 세계의 작가들은 여러 방식으로 자신의 작품 속에서 서술하고 있다. 한국전쟁은 세계문학에서 큰 의미를 지닌다는 사실을 한국 문인들은 명심해야 한다. 한국은 뭐니 뭐니 해도 전쟁이 일어나자 유엔 결의로 16개국이 참전한 국가로 기억되고, 한국인 최초로 노벨상을 받기 위해서도 가장 좋은 주제가 한국전쟁이라고들 얘기한다. 헤밍웨이의 스페인전쟁을 주제로 한『누구를 위하여 종은 울리나』와 같은 명작을 한국인들이 못 쓴다는 법이 있겠는가.

남북통일을 지향한다 해서 민족사 내지 세계사적 전쟁을 기억에서 지울 수 있을까? 3년간의 혈전, 지금도 종전이 아닌 정전상태로 남아 있는 이 민족사적 피멍을 우리는 도저히 잊을 수 없다.

저자는 지난 2년간『한국을 사랑한 세계작가들』을 세 권으로 출간하였는데, 그 책들에서 소개한 112인 중에 한국전쟁을 다룬 작가들도 수십인에 이른다.

본서에는 한국전쟁을 다룬 38인의 작가를 소개하고 있다. 그중 미국인이 29인, 중국인이 3인, 독일인이 1인, 프랑스인이 1인, 그리스인이 1인, 인도인 1인, 인도네시아인이 1인, 영국인이 1인이다. 그리고 김은국(Richard E. Kim)처럼 미국에서 영어로 작품활동을 하는 한국계 작가가 4인이다.

사실 한국전쟁을 다룬 한국 작가와 작품에 대한 연구도 제대로 되고 있는지도 의문이다. 그렇지 못하다면 이 역시 전쟁과 분단이 낳은 후유증이라 해도 과언이 아닐 것이다. 작가들은 자기 창작에 몰두하다 보니 이를 종합적으로 살필 겨를이 없고, 학계 또한 연구 층이 얇다 보니 이런 악순환이 계속되고 있는 듯하다. 그래서 안타깝게도 노벨상은 신기루같이 보이기만 한다.

본서는 학술적 이론서가 아니고 저서들을 평가하려 하지 않았다. 저자들을 소개하고 작품 속에서 몇 군데씩을 있는 그대로 뽑아 전달하려 한다. 본서가 이런 뜻을 담고 많은 독자에게 읽혀 우리의 마음속에 낙인처럼 찍힌 전쟁의 의미를 보다 바르고 깊게 이해할 수 있기를 바라마지 않는다.

이런 뜻에서 이 작은 작업을 6·25전쟁에서 전사하신 부친 최홍기 (1925~1951) 대위의 영전에 바친다. 그리고 이 책의 저술 과정에서 많은 조언과 격려를 주신 『95세 노병의 6·25참전기』(2020)의 저자 이동식 장군과 『잊혀진 전쟁의 기억』(2019)의 저자 정연선 교수, 서울대학교 중앙도서과 고문서실의 송지형 실장, 귀한 사진을 제공해주신 영문학자 김용권 교수께 심심한 감사의 뜻을 전한다.

2021년 5월
최종고

# 차 례

Douglas MacAr

Anthony Farrar-Hockley

## 제2장 ┃ 한국전쟁 현장의 증언과 기록

Marguerite Higgins

Ian Morrison

Han Suyin

Glenn Durland Paige

# 제1장

# 참전용사의
# 회고록에 담긴 한국전쟁

**더글러스 맥아더** Douglas MacArthur
『회고록 Reminiscence』

**매슈 벙커 리지웨이** Matthew Bunker Ridgway
『한국전쟁 The Korean War』

**마크 웨인 클라크** Mark Wayne Clark
『다뉴브강에서 압록강까지 From the Danube to the Yalu』

**에드워드 레온 로우니** Edward Leon Rowny
『운명의 1도 An American Soldier's Saga of the Korean War』

**필립 딘** Philip Deane
『나는 한국에서 포로였다 I was a Captive in Korea』

**해리 제임스 마이하퍼** Harry James Maihafer
『허드슨강에서 압록강까지 From the Hudson to the Yalu』

**안소니 파라-호커리** Anthony Farrar-Hockley
『한국인만 몰랐던 파란 아리랑 The Edge of The Sword』

# 01

## 더글러스 맥아더

Douglas MacArthur, 1880~1964

---

『회고록 Reminiscence』(1964)

---

더글러스 맥아더(Douglas MacArthur)는 미국 웨스트포인트 육군사관
학교를 수석으로 졸업하고 최연소 교장 및 육군참모총장을 거친 5성 장
군이다. '아메리칸 시저(American Caesar)', '미국의 슈퍼 영웅'이라 불린
맥아더는 제2차 세계대전 중에 서남태평양 전역(戰域) 사령관이었고, 연
합군 점령기에 전후의 일본을 통치했으며, 한국전쟁 초기 9개월 동안 유
엔군 총사령관직을 맡았다. 그에 대한 역사적 판단은 극과 극의 대립을
이루기도 한다. 비교적 근년에 나온 리처드 프랭크(Richard B. Frank)가
쓴 전기 『맥아더(Macarthur)』(2007)에는 "그에 대해 당신이 들은 최악의
말과 최대의 말은 모두 사실이다"라는 표현도 보인다. 아무튼 맥아더는
한국전쟁 당시에도 슈퍼스타였다.

그는 1880년 아칸소주 리틀록의 병영에서 아서 맥아더 주니어(Arthur MacAthur Jr.) 장군의 아들로 태어났다. 아버지는 걸을 때도 사병들과 똑같이 걸음으로써 어린 아들에게 지휘관이 먼저 규칙을 지켜야 한다는 것을 가르쳐주었다. 웨스트포인트 육군사관학교를 수석으로 졸업하고 제1차 세계대전 당시 무지개부대(42사단)를 이끌고 프랑스에서 복무하였다. 1919년 육군사관학교 교장이 되고, 육군 소장, 대장에 이어서 윌슨 대통령 때 최연소 미 육군 참모총장으로 임명되었고, 1935년에서 1937년까지 필리핀 정부 최고 군사 고문을 지냈다. 프랭클린 D. 루스벨트 대통령 초기인 1937년에 퇴역하였다. 그의 아버지도 필리핀 총독을 지냈으며 2대에 걸쳐 맥아더 가문은 필리핀에서 막대한 이권과 영향력을 가지고 있었다.

이렇게 필리핀 상황에 정통했기 때문에 일본의 진주만공격 직후에 바로 현역으로 복귀해 필리핀 전선에 투입되었다. 제2차 세계대전 중인 1941년 예비역에서 소집되어 현역으로 복귀함과 동시에 필리핀 주재 미국 극동군 사령관이 되었다. 1942년 서남태평양 방면 연합군 총사령관이 되고, 1944년 원수가 되었다. 1945년 일본군을 격파하고 필리핀에 상륙하였으며, 이후 대일(對日) 점령 연합군 최고사령관으로서 8월 30일 일본 땅에 첫발을 디뎠다. 일본 최초의 외국인 집정관이기도 한 맥아더는 일본인을 쉽게 다스리기 위해 일본 천황의 "덴노는 인간" 발언을 이끌어낸 것으로도 유명하며, 성서를 대량으로 유포하는 등 기독교로 일본을 순응시키려고 하였다.

1950년 6·25전쟁이 일어나자 유엔군 총사령관에 임명되었다. 군부의 반대에도 불구하고 인천상륙작전을 감행해 전투를 성공적으로 지휘해

상륙군 지휘함 USS 마운트매킨리함에서 인천상륙작전의 포격을 관찰하고 있다. 앞줄 좌부터 코트니 휘트니 준장, 더글러스 맥아더 총사령관, 에드워드 아몬드 소장(1950. 9. 15.)

전쟁의 양상을 뒤바꿔 놓았다. 맥아더 장군은 인천으로 상륙한다는 것을 최측근에게조차 알리지 않고 비밀로 하고 '군산상륙작전'이라는 허위사실을 작전상 고의로 유포했다. 특히 인천의 앞바다는 전 세계적으로 조석간만의 차, 즉 밀물과 썰물의 차이가 가장 큰 해변으로 유명했는데 맥아더의 군산상륙작전의 발언은 그래서 더욱 신빙성이 높아졌다. 이 사실이 북한군에게도 알려져서 북한군은 군산의 방어를 강화했는데 맥아더는 오히려 이 점을 노렸던 것이다.

그는 한국전쟁에서 독단적으로 행동해 트루먼 대통령의 불신을 샀다.

한국전쟁 후 미국에서 매카시스트, 즉 극단적 반공주의인 매카시즘 추종자로 낙인찍힌다. 또한 중국이 한국전쟁에 수십 개 사단급 병력을 보내어 개입하자 만주에 원자폭탄을 투하해야 한다고 주장하기도 하였다. 이로 인해 "만약 그가 트루먼에 의해 해임되지 않았다면, 세계대전이 한 번 더 일어났을 것"이라는 비판을 사기도 했다.

## 작품 속으로

『회고록(Reminiscence)』은 1964년에 출간되었고 1971년에 서울대 정치학과 구범모 교수에 의해 번역되었다. 번역판은 517쪽에 이른다. 이 책은 4부로 구성되었는데, '1부 웨스트포인트 전후, 2부 1차 대전과 참모총장시절, 3부 2차 대전의 포연 속에서, 4부 한국전쟁과 퇴역'의 순으로 되어 있다. 한국전쟁과 관련된 4부는 '한국전쟁

『회고록Reminiscence』
(1964)

의 정세, 새벽에 걸려온 전화, 한강으로 가다, 대만 방문이 던진 파문, 인천상륙작전, 중공의 위협, 웨이크섬의 회담, 압록강의 성역, 중공군의 출현, 방황하는 미국정책, 제2차 반격작전, 갑작스런 해임'의 순으로 되어 있다. 4부만 해도 100쪽 가까이 되니 작은 책 한 권에 해당하는 분량이다. 눈에 띄는 대로 몇 군데만 인용해 본다.

1950년 6월 25일 일요일 새벽, 도쿄의 주일 미국대사관에 있던 내 침실 전화가 요란스럽게 울렸다. 어두운 방의 고요를 깨뜨리고 그 소리

는 무엇인가 심상치 않은 사태를 알리는 듯 다급하게 들려왔다. 전화를 통해 총사령부의 당직 장교가 다음과 같이 보고했다. "각하, 방금 서울에서 들어온 지급전보에 의하면 북한괴뢰군의 대부대가 오늘 새벽 4시에 38선 전역에 걸쳐 공격을 개시했답니다." 당직 장교의 전화는 나에게는 무서운 악몽과도 같이 들려왔다. 9년 전 마닐라 호텔 옥상의 숙사에서 자고 있던 나를 깨운 것도 역시 일요일 새벽의 같은 시각에 걸려온 다급한 전화였다. 지금 또다시 나의 귀에 쟁쟁하게 울리는 소리는 그때에 들었던 것과 똑같은 무서운 전쟁의 함성이었다. 그럴 수가 없는 일이었다. (393쪽)

트루먼 대통령은 뒤에 한국전쟁을 가리켜 경찰행동이라는 완곡한 명칭을 사용하였다. 그러나 그것이 경찰행동이나 국지적 싸움보다는 훨씬 중대한 사건이었음은 6월 25일 아침 북괴군이 공격을 개시하였을 때 이미 명백하였던 것이다. 다시 말하면 공산주의는 한국에서 자유세계를 상대로 도전을 시작한 것이다. (…) 미국은 한 걸음 한 걸음 주저하면서도 아시아에 있어서 공산주의와의 전쟁에 발을 들여놓았다. 나는 이처럼 중대한 결정이 내려지는 방법에 대하여 놀라움을 금할 길이 없었다. 다시 말하면 미국정부는 선전포고를 할 의무를 지고 있는 의회와 의논하는 일도 없이 또는 해당 야전사령관과의 협의도 없이 한국전쟁에 발을 들여놓기로 동의하였던 것이다. 중공과 소련이 개입할지도 모르는 가능성과 위험성이 항상 잠재해 있었다. 내 눈 앞에 닥쳐온 문제들은 모두 다급한 것뿐이었다. (396~397쪽)

6월 29일 아침 구름이 낀 하늘에서 비가 내리고 있음에도 나는 전용기 바탄호에 몸을 실었다. 이날 한국에서 들려오는 뉴스로는 사태가 전날보다 더 악화되고 있는 모양이었다. 수도 서울은 적의 치열한 공격을 받고 있었으며 정부는 대전으로 임시 천도하였다는 소식이었다. 이미 50년이라는 군인생활을 그것도 반 이상을 외국에서 보낸 미군장교로서 그리고 기록적인 군인생활을 해온 나는 또다시 절박한 전쟁에 직면하게 된 것이다. 또다시 나는 거의 대적할 수 없을 만큼 우세한 공격을 받게 된 것이다. 순간적이긴 하지만 나는 자신을 잃을 것 같은 느낌이 들기도 했다. 그러나 비행기가 먹구름 위로 치솟아 오르고 애용하는 코온콥 파이프 담배연기가 곡선을 그리며 피어오를 때 나는 용기를 되찾았다. 누군가 "각하께서 그 파이프를 사용하시는 것을 몇 년 만에 처음 보는 것 같습니다"고 말을 걸었다. 나는 "도쿄에서는 이 파이프로 담배를 피울 수가 있어야지. 나를 마치 농사꾼으로 여길 테니까. 피어즈 클럽(귀족회관) 친구들은 나를 내쫓을 게 분명하거든" 하고 대답하였다. (398쪽)


미국의 지상군이 한국에서 싸운 최초의 며칠 동안 나는 소수 병력을 공수하여 저항의 거점을 구축하고 그 주위에 빠른 속도로 후퇴하고 있는 한국군을 집결시킬 수 있었다. 이것은 이와 같이 건방진 힘의 과시로 적으로 하여금 내가 실제보다 많은 병력을 가지고 있는 것처럼 믿게 만들려는 계략이었다. 이 방법으로 우리는 열흘이라는 시간을 벌었으며 적이 수원을 주축으로 하는 150마일 전선에 병력을 배치하였을 무렵에는 제24사단의 나머지 병력을 끌어올릴 수 있었다. (403쪽)

이런 식으로 한국전쟁에 대해 자세히 서술한 저자는 자신의 갑작스런 해임에 대해 이렇게 적고 있다.

1951년 4월 11일 오전 1시, 트루먼 대통령은 백악관으로 기자단을 소집하여 나를 극동 총사령관의 지위로부터 해임한다는 취지를 발표하였다. 트루먼 씨는 내가 무언가 비열한 방법으로 공화당과 공모하고 있다고 믿었던 듯 이 해임은 극히 정략적인 것이었다. 그러나 트루먼 씨가 그와 같은 인상을 품은 것은 전혀 잘못이다. 나는 국내의 정세에는 아무런 관계도 없었다. (…) 차츰 머리를 들고 일어나는 유화정책이 한국전쟁 전체를 덮기 시작하는 것을 보고 나는 무슨 일이 일어나도 놀라지 않을 만한 배짱은 갖고 있었지만 1950년 12월 9일 토요일자 《뉴욕 타임즈》에 게재된 기사에는 쇼크를 받았다. (466쪽)

그러면서 자신의 해임에 대한 세간의 반응들에 대해 이렇게 적었다.

모스크바와 북경은 환희에 싸여 종이 울리고 축제기분에 싸였다. 좌익분자들은 어디서나 이 소식에 기쁨을 감추지 못하였다. 그러나 극동은 쇼크를 받아 크게 당황하였다. 나는 최고사령관의 지위에 너무 오랫동안 머물러 있었던 탓으로 말하자면 자유세계의 상징, 또는 공산주의 확대에 대한 방벽처럼 간주되고 있었던 것이다. 따라서 이 상징이 제거되었다는 것은 극동 사람들에게는 이해하기 힘든 일이었으며 미국의 정책에 대한 신뢰감을 뒤흔드는 현상을 자아냈다. 일본의 국회는 나에 대한 감사결의를 채택하였으며 한국의 국회도 같은 결의를 하였

이승만 초대 대통령의 초청으로 대한민국 정부수립식에 맥아더
장군이 참석했다. (1944. 8. 15.)

다. 일본 천황은 손수 찾아와서 작별인사를 하였다. (…) 한국의 이승
만 대통령은 다음과 같은 메시지를 보내왔다. "귀하가 해임되었다는
소식은 전혀 예측하지 못한 일로서 우리는 놀라고 있으며 나의 심정을
알릴 말을 찾을 수 없습니다. 언제가 귀하는 한국이 공격을 당하는 경
우 캘리포니아를 지키는 것과 똑같이 한국을 지키겠다고 하신 말씀을
나는 기억하고 있으며 귀하는 그 말을 실천에 옮기셨습니다. 이 말을
한국의 애국자들은 영원히 잊지 않을 것입니다. (…) 친애하는 원수, 한
국문제의 궁극적인 해결책은 귀하의 계획 외에는 없다는 것을 나는 확
신하고 있습니다. 왜냐하면 이번 전쟁에서는 명예로운 결말을 절대로
기대할 수 없기 때문입니다. 시간이 흐름에 따라 귀하의 이름은 세계역
사의 이 시기에 탁월한 지도자 및 정치가로서의 빛을 더욱 빛나게 할 것
이 틀림없습니다." (472~473쪽)

『회고록』은 이어서 미 국회에서의 유명한 고별강연을 수록하고 있다. 이와 관련된 대목은 이러하다.

나는 52년에 걸친 군인생활을 마치려고 합니다. 내가 육군에 입대한 것은 아직 20세기가 시작되기 전이었지만 당시 나는 소년시절의 모든 꿈과 희망을 충족시킬 수 있었습니다. 내가 웨스트포인트의 광장에서 선서한 이래로 세계는 수많은 변동이 일어났으며 나의 희망과 꿈도 사라진 지 오래입니다. 그러나 나는 당시 군영에서 유행하던 노래의 후렴을 아직도 기억하고 있습니다. 그 후렴의 자랑스러운 구절은 다음과 같습니다.

"노병은 죽지 않고 다만 사라질 뿐이다(The old soldiers never die, only fade away)."

이 노래에 나오는 노병처럼 나는 이제 군인생활을 그만두고 신의 계시를 따라 자기 임무를 완수하려고 노력하여온 한 사람의 노병으로 사라져갑니다. 안녕히 계십시오. (482쪽)

## 02

# 매슈 벙커 리지웨이

Matthew Bunker Ridgway, 1895~1993

———

『한국전쟁 The Korean War』(1967)

———

매슈 벙커 리지웨이(Matthew Bunker Ridgway)는 맥아더를 이은 유엔 군 사령관이었다. 제2차 세계대전 때는 미 육군 공수부대의 사단장과 군 단장으로 시칠리아, 이탈리아, 노르망디에서의 작전에 참여한 후 서부 연 합군의 독일 침공에 참여했다. 여러 역사가는 리지웨이 장군이 유엔군에 유리하게 전쟁 상황을 돌리는 데 기여했다고 평가한다.

리지웨이는 1895년 3월 3일 미국 버지니아주에서 포병 장교 토마스 리 지웨이 대령의 아들로 태어났다. 그는 어린 시절 내내 아버지를 따라다 니며 여러 군사 기지에서 살다시피 했으며, 자연스럽게 미국의 기관총과 대포를 보고 기상나팔을 들으면서 군인의 꿈을 꾸었다. 그는 1912년 뉴 욕주의 웨스트포인트에 있는 육군사관학교에 지원했는데, 웨스트포인트 졸업생이었던 아버지를 기쁘게 할 것이라 생각했기 때문이다.

1917년에 그는 미 육군 소위로 임관했고, 같은 해 줄리아 캐롤라인 브라운트(Julia Caroline Blount)와 결혼했으며, 2명의 딸을 낳았다,

그러나 1930년에 이혼했다. 이혼 직후 리지웨이는 웨스트포인트대학 졸업생인 헨리 해롤드 더니의 미망인이었던 마거리트와 결혼했으며 1936년에 페기의 딸 버지니아 앤을 입양했다. 하지만 그들은 1947년 6월 이혼했다. 그해 말에 리지웨이는 '페니(Penny)'라는 별명을 가진 매리 프린세스 앤서니 롱(Mary Princess Anthony Long, 1918~1997)과 결혼했고 그녀와 죽을 때까지 결혼 생활을 계속했다.

1950년 한국전쟁 중 교통사고로 사망한 미8군 사령관 워커의 후임으로 한국전쟁에 참여하였다. 1951년 맥아더가 트루먼 대통령에 의해 해임되자 대장으로 진급하여 맥아더의 뒤를 이어 연합군 최고사령관인 유엔군 사령관이 되었다.

리지웨이가 미8군 사령관으로 부임할 당시, 미 육군은 북한에 빠르게 진격했다가 예기치 못한 압도적인 중국 공산군의 공세에 밀려 전술적으로 후퇴 중이었다. 이때 리지웨이는 미8군의 사기를 회복시키는 데 성공했다.

한국전쟁 이후 NATO 사령관, 미 육군참모총장 등을 거쳐 퇴역하였다. 퇴역 후 자서전과 한국전쟁에 대한 책을 집필하였다. 1993년 7월 26일 98세로 작고하였고 알링턴 국립묘지에 안장되었다.

## 작품 속으로

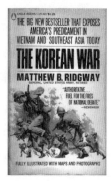

용산에 있는 전쟁기념관에 가면 한 곳에 한국 전쟁에 관한 책들이 전시되어 있는데 리지웨이의 『한국전쟁(The Korean War)』이 유난히 돋보인 다. 유엔군 총사령관으로서 체험한 한국전쟁을 두꺼운 단행본으로 낸 것은 참으로 뜻깊고 감사 한 일이다.

『한국전쟁The Korean War』(1967)

이 책은 총 10장으로 구성되어 있는데, '1. 고요한 아침의 나라, 2. 도 전과 응전, 3. 인천상륙작전과 서울 수복, 4. 북진과 중공군 참전, 5. 8군사령관과 중공군, 6. 맥아더 해임, 7. 휴전회담과 계속된 격전, 8. 휴전 조인까지, 9. 맥아더 논쟁의 의미, 10. 한국전쟁의 교훈'의 순서이다.

이 책의 맨 앞장 제목 아래에는 크게 네 가지를 묻는 문구가 적혀 있다. '1. 미국은 어떻게 싸웠는가? 2. 전면전은 어떻게 회피되었나? 3. 맥아더 는 왜 해임되었나? 4. 현대전은 왜 제한되어야 하나?'

이 책에서 저자는 '한국전쟁은 제한전쟁이 될 수밖에 없었다'고 주장한 다. 미국이 한국에 참전할 때의 목표는 남침해 온 공산군을 저지하고 몰 아내어 전쟁 전의 상태를 회복하는 것이었다. 인천상륙작전 이후에 잠시 한반도 통일로 목표를 바꾸었으나 중공군의 참전으로 다시 원래 목표로 되돌아왔다. 일단 전쟁이 일어나면 모든 수단을 동원하여 적군을 격파 하여 완전 승리를 이룬 제2차 세계대전까지의 미국의 전쟁 방식과는 달 리 한국전쟁에 대해 트루먼 행정부는 제한된 정치 목적에 따라 제한된 수 단으로 전쟁을 제한된 지역에 한정하려는 제한전쟁을 추구했다. 이와는 반대로 맥아더 장군을 위시한 대부분의 장성들은 만주기지 폭격, 중공 해안 봉쇄 등 활용할 수 있는 모든 수단을 동원해 '완전한 승리'로 공산 주의의 물결을 막아야 한다고 주장했다. 제한전쟁으로 인한 좌절감은 이들 장성뿐만 아니라 '북진통일', '통일 아니면 죽음'을 앞세우고 휴전을 반대했던 한국인들에게는 더욱 컸다.

리지웨이는 이 책에서 전쟁 전의 상태로 복구, 전쟁 확대 반대, 우방 유 엔 회원국과의 집단안보체제 유지 등에 역점을 둔 트루먼 행정부의 제한 전쟁 원칙에 찬동하면서 이와 맞서는 맥아더의 입장과 처사를 정면으로 공격하고 있다. 그것은 한국인들의 염원과는 상반되는 것이어서 일부 저 항감을 일으킬 수도 있으나 그는 한국전쟁을 주도해 온 미국 정부의 편 에 섰다. 그리하여 분단의 역사로 이어졌다. 이 책에서 그는 만약 맥아더 의 주장대로 전쟁을 확대했더라면 하는 '역사적 가정'에 대해서는 대답을 회피하는 신중함을 보인다. 승리 아닌 휴전으로 끝나버린 한국전쟁에 대 해 참전한 미국 장성들 사이에도 트루먼-맥아더 논쟁은 심한 의견대립 을 보였다. 실제로 트루먼 행정부의 전쟁 수행방침에 찬성한 장성은 리지 웨이와 8군사령관에서 유엔군 사령관이 된 맥스웰 테일러 정도였다.

군대는 위계질서가 강한 집단이다. 리지웨이는 맥아더의 후임자로 유 엔군 총사령관이 되었지만 맥아더 장군의 위엄 어린 태도에 압도당하지 않았다. 맥아더는 전임자로서 작전에서의 재량권을 리지웨이에게 허락했 다. 리지웨이가 1950년 성탄절에 맥아더와 작전 상황을 토론하기 위해 도쿄에 도착하자, 맥아더는 미8군 지휘에 관한 모든 사항을 리지웨이가 생각한 대로 처리해도 좋다고 확실하게 말했다. 맥아더는 리지웨이를 그 만큼 신뢰했던 것이다. 그럼 리지웨이는 맥아더를 어떻게 바라보았을까?

맥아더에 대한 리지웨이의 견해는 이 책 마지막 장에 실려 있다.

　오늘날 소수인 우리들과 미래의 수많은 사람들은 더글러스 맥아더
가 오래전에 들어간 명예의 전당 밖에 서서 이 위인의 바른 판단과 그
릇된 판단을 모두 찾아보기 위해 역사적인 기록을 꾸준히 조사하지 않
으면 안 된다. 그것으로서만이 우리는 인류의 앞날을 향상시키고 재난
을 피하거나 가볍게 하리라 기대할 수 있다. 맥아더의 경력에는 가치
있는 연구 자료가 많다. 그러나 그중에서 가장 중요한 교훈은 정부 당
국과 군 당국의 바른 관계에 관한 다음과 같은 새로운 설명이라고 우
리는 결론짓지 않으면 안 된다. 맥아더가 명령 수락을 거듭 기피하고,
결정된 정부의 정책에 대한 자신의 불만을 공개적으로 밝힌 뒤 만일 대
통령이 맥아더를 해임하지 않았더라면 그는 자기 직무에 태만했을 것
이다. 이전에 맥아더 자신도 대통령이 부하(예컨대 맥아더)에게 책임을
위임하면 그것은 '위임이 아니라 권한의 포기'일 것이라 썼다. 우리는
대통령이 권한을 포기하지 않은 것에 대해 감사해야 한다. (261쪽)


　한편 리지웨이는 1·4후퇴 전후에 전의(戰意)를 잃은 미8군의 사기를 어
떻게 재건했는지를 생생히 밝히고 있다. 리지웨이는 서문에서 "나는 이 책
에서 우리가 한국에서 무엇을 하려 했는가를 밝히고 그 속에서 얻은 교
훈을 지적하려는 목적 외에는 해명하거나 자기주장을 할 뜻이 없다."(9
쪽)라고 밝히고 있다.
　몇 군데 인용해 본다.

　6월 29일 연합군 최고사령관 맥아더는 단지 5시간을 한국 땅에서

보냈을 뿐이고, 보고를 듣고 이동에 시간을 뺏겨 직접 관찰한 것은 한 시간밖에 되지 않으나 이미 밝힌 비판을 제쳐놓고 한국군의 저항력에 대한 그의 평가는 공정한 것이었다. 한국군은 싸움에 졌다. 그리고 만일 우리가 대량의 지상군으로 재빨리 도와주지 않으면 반도는 곧 유린될 것이었다. (34쪽)

인천상륙작전의 성공이 가져다준 더 한층 미묘한 결과는 맥아더는 잘못하는 일이 없다는, 거의 미신적인 존경심이 생겨난 것이다. 그의 상사들조차 맥아더의 결정에 이론을 제기할까를 의심하기 시작한 듯하고, 그 결과 모든 사령관이 가져야 할 사실을 잘 알고 있는 이들의 솔직한 비판을 받을 기회를 그는 잃어버렸다. (57쪽)

1951년 1월 6일 나는 맥아더 장군에게 편지를 보내 수용 중인 포로들을 어떻게 할지 관심을 보였다. 그는 대답에서 이미 포로를 미국으로 이동시키자고 진언했다고 알려왔다. 그들을 일본으로 데리고 올 수는 없었다. 왜냐하면 그들의 존재는 일본 국민을 분격하게 만들지도 모를 뿐 아니라 일본이 교전 상태에 있는 것이 아닌가 혐의를 일으키게 할지도 몰랐기 때문이다. 이에 대한 결정이 빨리 워싱턴에서 올 것 같지 않아서 포로들을 한국 남해안의 큰 섬에 세운 수용소에 수용할 계획을 세웠다. 처음으로 고려된 섬은 제주도였다. 그러나 그곳에는 28만 명의 주민이 있었다. (…) 그래서 나는 그 이동에 반대했다. 그 뒤에 부산에서 남서쪽으로 가까운 곳에 있는 작은 섬 거제도로 결정했다. 이곳에 수용소를 마련한다는 것은 상식으로는 생각할 수 없는 일이지만 그것은 좋지 않은 조건 중에서의 선택일 뿐이었다. 거제도는 바위와 산이 많고 수용소를 알맞게 분산해서 건축할 만한 평지는 거의 없었다. (230쪽)

이 책의 마지막 장인 10장 '한국전쟁의 교훈'에는 우리가 귀 기울여 들을 만한 교훈이 실려 있다.

한국에서의 커다란 잘못 중의 하나는 우리가 전략의 기초를 적의 의도를 살피는 데 두려고 하면서 우리가 알고 있는 적의 능력에 대해 정당하게 중요시하지 않았다는 경향이다. 맥아더와 그의 지지자들은 중공이 바로 한국에 개입할 수 있는 완전한 능력이 있다는 사실을 알고 있으면서도 중공의 위협을 가볍게 보았다. 그리하여 우리는 적군 사령관이 올바른 정신을 가진 사령관이라면 그의 군대를 그때 압록강 남쪽으로 개입시키지 않을 것이라는 이론에 따라 행동했다. (…) 공산주의자와의 협정은 강제력 있는 제재조치가 포함되어 있지 않으면 쓸모없다는 또 하나의 교훈을 우리가 한국에서 배웠는지에 대해 나는 의심하고 있다. 우리는 2년에 걸친 한국에서의 협상에서 공산주의자들은 협정을 지키는 것이 그들의 이익이 되는 때 또는 보복받을 위협이 무시할 수 없도록 명백할 때만 협정을 지킨다는 것을 배웠다. (268~270쪽)

# 03

## 마크 웨인 클라크

Mark Wayne Clark, 1896~1984

———

『다뉴브강에서 압록강까지

From the Danube to the Yalu』(1954)

———

마크 웨인 클라크(Mark Wayne Clark)는 제2차 세계대전과 한국전쟁에 참전했던 미 육군의 장군으로, 당시 최연소 중장에 임관한 인물이다. 그는 1896년 5월 1일 뉴욕에서 태어났다. 미 육군 장교인 아버지를 따라 소년 시절을 일리노이에서 보냈다. 제2차 세계대전 당시 유럽 각지 전투에서 맹활약하여 전공을 이루었다.

제2차 세계대전에서 혁혁한 공을 세웠으며, 횃불 작전*에 참가하였고, 1943년 1월부터 1944년 12월까지 이탈리아에서 제5군과 제15군 사령관으로서 활약하였다. 리지웨이 장군의 뒤를 이어 1952년 5월부터 1953

———

*1942년 11월 8~10일까지 미국과 영국의 연합군이 프랑스령 알제리와 모로코에 상륙한 작전.

년 7월까지 주한 유엔군 총사령관이 되었고, 1953년 7월 27일 한국전쟁의 휴전협정에 서명하였다. 그해 10월 31일 퇴역하였다. 이듬해 그는 사우스캐롤라이나의 찰스턴에 있는 군사대학인 시타델(The Citadel)의 총장이 되어 1965년까지 재임하였다. 그는 연방정부에 이른바 '클라크 자문단'으로 모든 첩보활동을 자문하였다.

클라크는 두 권의 회고록을 썼다. 『계산된 모험(Calculated Risk)』(1950)과 『다뉴브강에서 압록강까지(From the Danube to the Yalu)』(1954)가 그것이다. 부인 모린(Maurine Clark)도 회고록 『대위의 신부, 장군의 부인(Captain's Bride, General's Lady)』(1956)를 내었다.

은퇴 후 사우스캐롤라이나 찰스턴에서 살다가 1984년 4월 17일 그곳에서 별세하였다.

## 작품 속으로

클라크는 1953년 7월 27일 한국전쟁의 휴전협정에 서명한 인물이다. 말하자면 한국전쟁을 종식한 유엔군 총사령관이었다. 이런 중요한 인물이 스스로 한국전쟁에 관한 회고록 『다뉴브강에서 압록강까지(From the Danube to the Yalu)』를 남겼다는 사실은 대단히 중요하다. 그

『다뉴브강에서 압록강까지From the Danube to the Yalu』(1954)

리고 이 회고록은 문학적으로도 뛰어난 내용과 문장이 돋보인다. 이런 작품이 전쟁 후에 나올 수 있었던 것은 다행이고 행운이다.

이 책의 한국판은 1981년 언론인 김형섭 역으로 국제문화출판공사에

한국정전협정에 서명하는 클라크(1953. 7. 27.)

서 출간되었다. 이 책의 서두에는 '한국 국민들에게 드리는 우정의 편지'
라는 저자의 인사말이 실려 있다.

　　존경하는 한국 국민 여러분! 비극의 한국전이 발발한 지도 한 세대
　가 흘렀습니다. 그리고 휴전이 성립된 지 27년. 본인은 유엔군 사령관
　으로서 바로 그 휴전에 서명한 장본인입니다. 그 점에서 본인은 한국
　전의 현장 목격자이기도 합니다. 다행히 나의 저서『다뉴브강에서 압
　록강까지』를 한국의 국제문화출판공사에서 한국어로 번역, 출판하는
　데 대하여 본인은 진심으로 감개무량함을 금할 길이 없습니다. 무엇보
　다도 본인의 진실된 뜻이 한국민들에게 전해질 수 있는 계기가 마련됐

다는 점에서 더욱 기뻐해 마지않습니다. 이제 우리는 내일을 향해 전진할 때라고 생각하며 그 내일의 행진에 본인의 저서가 조금이라도 보탬이 될 수 있다면 그 위에 더 바랄 것이 없겠습니다.

한국은 우리 미국의 우방 중에서도 가장 훌륭한 우방의 하나입니다. 피로써 맺어진 혈맹 관계에 있습니다. 본인은 한국을 사랑했으며 한국민의 용기와 정의감에 대해 깊은 존경심을 언제나 잊지 않고 있습니다. 뿐만 아닙니다. 한국군의 투철한 사명감과 전투 능력은 본인의 존경과 찬사를 받고도 남음이 있습니다.

이 모든 점을 감안할 때 한국의 장래는 매우 고무적이고 희망적임을 조금도 의심치 않습니다. 그러나 한국은 아직도 무서운 공산주의의 위험에 직면하고 있다는 사실을 잊지 말아야 할 것입니다. 본인은 그 위험에 항시 깊은 관심을 갖고 지켜보고 있습니다. 하늘은 스스로 돕는 자를 돕습니다. 본인은 한국민의 최후의 승리를 확신하고 있습니다. 끝으로 이 나의 저서가 존경하는 한국민 여러분과 여러분의 지도자들, 특히 한국전의 비극을 체험하지 못한 젊은 세대들에게 역사의 흐름을 보다 바르게 이해하고 판단하는 데 도움을 줄 수 있다면 그 위에 더 큰 보람은 없겠습니다. ―1981년 5월 27일, 미국 사우스캐롤라이나 찰스턴에서

이 책에는 군데군데 명구(名句)에 가까운 좋은 문장이 실려 있다. 저자의 높은 경륜과 예지를 엿볼 수 있는 문장들이다. 몇 군데 인용해 본다.

― 역사는 한번 잘못 저지른 실수에 대하여 관용을 베푸는 법이 없다.

인과의 열매는 결국 그 씨를 뿌린 자가 거두지 않으면 안 된다는 것
이 역사의 법칙이다.

— 전쟁의 지혜는 전쟁터에 가본 사람만이 아는 법이다.

— 인간을 죽일 수 있다. 그러나 그 사상은 죽일 수 없다.

— 좋은 기회를 만나지 못했던 사람은 없다. 단지 그것을 붙잡지 못했
을 뿐이다.

— 전쟁은 무기로만이 아니라 바로 정신력의 싸움이다. 그렇기에 군인
들은 정신무장이 되어 있지 않으면 안 된다.

— 자유라고 일컫는 것은 오직 하나, 그것은 질서를 동반하는 자유
이다.

— 유능한 사람은 언제나 배우는 사람이다. 우리는 일생 동안 학생 같
은 마음으로 살아가야 한다.

— 희망은 힘의 원천이요, 절망은 무력의 어머니이다. 희망은 생명에 이
르는 빛이요, 절망은 죽음에 이르는 병이다.

— 인생은 한 권의 책이다. 우리들이 태어나서 죽을 때까지 매일 그 한
페이지, 한 페이지를 창작하고 있다.

— 겨울이 오면 봄이 멀지 않다. 폭풍이 지난 들판에도 꽃은 핀다.


이 책에는 한국전쟁과 관련된 저자의 식견을 엿볼 수 있는 문장도 실려
있다. 우리가 귀감으로 삼을 만한 문장들은 다음과 같다.


— 휴전회담이 무려 14개월이나 교착상태에 빠져 있었다. 이 기간에
UN군이나 한국군의 희생자는 13만 명에 달했다. 이러한 희생을 치

르면서 획득한 휴전이 그만한 가치가 있는 것인지? 오직 미래의 역
사만이 평가해줄 수 있을 것이다.

— 공산주의자들이란 힘 앞에는 약하다. 그들의 무릎을 꿇게 하는 것
은 오직 힘뿐이다. 공산주의자들과 싸워서 이기는 길은 하나도 힘
이요, 둘도 힘이요, 셋도 힘이다. 힘, 힘, 힘! 힘을 길러야 한다.

— 한국전쟁은 군사적인 것보다는 정치적인 면에 더 많은 문제점이 있
었다. 그러므로 모든 군사적인 결정은 언제나 정치적인 의미를 내포
하고 있었다.

— 한국과 UN이 짊어졌던 전쟁은 일단 휴전으로 끝났다. 그것이 누구
에 의하여 왜 끝나야 했는가는 역사만이 해답해줄 것이다.


1953년 6월 반공포로를 석방할 당시에 유엔군 사령관이었던 클라크
장군은 이승만에 대해 "이승만의 생애는 하나에서 열까지 조국을 위한 애
국에의 집념으로만 점철되어 왔다. 또한 그는 동맹국인 우방(友邦)일지
라도 그의 정치 이념에 맞지 않을 때는 가차 없이 비판하고 나선 일이 허
다했다. 나는 이 점에서 그를 존경하지 않을 수 없다"(238쪽)라고 서술
한다.

# 04

# 에드워드 레온 로우니

Edward Leon Rowny, 1917~2017

---

『운명의 1도

An American Soldier's Saga of the

Korean War』(2013)

---

한국전쟁을 생각할 때마다 드는 의문은 '왜 38선이 있었던가?'이다. 한반도를 남북으로 나눈 경계선이 하필이면 왜 북위 38도선이었을까? 많이 알려진 얘기는 미국 영관급 장교들이 벽걸이 지도를 보고 즉흥적으로 결정했다는 설(設)이다. 일본의 항복을 앞둔 1945년 8월, 조지 마셜 장군은 한국에 있는 일본군의 항복을 받아내고 한반도를 분할 관리하는 방안을 보고하라고 에이브 링컨 장군에게 지시했다. 링컨은 곧바로 회의를 열었다. 그 자리에서 딘 러스크 대령은 평양 바로 아래의 39도선을 경계로 분할해야 한다고 말했다. 한반도에서 폭이 가장 좁은 곳이어서 적은 수의 병력으로도 군사분계선을 지킬 수 있다는 게 근거였다. 그러나 링컨은 38도선을 따라 선을 그었다. 다른 장교들이 왜 1도를 내려야 하

는지 묻자 "니컬러스 스파이크만 때문이지"라고 답했다. 스파이크만은
예일대 지리학과 교수로 강의 때마다 세계적인 문학과 발명품의 90%가
38선 북쪽에서 창조되고, 위대한 인물들도 거기서 났다고 강조한 지정학
자다. 링컨은 그를 언급하며 38선을 밀어붙였다. 반대하던 참모들은 링
컨의 기세에 밀려 마셜 장군에게 39선 의견을 보고하지 않았다.

이전까지는 장교들이 벽에 걸린 내셔널 지오그래픽 지도에 38선을 그
어본 뒤 분할 점령안을 보고했고, 이것이 대통령에게 보고되어 맥아더 사
령관에게 하달됐다고 알려져 왔다. 당시 이 상황을 지켜봤던 장교의 이
름은 에드워드 레온 로우니(Edward Leon Rowny)이다. 세월이 흘러 예
비역 중장이 된 그는 2013년 출간한 회고록『운명의 1도(An American

Soldier's Saga of the Korean War)』에서 "39선이라면 방어가 더 쉬웠고 6·25 때 많은 미군을 구할 수 있었을 것"이라고 회고했다. 그래서 한국어 번역본 제목도 분계선이 39도로 정해졌다면 좋았을 것이라는 취지로 '운명의 1도'라고 붙였다. 로우니는 일본 도쿄의 미 극동사령부 참모 시절 당직장교로 북한의 남침을 맥아더에게 최초로 보고했고, 인천상륙작전을 기획한 3인방의 한 사람이었다. 군인과 민간인 20여만 명을 구한 흥남철수 때도 마지막까지 현장을 지켰다. 그는 한국에서 열린『운명의 1도』의 출판기념회에 참석할 때 하모니카로 '아리랑'을 연주해 큰 박수를 받기도 했다.

에드워드 로우니는 폴란드계 미 육군 중장이었다. 제2차 세계대전과 한국전쟁 당시의 지휘관으로 5명의 미국 대통령의 군사 고문이자 전략 무기 감축 조약의 협상가로 유명하였다.

그는 1917년 4월 3일, 미국 메릴랜드주의 볼티모어에서 태어났다. 그의 아버지는 목수였는데 1889년 19세로, 어머니는 18세로 폴란드에서 미국으로 이민 왔다. 어머니는 5개 국어를 하고 아들 로우니에게 음악을 가르쳐주었다. 덕분에 로우니는 노년에도 하모니카를 즐겨 불었다.

로우니는 1933년에 볼티모어 공업고등학교를 졸업하고 존스홉킨스대학에서 공학을 공부하고 예일대학에서 석사 학위를 받았다. 후일 아메리칸대학에서 국제정치학박사 학위를 받았다. 그러나 이것은 후일의 학력이고 그는 웨스트포인트 육군사관학교를 졸업하고 군인이 되었다. 제2차 세계대전에서 이탈리아 북부에서 독일군을 몰아내는 데 공헌했다. 또한 한국전쟁과 베트남전쟁에서 지휘관으로 활약했다. 그는 맥아더 장군의 대변인으로 1950년 9월 15일 인천상륙작전을 함께 계획했다. 장진호

흥남에서 새로운 항구에 대한 계획을 검토하는 로우니 장군과 장교들(1950.11.14.)

전투에서는 공군기에서 부상병을 구출하기 위해 사다리를 투하하기도
했다. 흥남부두에서 남한으로 피난하는 10만 명의 북한인을 군함으로
호송하였다.

1965년부터 2년간은 독일 아우크스부르크에서 사령관으로 재임했다.
이어서 베트남전쟁에도 참전했다. 닉슨, 포드, 카터 대통령 재임 시절에
군축회담(SALT) 미국대표로 참여했고, 1971~73년에는 나토(NATO) 의
장으로 활약했다. 1979년 6월에 은퇴하였다. 카터 대통령의 국방정책을
비판하다 레이건 대통령에 의해 핵무기전략회의(START) 대사자격을 받
았다. 부시 대통령의 특별고문이기도 했다.

1990년에 모든 공적 활동을 접고 자서전 『탱고로 데려가다(It Takes
One to Tango)』를 썼다. 조국 폴란드의 학생들을 미국에 유학시키기 위

해 장학기금을 만들었다. 2013년에는 회고록 『스모키 조와 제너럴 (Smokey Joe and the General)』을 내어 장진호전투를 기록했다. "한국인이 모르는 6·25전쟁 비사들을 내가 죽기 전에 알리고 싶다"고 했다. 2014년에는 세계정치연구소(Institute of World Politics)에서 명예법학박사 학위를 받았다. 그해 7월 27일에는 대한민국 정홍원 총리로부터 태극무공훈장을 받았다.

2017년 12월 17일, 미국 워싱턴 D.C.에서 100세로 별세하여 알링턴 국립묘지에 안장되었다.

## 작품 속으로

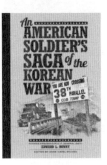

『운명의 1도(An American Soldier's Saga of the Korean War)』는 '1. 인천상륙작전, 2. 운명의 1도, 그리고 압록강, 3. 지휘관으로서의 도덕적 용기와 딜레마, 4. 에필로그, 5. '스모키 조와 제너럴', 22장과 25장의 발췌문, 6. 한국전쟁 사진, 7. 한국전쟁 명예훈장 수훈자, 8. 추천사'의 순으로 되어 있다.

『운명의 1도 An American Soldier's Saga of the Korean War』(2013)

로우니는 한국전쟁이 발발하기 전에 한국에 주둔해 있었는데, 일본에서 한국으로 파견된 경위를 이렇게 적고 있다.

예일대에서 2년간 학업을 마친 후인 1949년 가을, 나는 새 임무를 수행하기 위해 도쿄로 급히 출발했으나 도착해보니 그 임무는 한 달

후로 연기되었다. 대신 나는 한 달 동안 항공, 철도, 배를 이용하여 일본 전역을 여행할 수 있는 자유승차권을 제공받았고 이후 30일 동안 일본의 주요 도시들을 방문했다. 이 여행의 목적은 미군 기지들을 점검하는 것이 아니라 일본에 대해 더 자세히 이해하는 것이었지만, 주일미군의 여러 문제점이 눈에 들어왔다. 그리고 나는 일본군의 위협이 되살아날 위험이 없다면 굳이 이곳에 미군이 주둔해야 할 필요가 없다고 생각했다.

나는 여행을 마친 후 이러한 생각들을 정리해 보고서를 작성했다. 내가 속한 부서의 장인 암스트롱(Dewitt Amstrong) 대령은 향후 다른 지역에서 군사 활동을 하기 위해 주일 미군 훈련캠프로 되돌려 보내야 한다는 나의 건의를 받아들였다. 당시 내가 염두에 두고 있었던 것은 바로 한국이었다. 주일미군의 대체 전력으로 미국 주 방위군의 조직을 본떠 일본 자위대를 설립할 것을 건의했다. 일본 자위대의 주 임무는 국내의 무질서와 자연재해에 대처하는 것이었다. 이렇게 해서 탄생된 자위대는 현재까지 존속하고 있다. 그런데 우리가 여전히 일본의 여러 지역으로부터 군대를 철수시키고 있었던 6월에 한국전쟁이 발발했다. 당시에 주일미군은 도쿄의 남쪽에 위치한 훈련캠프에 집결해 있었다. 북한이 침공한 직후 우리는 한국으로 배치하기 위해서 신속하게 병력을 연대 단위로 나누었다. 이제부터 인천상륙작전에 관한 이야기를 시작하겠다. (10~11쪽)


한국전쟁이 발발한 1950년 6월 25일은 일요일이었고, 이날 로우니는 맥아더 장군에게 한국전쟁이 발발한 것을 최초로 보고했다. 이 책의 저자는 당시의 상황을 자세히 묘사하고 있다.

북한의 침공소식이 전해진 6월 25일 일요일에 나는 맥아더 장군의 사령부에서 당직장교를 맡고 있었다. 나는 즉시 아몬드 장군에게 보고했고, 그는 맥아더의 아파트에서 만나자고 말했다. 번잡한 도쿄의 거리를 운전병이 최대한 빨리 달려 나는 맥아더 장군의 고급아파트에 도착했다. 이 아파트는 이전에 일본의 어느 대기업 총수가 거주했던 곳이다. 맥아더 장군은 간단한 인사말조차도 하지 않은 채 거친 목소리로 다음과 같이 말했다. "자네, 나에게 '그렇게 제가 뭐라 했나요'라고 말하려는가?" 나는 실제로 아무 말도 하지 않았지만 아마도 매우 의기양양해 보였던 모양이다. 이날 평온함과 침착함을 유지한 맥아더 장군의 모습은 매우 인상적이었다. 맥아더 장군은 아몬드 장군에게 모든 참모들은 업무에 복귀하라고 명령을 내렸다. 그의 참모는 500여 명의 장교와 통신병 그리고 지원요원들로 구성되어 있었다. 그때부터 미 극동군사령부는 전시상황 체재로 전환되었다. 맥 장군이 전화통화를 하고 있는 동안 아몬드 장군은 참모들에게 후속 지시를 준비시켰다. 그리고 일본에 있는 모든 미군들은 즉시 원대로 복귀하라는 명령을 내렸다. (14~15쪽)

한국전쟁 초기에 북한군은 파죽지세로 남쪽으로 밀려왔다. 저자는 한국전쟁의 판도를 바꾼 인천상륙작전에 임하는 맥아더에 대해 이렇게 서술한다.

다음 날 맥아더 장군은 우리 세 사람을 한 사람씩 자신의 집무실로 불렀다. 내 차례가 되었을 때 나를 꼭 끌어안은 다음 이렇게 말했다. "로우니, 인천은 세계 역사상 22번째의 위대한 전투로 남을 걸세."

육군사관학교에 다닐 때 나는 구내식당에 설치된 70피트(20m) 길이 의 벽화를 종종 감상하곤 했다. 이 벽화는 마라톤전투에서 워털루전 투에 이르기까지 영국의 역사가인 크리시(Creasey)가 선정한 역사상 가장 위대한 15대 전투를 묘사했다. 역사가들은 이 15번의 전투 이후 에도 그들과 맞먹는 다섯 번의 위대한 전투가 있었다는 데 동의한다. 그중 가장 최근 전투는 스탈린그라드와 노르망디라고 한다. 나는 맥 장군에게 물었다.

"21번째 전투는 무엇인가요?"

그는 이렇게 답했다.

"1920년의 바르샤바전투라네. 이 전투에서 폴란드군 유제프 피우 스트스키 원수는 볼셰비키군의 바르샤바 점령을 막았네. 그때 바르샤 바가 함락되었다면 공산주의자들은 서유럽까지 점령하려 했을 걸세." 맥아더 장군의 해박한 역사지식에 놀란 나는 그와 마찬가지로 인천상 륙작전이 역사상 22번째 위대한 전투가 되기를 희망했다. (25쪽)

인천상륙작전에 성공하자 약 3개월 만에 서울을 탈환했는데, 이 책은 이에 관해 이렇게 증언한다.

당시 전선에 있던 우리는 몰랐지만 맥아더 장군은 서울에서 이승만 대통령에게 통치권을 넘겨주는 기념식을 꼭 하고 싶어 했고 이 사실은 미국 정부에서 큰 논란을 일으켰다. 미 국무부는 통치권을 이승만에게 넘겨주는 것은 바람직하지 않다고 생각했다. 왜냐하면 일부 진영에서 이승만을 권위주의적인 독재자로 여기고 있기 때문이다. 국무부는 이에 대한 결정권을 유엔에 위임해야 한다고 생각했다. 그러나 맥 장군은 이에 반대했고 이승만 대통령은 정정당당하게 선출된 한국의 대통령이라고 주장했다. 만약 우리가 이승만을 대통령으로 복귀시키지 않는다면 혼란이 발생할 것이고 누가 권력을 얻게 될지 알 수 없게 될 것이라 했다. 따라서 맥 장군은 이승만 대통령이 헌법에서 정한 책임을 이행하도록 해 주는 것이 자신의 의무라 생각했고, 항상 그렇듯이 그는 자신이 원하는 것을 쟁취했다. (44쪽)

이 책의 제목인 '운명의 1도'는 북위 39도선과 38도선을 가리키는 것이다. 이와 관련된 이야기는 2장에 있다.

마셜(Georege C. Marshall) 장군은 대일본 전승기념일(1945. 9. 2.)이 되기 전 자신의 참모들에게 한국에 주둔한 적군을 포함해 항복을 얻어 내기 위한 계획을 수립하도록 했다. 그는 나의 상관이자 최고 전쟁기획자였던 에이브 링컨(Abe Lincoln) 장군에게 전쟁 이후 북한과 남한을 어느 곳에서 분할할 것인지 건의하도록 지시했다. 링컨은 자신의 회의실에 전략기획단(SPD)을 소집하여 이들의 의견을 구했다. 딘 러스크(Dean Rusk) 대령이 가장 먼저 말을 꺼냈다. 그는 북한의 수도인 평양 바로 남쪽 북위 39도선에 그어야 한다고 말했다. 39도선은 한반도에서 폭이 가장 좁은 곳이고 폭이 좁으면 구역을 방어하는 데 많은 미군이 필요치 않다고 했다.

이에 링컨은 "노!"라고 말하면서, 지도의 38선에 색연필로 선을 그었다. "선은 바로 이곳에 그어야 돼"라고 했다. 우리 모두는 잠시 어리둥절했고, 앤디 굿패스터 대령은 링컨에게 "39도선이 가장 적당한 해결책인데 왜 1도 아래로 내려가야 합니까?"하고 물었다. "니콜라스 스파이크만(Nicholas Spykman) 때문이지"라고 링컨은 답했다. 스파이크만은 예일대 지리학과 교수였고, 미국 최고의 지정학자였다. 그는 1944년에 『평화의 지리학』이라는 책을 내었다.

(…)

우리 모두는 반대했지만 링컨을 존중하는 의미에서 마셜 장군에게이 사실을 말하지 않았다. 그러나 돌이켜보면 잘못한 일이라고 생각한다. 39도선을 방어하는 것이 더 쉬웠을 뿐 아니라 소련이 더 쉽게 받아들일 수 있었고 나아가 수많은 미군의 생명을 구할 수도 있었다. 바로 이것이 결정과정의 기묘한 아이러니였다. (52~53쪽)

이렇게 어처구니없이 그어진 38선 때문에 서울수복이 완료되어갈 무렵 미 합동참모본부는 맥아더 장군에게 "중국이나 소련의 확실한 위협이 없는 한 38도선을 넘어서는 안 되며, 공중포격 및 해상화력을 통한 이 지역 목표물을 공격해서는 안 된다."라고 요구했다. 하지만 미 국방장관으로 새로 임명된 마셜 장군은 "맥아더 장군은 전술과 전략상으로 38도선 북쪽으로 진군하는 데 문제될 것이 없습니다."라는 메시지를 맥아더 장군에게 보냈다. 맥아더 장군은 마셜 장군의 메시지가 이전에 받은 합동참모본부의 메시지를 대체하는 것으로 받아들였고, 자신이 38도선의 북쪽으로 유엔군을 이동시킬 수 있는 권한을 위임받았다고 생각했다. 맥아더 장군은 원하는 일을 하는 데 필요한 권한을 가질 수 있기 때문에 마셜 장군이 보낸 메시지를 따르기로 했다. 오늘까지도 역사가들은 맥아더 장군이 합동참모본부와 마셜 장군 중 누구의 지시를 따랐어야 했는지에 대해 논평하고 있다.

고위급 장교였던 저자는 맥아더 장군과 트루먼 대통령의 갈등도 잘 알고 있었다. 이 책에는 이와 관련된 대목도 보인다.

1951년 4월 11일 한 무전병이 우리에게 곧 중대발표가 있을 것이라고 알려주었다. 발표를 듣고 우리는 모두 충격을 받았다. 맥 장군의 지휘권이 박탈되었다는 소식이었다. 그는 군대 안에서 많은 존경을 받았기 때문에 대부분의 제8군 장교들은 큰 충격과 슬픔에 빠졌다. 그리고 아몬드 장군도 크게 낙담했다. 우리는 교전 중이었기 때문에 미국 정부 안에서 맥 장군과 대통령 사이의 갈등이 극에 달했다는 사실을 알지 못했다. 하원의 소수당 원내총무인 조셉 마틴 의원은 의회에서 대통령이 맥 장군에게 전쟁에서 승리하는 데 필요한 수단을 거부했다고 비판했다. 그리고 마틴 의원이 공개한 맥아더 장군의 서신은 다음과 같이 끝났다. "우리는 이겨야 합니다. 그 어떤 것도 승리를 대체할 수 없습니다." 그러나 한국전쟁의 교착상태를 정착시킬 준비가 되었다고 밝힌 트루먼 대통령에게 이 서신은 그리 달갑지 않았다. 당시 맥 장군은 계속 압록강 이북에 대한 공습 승인을 요구했고, 심지어는 국경을 따라서 핵무기를 폭발시켜 방사선 방어막 구축을 고려했다는 것도 우리는 전혀 알지 못했다. 또한 그는 중국 공산당에 의해 대만으로 쫓겨간 중국 국민당을 한국전에 참전시키고자 했다. 이와 같이 맥 장군은 승리를 위해서 기꺼이 모든 위험을 감수하고자 했다. 그 당시 정부기록을 보면 맥 장군을 해임한 트루먼 대통령의 결정 이면에는 마틴 의원의 비판 외에도 다른 이유가 있었다. 그리고 이것은 공화당 의원들의 분노로 이어지면서 급기야 그들은 대통령에 대한 탄핵을 요구했다. 각료회의에서 애치슨 장관과 마셜 장관 모두 대통령이 맥 장군을 해임하는 것 이외에 다른 선택이 없었다는 데에 동의했다. (88쪽)

세월이 흘러 로우니 장군은 1970년에 웨스트모어랜드 장군에 이어 한미 제1군단장으로 한국에 다시 부임한다. 이 책의 '에필로그'에서 이렇게 적고 있다.

한미 제1군단은 6개의 한국군 사단과 2개의 미군 사단으로 구성되어 있다. 나의 임무는 한국의 서해안에서 중부산악지대까지 이어지는 방어선의 왼쪽 절반을 맡는 것이다. 나머지 동쪽 절반은 한국군이 맡았다. 한국전쟁 때 한국군은 그리 효율적이지 못한 군대였으나 지금은 고도의 훈련을 받은 전투부대가 되었다. (106쪽)

이 책의 한국어판(2014)의 뒤쪽에는 한국전쟁의 모습을 담은 사진, 한국전쟁 명예훈장 수훈자 136명의 사진과 행적을 싣고 있다.

# 05

## 필립 딘
Philip Deane, 1923~2004

『나는 한국에서 포로였다
I was a Captive in Korea』(1953)

필립 딘(Philip Deane)은 우리에게는 매우 생소한 이름이다. 나도 그의 이름조차 들어보지 못했다가 한국전쟁 70주년을 맞은 2020년에 한국전쟁을 소재로 한 외국작가의 작품들을 찾아보다가 그가 쓴『나는 한국에서 포로였다(I was a Captive in Korea)』를 알게 되었다. 서울대도서관에서 찾아보니 고문헌자료실의 〈일석 이희승문고〉 속에 한 권 있어 천만다행이었다. 역시 일석은 대학자시구나 쾌재를 불렀다. 이 한 권이 없었다면 딘을 이 책에서 소개하지 못했을 것이다. 그는 그리스에서 태어난 그리스인이었지만 캐나다에서 국회의원까지 지낸 유명 정치인이기도 하다. 이런 인물을 새로 발견하는 기쁨이 이 책을 쓰는 보람 중의 하나이다.

필립 딘은 1923년 8월 16일 그리스의 테살로니키에서 태어났다. 어릴

적 이름은 필립 딘 기간테스(Philippe Deane Gigantes)였다. 일찍이 캐나다로 이주해 토론토대학에서 학사, 석사, 박사 학위를 받았다. 잠시 레스브리지대학교 인문대학 교수로 지내다 제2차 세계대전 때 영국 해군에서 복무했고, 1946년부터 1961년까지 런던의《옵저버》지의 북아프리카 및 동남아시아 취재 특파원으로 활약했다.

1950년 한국전쟁에 참전하였다가 33개월간 포로가 되었다. 이 기간동안 후일 이중간첩으로 유명해진 조지 블레이크(George Blake)와 함께 있었다. 이후『나는 한국에서 포로였다』를 발간하고 다시 언론인으로 돌아왔다.

그는 저널리스트였고 특파원이었으며 텔레비전 논평가였다. 1965년에 캐나다에 정착하여 1970년대에는 피에르 트뤼도(Pierre Trudeau) 수상의 연설문 작가로 활약하였다. 이 일을 마치고 유엔에서 일하다 고국 그리스의 왕 콘스탄틴 2세의 비서실장이 되었다. 1964년에는 문화부 차관이 되어 활약하다가 1967년 쿠데타로 실각하였다. 이후 다시 언론인으로 돌아왔다.

1980년에 캐나다 국회의원 선거에 출마했으나 낙선하고 1984년에 몬트리올 신문 편집인으로 활약하다 트뤼도 수상에 의해 상원의원으로 지명되었다. 이때부터 1998년까지 14년간 상원의원으로 활동했다. 특히 노동문제에 관심이 많아 특별위원회도 운영하고 그에 관한 저술도 내어 프랑스어로 번역되기도 했다.

2004년 12월 9일 81세로 캐나다 몬트리올에서 사망하였다. 1965년까지는 그리스 국적을 갖고 1970년부터 사망할 때까지 캐나다 국적을 가졌다. 유해는 화장되어 그리스 케팔로니아 근처의 지중해 바다에 뿌려졌다. 부인 실비아(Sylvia)와 세 딸을 두었다.

## 작품 속으로

필립 딘은 저널리스트이자 문필가로 15권의
책을 저술하였다. 『나는 죽어야 했다(I Should
Have Died)』(1976), 『자유무역은 진정 당신을 위
한 것인가(Is the Free Trade Deal Really for
You?)』(1988), 『권력과 야망(Power and Greed)』
(2002) 등 제목만 보아도 알 수 있듯이 다양한
책을 집필했다.

『나는 한국에서 포로였
다I was a Captive in
Korea』(1953)

『나는 한국에서 포로였다(I was a Captive in Korea)』는 저자의 체험담
을 실감나게 서술한 책이다. '1장 희망 없는 싸움, 2장 포로, 3장 구금, 4
장 압록강으로, 5장 죽음의 행진, 6장 세뇌, 7장 팻소(Fatso)의 캠프, 8장
머리 식히기, 9장 평양, 10장 오페라 뷔페, 11장 시베리아, 모스크바, 집
으로'의 순서로 되어 있다. 실제 체험을 바탕으로 한 논픽션인 이 책은 날
짜와 장소 등을 비교적 자세히 언급하고 있어 포로생활을 한 저자의 동
선(動線)을 자세히 파악할 수 있다. 아직 한국어로 번역되지 않았기 때문
에 각 장의 첫 부분들을 조금씩 번역해 소개해 보겠다.

1장의 첫 부분은 이렇게 시작된다.

드디어 한국에 왔다. 헐벗고 무너진 언덕들 사이로 비행기의 문이 빠
르게 열렸다. 그 언덕들 사이로 먼지기둥이 미국 청년들의 행진을 엄호

필립 딘과 그의 부인 실비아.

한다. 아, 저기 저 아래 훈련장이 보인다. 채석장같이 보인다. 두 DC-4기가 제멋대로 벌리고 앉아 있다. 앉을 수 있었다는 것이 놀랍다.

"미안합니다. 우리는 더 이상 못 갑니다." 조종사가 말했다.

"대전으로 가지 않아요?"

"달리다 고장 났어요. L-5기만 그곳에 착륙할 수 있어요."

"우린 어떻게 그곳에 갈 수 있죠?"

"기차는 늘 있습니다. 아니면 수신호로 올라타든지요. 당신들 소관이죠."

우리는 보도정보장교를 찾았다. (…) 나는 어제 도쿄에 도착했을 때보다 인내심이 떨어졌다. 그곳에서 어지러운 얘기들을 들었지만 아테네에서 11,000마일을 날아 이 작은 전쟁에 온 것을 생각하면 제시간에 도착하고 싶다.

"장교님, 저는 런던 《옵저버》지 특파원입니다. 저는 대전으로 가야 합니다. 탈것이 있습니까?"

"밖에 L-5기가 두 대 있는데 하나가 대전으로 갑니다. 그게 당신을 그곳에 떨어뜨릴 겁니다. 그러나 3시간 공중에 있어야 합니다." (9~10쪽)

대전에 도착한 저자는 북한군의 기세에 눌려 속수무책 후퇴하는 미군을 목격한다. 2장은 이렇게 시작된다.

나는 1950년 7월 23일 아침 영동에 도착하였다. 북한 곡사포의 포탄이 시내 건물들을 산산이 부수고 있었다. 미국 제1기병대 전방군은 후퇴하고 있었다. 엄호군과 무기 차량은 남으로 후퇴하고 있었다. 북으로 7마일 대전으로 가는 주도로에 밥 프리먼(Bob Freeman) 중령이 이끄는 71탱크부대가 후진하고 있었다. 이것이 남으로 밀려오는 적군을 저지할 유일한 병력인데 말이다. 공산군이 프리먼의 병력을 공격한다는 보도가 발표되었다. 나는 본부를 떠나 지프로 현장을 보러갔다. (34쪽)

위험을 무릅쓰고 전장 곳곳을 누비며 취재했던 저자는 중공군에게 붙잡혀 포로가 되었다. 3장은 이렇게 시작된다.

나는 8월 4일 밤늦게 평양의 어떤 집에 실려 왔다. 창문 앞에 놓인 이불 가장자리에 빛이 들어와 날이 밝는 것을 알았다. 그리고는 더 이상 기억이 나지 않고 침대에 누워 영어를 하는 한국경찰이 내 곁에 앉아 있는 것을 알았다. "당신은 앓고 있어요. 나는 당신이 죽어서는 안 된다고 명령을 받았어요. 《노동신문》 기자가 런던에 당신의 체포를 알렸는데, 당신의 신문이 대단히 소란을 피우고 있어요. 그들은 유엔에다 당신의 석방을 요구하고 있어요. 당신은 유명한 모양이에요. 잘 될 거예요."

사흘 동안 구금되어 앓고 있으면서 나는 북한 병원에서 우유와 계란, 코카콜라 등을 먹으며 지냈다. 나는 사실상 감시받지 않았다. (65쪽)

딘은 포로로 체포되었기 때문에 다부동전투와 낙동강전투를 체험하지 못했다. 그래서 영국 《타임스》 지의 특파원 이안 모리슨(Ian Morrison)이 8월 12일 대구 근처에서 지뢰 폭발로 사망한 사실도 모르고 있었다. 4장은 이렇게 시작된다.

1950년 8월 30일 나는 평양 교외의 민간인 수용소로 옮겨졌다. 갑자기 나는 라디오 뉴스를 듣게 되었다. 넘어진 후 이질로 고생하는 패트릭 번 주교가 겨우 일어나, "워싱턴 의회는 뭘 하고 있는 거요?"라고 물었다. 나는 그에게 얘기했다. 그는 그 후 좀 낫다고 했다. ECA 간부인 친절한 거구의 엔지니어 월터 엘팅험(Walter Eltringham)은 출발 때부터 맞은 상처로 아직 고생을 하고 있다. 그는 반격의 뉴스를 듣고 이렇게 말했다. "이봐, 우리가 치면 그놈들은 담뱃갑 아래로 엎어질 거야." (78쪽)

패트릭 번(Patrick James Byrne) 주교는 결국 평양 교외의 수용소에서 운명하였다. 그는 워싱턴에서 태어나 메리놀수도회의 신부가 되었고, 일본 교토교구장을 거쳐 1949년부터 평양교구장으로 사역하다 북한군에게 붙잡혀 감금되었다 11월 25일 운명한 것이다. 그는 한국천주교사에 순교자로 이름이 올라 있다. 번 주교가 감금될 당시의 상황을 자세히 소개한 이 책은 그래서 사료적으로도 중요한 의미를 지닌다.

5장은 이렇게 시작한다.

> 10월 30일 밤, 우리는 만포에 도착하였다. 우리는 불탄 물방아집에 멈췄다. 엄청 추웠다. 짚을 모아 불을 지폈다. 아이들은 춥고 배가 고파 울어댔다. 키시(Kish) 박사가 말하기를 갈멜(Carmeliter) 수녀가 죽어가고 있다 한다. 반 마일 밖에서 장교들은 야영을 하고 있었다. 북한군 장교가 와서 불을 발로 차서 껐다. 그러고는 문 씨가 사라졌다. 한 시간 후에 돌아왔는데 매우 흥분되어 있다. 아침에 그는 이제 손을 떼고 감옥수들이 우리를 맡을 것이라 했다. 그는 부처처럼 쪼그리고 앉았다. "끝장이야"라고 했다. (108쪽)

영국 부영사 조지 블레이크(George Blake, 1922~2020)가 그날 밤 탈출을 시도했다. 그러나 다시 잡혀왔다. 저자는 그가 심문받는 광경을 자세히 묘사하고 있다. 블레이크는 흥미로운 인물이다. 유태계 영국인으로 주한 영국대사관의 부영사로 활동하다 전쟁을 맞아 북한군에 감금되었는데, 미군의 폭격으로 인한 참상을 보고 소련 쪽에 서기로 결심했다고 후일 회고록 『다른 선택은 없다(Другого выбора нет)』(1991)에 기록하고 있다. 영국으로 귀국하여 독일 첩보국에서 근무하다가 소련으로 탈출하여 모스크바에서 살았다.

6장은 이렇게 시작된다.

1951년 설날 우리는 놀랍게도 일반식의 양배추 대신 우리 17인(유럽인 10인과 한국인 7인)을 위해 작은 돼지 한 마리와 밥, 감자, 양파, 마늘 등이 나왔다. 문 씨는 이것들을 먹을 생각을 안 했다. 그럼에도 그에게 감사를 표하고 용감히 영어로 통역 없이 연설을 하도록 권했다. 이것이 한국말만 할 줄 아는 장 씨를 화나게 했다. (137쪽)

저자는 포로생활을 하면서 사상교육을 받아야 했다. 8장은 이렇게 시작한다.

계절이 더워짐에 따라 무료하게 번갈아 제공되는 공산주의 책들만 읽었다. 마르크스, 엥겔스, 레닌과 스탈린의 이른바 '공산주의 고전' 외에 가끔 러시아 소설과 잡지, 신문이 들어왔는데, 모두 서구는 잘못이고 인류에게 기회를 줄 수 있는 것은 동구라고 적혀 있다. 우리 문명의 모든 나쁜 측면이 수많은 말로 폭로되고 확대되고 분석되어졌다. 좋은 측면은 하나도 그려지지 않았다. 미국은 공포와 무영혼과 부패의 나라이고, 프랑스는 일리야 에렌부르크(Ilya Ehrenbourg)의 퇴폐적 나라로 그려져 있다. (172쪽)

휴전협상은 결렬되고 이들의 포로생활도 길어지게 되었다. 9장, 10장, 11장은 이렇게 시작된다.

"평화의 행진"의 날, 쿠즈마 쿠즈미히(Kuzma Kuzmich)는 빅뉴스를 전한다. 1951년 11월 27일 휴전협상이 진척되어 1951년 12월 27일까지는 모든 것이 끝날 것이라고. 어떤 뉴스에도 굶주린 우리는 무엇이든 일어나야 한다고 믿고 있었다. 전직 외교관들은 전례에서 찾으려고 애를 썼다. 토론은 논쟁으로 되었고 말싸움이 되기도 했다. (9장 197쪽)

그날 밤 나는 꿈을 꾸었다. 해군복을 입고 북한을 탈출하여 대동강변을 따라가고 있었다. 평양 밖에 이르자 내가 제2차 대전에서 본 배들로 찬 항구를 보았다. 선원들이 할리우드 스타일의 카바레를 쓰고 소리 지르는데 자세히 보니 내가 전쟁에서 죽인 사람들이었다. 누가 소리를 지르는데 그리스의 바울 왕(King Paul)이 내게로 와서 "어디로 가느냐?"고 물었다.

"도망가고 있습니다."

"그래선 안 된다. 너무 위험하다."

"저는 평생 감옥에 있을 수는 없습니다."

"그렇겠지. 그러나 도망칠 필요가 없다. 4월 10일까지는 나올 것이다."

"몇 년이요?" 나는 물었다.

"물론 1953년"이라고 바울왕은 말하고, 나는 깼다. (10장 215쪽)

우리는 4월 9일 한국과 만주의 국경선을 넘었다. 블레이크는 말했다. "그리스의 바울 왕이 맞았어. 당신은 10일 이전에 해방된 거야." 북한인들은 왜 우리를 그토록 잡아두었는지에 대해 말이 달랐다. "야만적 미국이 폭격을 마칠 때까지 국경에까지 안전하게 여행할 수 있도록 북한정부가 보호해 주었다"(평양의 《노동신문》 1952년 1월 26일자)고 했다. 여기 우리는 국경선에 있고, 아직도 휴전은 이루어지지 않았다. (11장 237쪽)

유엔은 한국전쟁 당시에 16개국의 군대를 파병하였는데, 딘은 그리스군 종군기자로 참전했다. 딘이 남긴 생생한 기록 덕분에 우리는 한국전쟁 당시의 포로 체험기를 읽을 수 있게 되었다.

이 책의 마지막은 이렇게 끝난다.

내가 여자 기사에게 스탈린의 변증법적 유물주의는 진정한 철학서가 될 수 없다고 말하자 그녀는 눈물을 흘리며 "그런 말하지 마세요. 그것은 사악한 말이에요."라고 하였다.

드디어 우리는 모스크바에 도착하였다. 정거장에서 우리는 웃음 띤 친근한 한 집단의 영접을 받았다. 우리는 이것이 자유에 매우 가까운 것이라 생각했다. 대사의 축하를 받고 우리는 공항으로 이송되었다. 소비에트 비행기들 가운데 적, 백, 청의 날개를 가진 은색 새가 그려진 비행기가 우리를 기다리고 있었다. 승무원, 의사, 간호원들이 살뜰히 보살피는 가운데 우리는 드디어 비행기에 탔다. 우리가 그렇게 자주 깨뜨린 꿈이 드디어 진실로 다가왔다는 것을 알기 시작했다. (253쪽)

# 06

# 해리 제임스 마이하퍼

Harry James Maihafer, 1924~2002

———

『허드슨강에서 압록강까지

From the Hudson to the Yalu』(1993)

———

뉴욕과 뉴저지를 가르는 허드슨강은 여러 면에서 유명하지만, 많은 유명인을 배출한 웨스트포인트 미국육군사관학교가 있는 곳이기도 하다. 웨스트포인트를 졸업하고 한국전쟁에 참전한 장교는 맥아더 장군을 비롯하여 상당히 많다. 그들은 모교에서 배운 정신을 바탕으로 한국전쟁에 참여한 것을 명예로 여긴다. 그러나 한국전쟁에서 목숨을 잃은 자들도 많았다. 웨스트포인트의 정신과 한국전쟁의 경험을 바탕으로 쓴 해리 제임스 마이하퍼(Harry James Maihafer)의 『허드슨강에서 압록강까지(From the Hudson to the Yalu)』는 우선 제목부터 우리의 마음을 끈다.

해리 마이하퍼는 1924년 8월 8일, 뉴욕의 워터타운에서 아버지 조지 마이하퍼(George Maihafer)와 어머니 로레타(Loretta Daggett) 사이에서 태어났다. 1941년 뉴욕의 시라큐스에 있는 기독형제단고등학교를 졸업하고, 웨스트포인트 육군사관학교에 입학하여 1949년에 졸업하였다. 이듬해 한국전쟁에 참전하여 은성훈장(Silver Star)과 퍼플 하트(Purple Heart)상을 받았다.

1966년에 미주리대학교에서 언론학석사 학위를 받았다. 1969년에 퇴역하고 그 사이 근무하던 뱅크 오브 아메리카 인사부장직에서도 퇴임했다. 그 후 군사(軍史)에 관한 6권의 책을 저술하였다. 그 사이 아들 더글러스가 52세로 먼저 사망하는 아픔을 겪었다. 아내 진(Jeane)과 두 딸과 함께 내슈빌에 살다가 2002년 1월 26일에 사망하여 내슈빌의 성헨리 성당에서 장례식을 갖고 안장되었다.

그의 글들은 《월스트리트 저널》, 《밀리터리 히스토리》, 《아미》, 《밀리터리 리뷰》 등에도 실려 있다. 한국전쟁에 관한 책으로는 도널드 골드슈타인(Donald M. Goldstein)과 공저로 『한국전쟁(The Korean War)』이란 사진이 많이 실린 책도 내었다.

## 작품 속으로

『허드슨강에서 압록강까지(From the Hudson to the Yalu)』의 원서에는 '한국전쟁에서의 웨스트포인트 49학번(West Point 49 in Korean War)'이란 부제가 붙어 있는데, 한국어판에는 '자유와 평화를 위한 한국으로의 여행'이란 부제가 붙어 있다. 그리고 맨 앞에는 백선엽 대한민국육군협

『허드슨강에서 압록강까지From the Hudson to the Yalu』(1993)

의회장의 추천사가 실려 있다.

총 12장으로 구성된 이 책은, '1. 졸업 후, 2. 코끼리를 보다, 3. 부산 경계선, 4. 총격, 5. 반격, 6. 북진, 7. 북한으로 진격, 8. 중공군 개입, 9. 8군 퇴각, 10. 공격과 역공, 11. 춘계 공세, 12. 대치'의 순으로 되어 있다. 부록으로 17보병 전투단 소속 중위 로버트 T. 펄룬의 '당신의 앞마당에 벌어지고 있는 일'이 4쪽에 걸쳐 실려 있다.

저자는 서문에서 이렇게 적었다.

이 책을 쓴 정확한 동기는 말하기 어렵지만, 확실히 말할 수 있는 한 가지는 한국전에 참전했던 1949년도 졸업생들을 기념하기 위해서라는 것이다. 그들 중 많은 이들이 지금은 '잊혀진 전쟁'이 되어버린 이 전쟁에 자신의 목숨을 바쳤다. 전투라는 굉장한 도전들에 맞설 수 있도록 우리를 도와준 친구이자 교사였던 위대한 부관들에게 감사를 표하고자 하는 마음도 이 책을 쓴 동기다. 마지막으로, "그것이 거기 있기 때문에" 에베레스트 산에 오르고자 시도했다던 한 산악인을 떠올리면서, 어떤 일들이 일어났기 때문에 그것들을 묘사해야 할 필요성이 있다고 생각했다. 기록되지 않는다면 어떤 행위들은 잊힐 것이고, 그러므로 그 희생을 감사히 여기지 않을 것이다.

당시 상황들이 이 책에 기록된 그대로였는가? 오랜 세월이 흐른 지금, 내가 말할 수 있는 것은 "나는 그렇다"고 믿는다는 것이다. 내 자신의 이야기를 포함한 이 책의 이야기들은 진실하게 증언된 것들이고, 만약 이것들이 실제 상황에 대한 정확한 반영이 아니라면, 이것들은 풋내기로서 때로는 겁에 질리기도 했던 일련의 중위들이 지각했던 그대

로라는 것이다. (11~12쪽)

8월에 북한군은 부산 바로 앞까지 침략했고, 9월 15일 인천상륙작전으로 전세가 역전되기 시작했다. 10월에는 38선을 넘어 원산까지 태극기를 휘날리게 되었다.

8월, 전투가 계속되는 가운데 북한군은 부산까지 뚫고 내려오기 위해 공격을 계속 가하고 있었다. 가장 치열한 전투 중 몇은 대구 북쪽의 상주의 다부동 길에서 치러졌다. 27보병연대가 방어한 이곳은 '볼링 엘리(Bolling Alley)라고도 불리던 지역이다. 동쪽의 포항에서 남쪽의 마산에 이르기까지 여러 곳에 펼쳐진 다른 진지들도 역시 마찬가지로 위협받고 있었다.

전장에 있는 동기생 소위들은 전쟁의 큰 그림을 볼 수 없었고, 자신들이 위치한 특정 지역에서의 전투에 대해서만 알 수 있을 따름이었다. 전쟁의 모든 것은 매우 혼란스러웠고 피비린내가 가득했다. (56쪽)

9월 16일, 북쪽에서 내 동기들이 인천에 상륙하고 있을 때, 21보병대의 모든 장교와 핵심 부사관들은 회의에 소집됐다. 우리는 햇볕이 내리쬐는 밝은 아침, 공터에 집합했다. 백 명이 넘는 장교와 그보다 두 배 많은 부사관들이 모여 대형을 이루니 연대에 대한 새로운 눈이 뜨이는 듯했다. 비록 대부분은 처음 만나지만 이런 방식으로 전체가 처음 모인 것, 지난 몇 주간 같은 경험을 공유한 이들을 바라보는 것은 우리 모두에게 자신감, 동료의식, 그리고 힘까지 느끼게 해주었다. 평소의 기진맥진하고 전력이 약화된 듯한 고립감과는 전혀 다른 것이었다. 아마도 이를 위해 이런 회의를 소집했는지도 몰랐다. 거의 축제에 가까웠다. 우린 다른 중대에 있는 친구들도 만날 수 있었다. 그중에는 서로 같은 부대에 속해 있는지 모르던 친구들도 있었다. (129~130쪽)

10월 15일, 트루먼 대통령과 맥아더 장군은 웨이크 아일랜드에서 만났다. 모임동안 맥 장군은 10월 20일 원산에서 있을 상륙작전에 대해 논의했다. 트럭으로 인천에 있던 해병들과 부산으로 수송됐던 7보병단은 이미 이 작전을 위해 다시 수송수단에 타고 있었다.

그러나 대한민국 국군의 빠른 진격으로 10월 20일이 되었을 때는 원산이 이미 아군 지역이 되어 있었다. 그래서 공격 상륙은 있어도 그만 없어도 그만인 것이 되었다. 게다가 원산 항구는 지뢰가 많이 설치돼 있었고, 그 방향에서의 대규모 공격을 지원하기에는 아직 이른 시점이었다.

웨이크 아일랜드 모임 동안 트루먼 대통령은 맥아더 장군에게 중국이 개입할 가능성이 있는지 물었다. 맥 장군은 한국에서의 승리는 이미 확정된 것이며, "중국이 개입할 가능성은 거의 없다."고 말했다. 장군은 계속해서 '공식적인 북한군의 저항'은 추수감사절까지 끝날 것이라는 자신의 믿음을 표현하고, 그렇게 되면 8군이 크리스마스 전까지 일본으로 철수하게 할 것이라고 말했다. 그러나 10월 14~20일 맥 장군과 그의 G-2인 윌로비 장군도 모르는 사이, 심지어 웨이크 아일랜드에서 모임이 진행되는 동안 중국의 4개 군대는 만주에서 압록강을 건너 북한에 들어오고 있었다. (201~202쪽)

저자는 드디어 한반도의 끝인 압록강에 이르게 된다. 이제는 전쟁이 끝날 거라는 기대감에 한껏 고무된다. 하지만 그 기대감이 채 사라지기도 전에 중공군이 공격해 온다.

이날은 해가 내리쬐는 환한 날이었다. 만주로부터 약 15~20마일 떨어진 한국의 저 먼 북서쪽 구석에 있던 우리는 여전히 우리 동쪽에서 벌어지고 있는 전투에 대해서 모르고 있었다. 우리는 거의 축제 분위기였다. 머리 위에서 탄착 관측기의 조종사가 즐겁게 우리에게 외쳐댔다.

"이봐, 압록강이 보인다!"

우리는 환호성을 질렀다.

몇 분 후 S-3가 작전 텐트에서 돌진해 나왔다.

"모두, 짐을 싼다."

그가 말했다.

"우리는 이동한다. 남쪽으로."

내게 든 첫 생각은 일종의 휴전협상이 선언되어서 우리가 철수하게 될 것이라는 사실이었다. 불행히도 실제로는 우리도 공격을 받고 있던 것이다. 중공군은 우리를 끊기 위해 우리 연대 후방을 치려 하고 있었다. (210쪽)

중공군이 가세하자 전세가 또다시 역전되고 맥아더 장군은 해임된다. 이후 한국전쟁은 고착 상태에 빠지고 양측은 휴전협상을 벌인다. 휴전협상을 벌이는 중에도 양측은 피비린내 나는 싸움을 멈추지 않는다.

8월 23일, 루가 부상당한 이틀 후, 공산주의자들은 평화회담에서 걸어 나왔다. 그들은 미군 비행기가 개성 중립지대에 폭탄을 투하했다고 주장했다. 이는 조사됐고 근거 없는 것으로 판명됐다. 그럼에도 회담은 두 달간 유예됐다. 그 기간 유엔 대표들은 개성보다는 판문점을 회담장소로 내세웠다. 공산주의자들이 합의했다. 그리고 10월 25일, 회담이 다시 판문점에서 시작됐다. 휴회기간에도 전투는 그 강도가 줄어들지 않은 채 계속됐다. 그러면서 '단장의 능선 전투' 등이 미군 역사의 일부가 되었다. 적군에 큰 벌이 가해졌고, 밴 플리트 장군은 그 기간 공산주의자들의 사상자 수가 대략 23만 4천 명이라고 가늠했다. 같은 기간 유엔군의 사상자 수는 6만 명이고 이 중 2만 2천 명이 미군이었다. 미국에서는 국민들이 하찮은 산등성이에서 발생하는 새로운 미군 사상자들과 맹렬한 전투에 대해 듣고 있었다. 이제 한국에서의 미군 전체 사상자 수는 거의 10만 명에 이르렀고, 전쟁에 대한 미국 내 지지는 급격히 약화되고 있었다. (354쪽)

이 책에서 저자는 전문적 작가가 아니라 군인으로서 소박하게 서술했다. 그렇기에 읽기 쉽고 진솔한 감동을 주는 것 같다. 개인적 경험에 바탕을 두면서도 웨스트포인트 출신답게 자부심을 갖고 전쟁의 전체 흐름을 파악할 수 있도록 서술하고 있는 점도 돋보인다. 백선엽 장군은 추천사에서 이 책이 특히 젊은 세대에게 많이 읽혀 한국전쟁이 잊혀진 전쟁이 아니라 생생하게 기억되는 전쟁이 되기를 바란다고 적었다.

# 07

# 안소니 파라-호커리

Anthony Farrar-Hockley, 1924~2006

『한국인만 몰랐던 파란 아리랑

The Edge of The Sword』(1954)

---

"파라 파라(Farrar the Para)"라는 별명으로 유명한 안소니 파라-호커리(Anthony Farrar-Hockley) 경은 영국 육군 장교이자 군사 역사가였다. 그는 나토(NATO)의 연합군 북유럽 사령관을 끝으로 퇴역했는데 여러 고위 사령관을 역임했다. 작위를 받아 경(Sir)으로 호칭되었다. 이런 거물이 한국전쟁에 참전하고 그 실화를 책으로 내어 세상에 알렸으니 참으로 다행이다. 나도 전혀 알지 못했다가 책을 읽어보니 장군으로서의 품위를 갖추면서도 상당히 자유롭게 문학적으로 서술한 것에 매료되었다. 2년 동안 포로생활을 했으니 지난 이야기를 이렇게 담담히 적기도 쉽지 않을 텐데 참으로 귀중한 역사적 증언을 남겼으니 값진 책이라 느껴졌다.

그는 1924년 4월 8일, 영국 코번트리에서 출생하였다. 아버지 아더는

저널리스트였다. 엑서터학교에서 공부하고 15세에 제2차 세계대전에 자원 참전하였다. 영국군 기갑부대 글루스터연대(Gloucestershire Regiment)에 소속하였다. 그러나 연령 미달이 확인되어 1941년에 재입대하였다. 18세의 나이로 이탈리아와 프랑스에서 싸웠고, 1944년에는 그리스 시민전쟁에서 공산주의자들에 대항하여 전투하였다.

1945년 7월에 마가리트 웰즈와 결혼하고 세 자녀를 두었다. 1950년 한국전쟁이 발발하자 다시 자원하여 글로스터부대 소속으로 참전하였다. 임진강전투에서 인민군의 포로가 되기도 했으나 지도력을 발휘했다. 파라-호커리 장군은 1960년대에 두 권의 책을 내어 필명을 높였다. 1968~70년에는 옥스퍼드대학의 국방연구원으로 재직하면서 다시 두 권의 책을 내었다. 그리하여 옥스퍼드대학에서 문학석사 학위를 받았다.

1965년에는 인도네시아의 스카르노 대통령을 지원하여 말레이시아와 전투하였다. 1979년에는 나토 사령관으로 임명되어 1982년까지 수행하였다.

퇴역 후에는 군사 역사가로 신문과 텔레비전에서 군사 관계에 관한 글을 쓰고 자문에 응했다. 1997년에는 TV 드라마에 워털루 전쟁의 장군으로 출연하기도 하였다.

첫 부인 마가리트는 1981년에 사망하고 1983년에 린다와 재혼하였다. 장남 찰스도 아버지를 따라 군장교가 되었다. 2006년 3월 11일, 영국 옥스퍼드에서 사망하였다.

강영훈 전 국무총리는 주영대사를 4년간 지낸 바 있는데, 그에 의하면 파라-호커리는 한영 미래포럼의 영국 측 회장으로서 한영 우호친선 관계를 발전시키기 위해 노력하였다고 한다.

## 작품 속으로

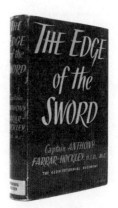

안소니 파라-호커리의『한국인만 몰랐던 파란 아리랑(The Edge of The Sword)』은 김영일 역으로 한국언론인협회에서 2003년에 발간되었다. 이 책 원서의 제목에 대해서는 이런 해설이 붙어 있다. "한국전쟁에서 8군을 하나의 검(劍)이라 한다면 우리의 역할이 그 검의 어느 부분인지를 나는 잘 알고 있었다. 대검(大劍)의 칼날부분! 가파른 능선 위에 구축한 좁은 참호의 벽에 반쯤

『한국인만 몰랐던 파란
아리랑The Edge of
The Sword』(1954)

기대고 누워서 흰 구름 사이로 반짝이는 별을 바라보며 나는 우리의 역할을 '대검의 칼날'이라고 표현하는 것이 꽤 괜찮은 것 같다는 생각이 들었다." 그런데 한국어판을 출간하면서 저자의 허락을 얻어 책 제목을『한국인만 몰랐던 파란 아리랑』으로 바꾸었다.

이 책은 '제1부 임진강전투 영국군부대의 장렬한 최후, 제2부 파라-호커리 대위 28개월 포로행로'의 순으로 되어 있다.

저자는 영국군 글로스터부대의 대위로 참전해 최선을 다했는데, 의도치 않게 항복할 수밖에 없었다. 포로가 된 상황과 적군에게 심문당하는 상황을 묘사하고 있다.

"정지!"

그들이 멈춰 서서 무언가를 기대하는 표정으로 나를 물끄러미 쳐다보았다. 나는 그들이 도대체 내게 어떤 명령을 기대하고 있는지 알 수가 없었다.

"무기를 내려놓아라."

몇 초 후 산등성이 기슭에서 샘이 자기와 함께 이동하던 병사들에게 같은 명령을 하는 것을 들었다. 그가 명령하는 소리는 내 귀에 메아리, 아니 창피스런 메아리처럼 들렸다. 우리가 할 수 있는 일은 다 했고 우리의 임무를 완수하기 위해 모든 노력을 기울였으나 그 종말은 적군에게 항복하는 것이었다. (107쪽)

포로가 되었다는 것은 실감나지 않았다. 몇 분간 우리는 200야드 떨어져 있는 곳에 있는 무장한 적군에게 역류되어 좁은 계곡 길옆에 서 있었다. 아직 담배가 조금 남아 있어서 나는 땀에 흠뻑 젖어 있는 주머니로부터 담배쌈지를 꺼내어 파이프에 담배를 채워 넣었다. 우리는 각자 서로에게 아무 말도 하지 않았다. 우리에게 주어진 상황은 명백했다. 우리가 할 수 있는 일은 다음 행동—적이 주도하는 행동—을 기다리는 것뿐이다. 이따금 한 병사가 그 옆의 병사에게 담뱃불을 붙일 성냥을 부탁한다거나, 혹은 병사들끼리 속삭인다거나 하는 정도 외에는 별 움직임이 없었다. 계곡 전체가 조용했고 우리도 마찬가지였다. (111쪽)

"왜 한국에 왔는가?"

나는 답을 하지 않았다. 그러자 그는 갑자기 조그만 책자를 꺼내 더듬더듬 간신히 읽어 내려가면서 자기가 나의 답을 대신해주었다. 거기에는 맥아더 장군을 문어로 풍자해서 만화식으로 그린 그림이 있었는데 문어는 네 개의 다리로 한국 여자들과 아이들을, 그리고 나머지 네 개의 다리로는 미국 달러가 든 돈주머니를 감아 자기 입에 넣고 있었다. 미국의 주식 브로커들과 그들의 위협으로부터 자국을 지키기 위해 용감하게 싸우는 북한 군인들에 대한 내용이 많이 있었다. 그것을 다 읽고 나서 그는 또 질문을 해왔다.

"당신은 이것을 다 이해했는가?"

"나는 아무런 할 말이 없다." 내가 대답했다.

"영국인들이 너무 많다." 그가 아래쪽 길을 가리키며 말했다.

"가라."

내가 이 말을 불길한 징조로 느끼고 있는데 준위 한 사람과 2명의 병사가 나를 고개의 한쪽 끝으로 데리고 갔다. (148쪽)

이렇게 시작된 포로수용소 생활을 담담하게 그리고, 고생 끝에 휴전협상이 체결되어 석방되는 장면을 묘사하면서 대단원을 맺는다.

우리는 휴전협정 체결장소인 큰 건물과 지난 2년간 협상대표들이 휴전조건에 대해 토의했던 지역들을 지나갔다. 조금 떨어진 곳에 헬리콥터들이 내리는 장소가 보였는데 시시각각 가까워지고 있었다. 트럭은 오른쪽으로 꺾어 판문점 주요도로에 진입하기 전에 그 도로에 여기저기 널려 있는 멋진 미군 군화와 옷가지들 때문에 잠시 멈추었다. 그것은 자신들의 영역으로 되돌아가면서 중공군과 북한군 포로들이 벗어던져놓은 군화와 옷가지들이었다. 마침내 나는 텐트와 절대로 혼동할 우려가 없는 흰색 철모를 쓴 미군 헌병을 볼 수 있었다. 내가 미처 그것을 깨닫기도 전에 텐트 바로 옆에 트럭이 멈추어 섰고 장이 뛰어 내려 트럭 뒤에 사다리를 두 개 걸었다. 미군 한 명이 우리의 이름을 호명하며 중공군 한 명과 함께 명단을 대조했다. 이제 내 소지품 꾸러미는 더 이상 필요가 없었으므로 나는 그것을 자리 밑에 두고 내렸다. 밝은 햇빛 아래 사다리를 내려오면서 나는 갑자기 아주 더운 여름날 아침이라는 생각이 들었다. 미군 한 명이 내 등을 툭툭 치더니 나무로 만들어 세운 아치 쪽으로 안내하였다. 올려다보니 이렇게 적혀 있다.

"자유로의 귀환을 환영합니다."

나는 그 밑을 통과했다. 이때가 바로 1953년 8월 31일 오전 9시였다. (408~409쪽)

제2장

# 한국전쟁 현장의
# 증언과 기록

**코덴데라 수바야 티마야** Kodandera Subbaya Thimaya
『판문점 일기 Experiment in Neutrality』

**로이 애드거 애플만** Roy Edgar Appleman
『장진호 동쪽 East of Chosin』

**로버트 타벨 올리버** Robert Tarbell Oliver
『한국동란사 Verdict in Korea』

**존 윌라드 톨랜드** John Willard Toland
『존 톨랜드의 6·25전쟁 In Mortal Combat Korea, 1950-1953』

**딘 엘머 헤스** Dean Elmer Hess
『신념의 조인 Battle Hymn』(1956)

**마거리트 히긴스** Marguerite Higgins
『자유를 위한 희생 War in Korea』

**목타르 루비스** Mochtar Lubis
『인도네시아인의 눈에 비친 6·25전쟁 Tjatatan Korea』

**스탠리 웨인트라웁** Stanley Weintraub
『장진호 전투와 흥남철수작전 A Christmas Far from Home』

## 01

# 코덴데라 수바야 티마야

Kodandera Subbaya Thimaya,
1906~1965

『판문점 일기

Experiment in Neutrality』(1981)

코덴데라 수바야 티마야(Kodandera Subbaya Thimaya)는 육군참모총
장까지 지낸 인도의 장군인데 한국전쟁의 휴전 협상 당시에 포로 중립국
송환 문제를 책임지고 일기와 메모를 적어 『판문점 일기(Experiment in
Neutrality)』(1981)란 책으로 내었고 한국어로도 번역되었다. 놀랄 만한
박식과 사려로 한국전쟁이 종료되던 당시의 상황을 자세히 서술하고
있다.

코덴데라 티마야는 1906년 3월 31일 인도 카르나타카주의 마디케리
에서 태어났다. 아버지 수바야(Subayya)와 어머니는 시타마(Sitamma)는
커피 재배인이었다. 티마야는 여섯 아이 중 셋째였다. 세 형제가 인도군
장교가 되었다. 티마야는 인도군관학교에서 좋은 교육을 받았다.

졸업 후 1926년에 인도군 중위로 임명되었다. 이어서 영국인도육군 제4포병대에 소속되었다. 1935년 1월에 니나 카리아파(Nina Cariappa)와 결혼하였다. 1936년에는 마드라스에 있는 육군대학교의 겸임교수가 되었다.

잠시 싱가포르에서 활동하여 시장의 지위에 오르기도 했고, 1941년에는 인도로 돌아가 쿠에타 지진이 발생하자 아내와 함께 헌신적인 구제 활동을 하였다. 제2차 세계대전에는 버마(미얀마)에 출전하여 일본군을 대적하였다. 여기서 지휘관으로 큰 전과를 거두었고 훈장을 수여했다.

그는 싱가포르와 필리핀에서 일본군의 항복을 받을 때 인도를 대표하였다. 그러고는 일본에 있는 영국주둔사령부의 제268 인도군사단장이 되었다. 영국은 작전권을 인도인에게는 주지 않았지만 티마야 장군은 예외였다. 그는 외교력으로 극동군 사령관 맥아더 장군과도 협상하였다. 그의 인격과 매너는 명성을 얻었다.

인도의 해방이 다가오면서 1947년 그는 본국으로 귀환하였다. 파키스탄 문제 등에도 관계하면서 네루 수상의 신임을 얻기도 했다. 일본에서의 경력을 인정받아 한국에서의 유엔군 중립국위원회(Neutral Nations Repatriation Commission)의 대표로 파견되었다. 남북한과 중국과 미국의 첨예한 대립 속에서 그는 과제를 잘 마치고 귀국하였다. 1953년 1월에 인도육군 총사령관으로 승격하였다. 1959년에는 당시 국방장관 메논(V. K. Krishna Mennon)과의 불화로 잠시 사령관직을 사임하기도 하였다(이 메논은 한국에 온 유엔위원단장 K. P. S. 메논 박사와는 다른 인물이다). 1961년 5월 7일, 35년간의 군역을 은퇴하였다.

1964년 7월, 유엔은 그를 주사이프러스 유엔군사령부(UNFICYP)의

사령관으로 임명하였다. 사령관으로 재직하던 1965년 12월 18일에 현지에서 순직하여 시신이 인도 방갈로어로 운송되었다. 벵갈로어에는 티마야 장군길(Gen. Timaya Road)이 명명되었다. 인도 육군에서는 지금도 티마야 장군이 전설적 인물로 추앙되고 있다. "티마야 같은 장군은 어느 세대에나 태어나지 않는다. 장군은 인간 중의 인간이요, 그의 영혼은 인도군의 영혼이다."라는 찬사가 있다.

## 작품 속으로

200만 명의 사상자를 낸 한국전쟁은 1953년 7월 27일 3년 1개월 만에 끝났다고 생각하지만 2만 3천여 명의 송환거부 포로 문제로 이듬해 2월 말까지 6개월간 치열한 이데올로기투쟁이 있었다. 송환을 거부하는 포로들을 한 사람이라도 자기편에 끌어들이려는 유엔군 측과 공산군 측의 귀환 설득전은 무력 전쟁 이상이었다. 이 게임의 심판을 맡은 인도, 스위스, 스웨덴, 체코, 폴란드 등 5개국으로 구성된 중립국 포로송환위원회는 중재를 위해 노력하였다. 결국 남도 북도 거부하고 끝까지 중립국을 택한 86명의 포로들이 인도 관리군 마지막 부대와 함께 인도 군함을 타고 인천항을 떠난 1954년 2월 23일에 사태는 일단락되었다.

당시 중립국 포로송환위원회의 의장국을 맡은 인도 대표단의 단장이 티마야 장군이었다. 그는 판문점에서의 활동을 『판문점 일기(Experiment in Neutrality)』라는 비망록에 자세히 남겼다. 12장으로 구성된 이 책은 '1. 델리에서 온 편지. 2. 네루수상과의 만남, 3. 한국으로 가는 길, 4. 중립국 송환위원회 첫 회합, 5. 포로 인수인계, 6. 텐트 도시의 포로들, 7.

포로 자치조직, 8. 설득회 준비, 9. 설득회 시작, 10. 미완의 설득회, 11. 나머지 문제들, 12. 배워야 할 교훈들'의 순서로 되어 있다.

저자는 문제가 생길 때마다 유엔군 측과 공산군 측의 주장을 비교하고 중립적 입장에서 최선의 결정을 내리는 과정을 자세히 기록했다. 이 책은 저자의 해박한 세계전쟁사 지식도 엿볼 수 있는데, 어떤 부분에서는 지나치게 원칙을 장황히 설명해 지루한 점도 있다. 아무튼 한국전쟁사의 복원, 제3자적 시각, 네루식 중립주의가 돋보이는 책이다.

중국인민의용군은 막바지에 재편성된 북한 인민군과 합세하여 유엔군을 38선 조금 아래 서울 남쪽까지 밀어냈다. 여기서 유엔군은 부대를 재정비하여 육해공군 화력의 우위를 형성할 수 있었고 북한 사령부의 공격은 중지되었다. 그런 가운데서도 점차 더 많은 중국 의용군이 밀려들어왔다. 기갑부대, 포병부대, 고속 전투기가 증강되었다. 이 군대를 '인해(人海)'라고 부르는 것이 비록 과장이긴 하더라도 중국 의용군과 북한 인민군은 아마도 수적으로 그리고 어쩌면 특정 유형의 장비면에서 유엔군을 앞질렀을 것이다. 그러나 유엔군의 군사능력은 여전히 우월했으며 전선은 38선 부근에서 일진일퇴 상태로 고착되었다.

이러한 일진일퇴의 전투과정에서 유엔군은 대략 17만 명의 포로를 포획했다. 북한 인민군과 중국 의용군은 아마 10만 내외의 포로를 획득한 듯했다. 이 숫자는 물론 논쟁의 여지가 있었다. 개전 후 9개월간 북부군 사령부는 약 6만 5천여 명을 생포했다고 주장했다. 그러나 후에 명단을 통보해 온 것은 몇백 명에 불과했다. 이는 물론 우스꽝스런 일로, 그 통보가 거짓임은 쉽게 밝혀졌다. 마침내 북부군 사령부는 1만 2천 명 내외의 포로를 인정했으나 그 이상은 한발작도 더 나아가지 않으려 했다. 이것은 유엔군 사령부를 격노케 했다. 사령부는 중공군과 인민군에게 실종된 것으로 알려진 나머지 엄청난 숫자의 사람들에게 무슨 일이 일어났는지 당연히 관심을 쏟았다. 유엔군 사령부는 이 사람들이 살해되거나 강제노역에 처해지거나 혹은 북한 인민군에 편입되었을지 모른다고 우려하고 있었다. (43~44쪽)

이 책에 묘사된 중립국송환위원회의 첫 회의 광경은 이렇다.

1953년 9월 9일, 평화의 탑 안의 분위기는 딱딱하기는 했지만 우호적이고 긴장감은 느낄 수 없었다. 다행히도 위원회의 대표 가운데 한 사람을 빼고는 모두 영어를 할 수 있었다. 체코 대표는 통역이 필요했기 때문에 회의에는 5개국의 대표 및 부대표와 통역관 한 명 등 모두 11명이 참석, 크고 둥그런 탁자에 둘러앉았다. (…) 첫 회의는 나의 짤막한 인사로 시작되었다. 나는 우리 모두가 이 일을 위해 고국을 떠나 먼 길을 왔고 빨리 돌아가기를 같은 심정으로 원하고 있으므로 우리 일이 빠르고 성공적으로 결론 나는 것이 우리 모두에게 유익할 것이라고 평범하게 얘기했다. 나는 우리의 일차적 관심사는 불행과 고통 속에 있는 포로들의 바로 그 인간적인 문제에 두어야 함을 강조했다. 대표들 사이에 협동이 필요하며 그러한 협동은 유엔군과 북부군 사령부가 맺은 휴전협정의 '위임협약'에 분명하게 규정되어 있기 때문에 어렵지 않을 것이라는 요지로 결론을 내렸다. 그러나 '위임협약'에 모든 것이 분명하게 규정되어 있다고 내가 말한 것은 대단한 실수였다. 나는 그 회의의 첫 번째 문제에서부터 그 실수를 깨달았다. (75쪽)

이렇게 시작된 휴전협상은 이후 쉽게 이루어지지 않았다. 휴전협상이 이루어지는 동안 남측과 북측에서는 1953년 12월 23일까지 포로들을 설득했다.

1953년 12월 23일 설득기간은 종료되었다. 북부군 측은 모든 포로들이 설득기회를 가질 때까지 기간을 연장하자고 주장했다. 그러나 유엔군 측은 이를 거부했다. 협약상에는 우리가 송환거부 포로를 인수한 때부터 90일을 설득기간으로 한다고 명시되어 있었다. 그러므로 우리는 유엔군 측 편을 들어야 했다. 위원회도 양측 사령부에 설득이 공식적으로 종료되었음을 알리자는 데 다수 의견으로 동의했다. 그 이후 이듬해 1월 22일까지 30일 동안은 송환거부 포로들의 운명을 결정할 이른바 '정치협상'이 개최되었다. 그 협상에는 양측 사령부의 대표들과 중립국 대표들이 참석했다. 그러나 그 기간의 마지막 날에 송환위는 모든 포로들이 민간신분으로 전환되었으며 따라서 인도 관리군에 의한 그들의 보호도 끝났다고 발표했다. 그 후 30일 동안은 송환위와 인도 적십자사가 개인적으로 보호를 요청한 포로들을 보호하고 중립국을 선택한 포로들에 대해서도 세심한 배려가 주어졌다. 그 기간이 끝나는 1954년 2월 22일 자동적으로 송환위의 임무도 종료되는 것이었다. 이것이 협약 제11항에 규정된 시간표였다. (257쪽)

1954년 1월 20일 중립국송환위원회는 북측에 수용된 21,805명의 포로를 유엔군 관할로 돌려보내기 시작했다. 그런데 남쪽으로 귀환하는 것을 택하지 않고 중립국인 인도를 택한 사람들이 있었다.

중립국을 선택했던 88명은 여전히 인도에 살고 있다. 처음부터 인도를 선택한 사람은 15명이고 대부분은 미국으로 가기를 원했다. 우리는 미국은 중립국이 아니기 때문에 그곳으로는 갈 수 없음을 지적했다. 그럼에도 불구하고 몇몇 사람은 미국으로부터 비자를 내주겠다는 약속을 받았다고 주장했다. 마침내 우리는 미국 당국과 협의해 보았으나 그들은 공식적으로 그들을 받아들일 수 없다고 밝혔다. 그들은 다음으로 스웨덴과 스위스, 남미 국가 같은 다른 중립국을 선택했다. 이들 가운데 오직 멕시코만이 그 나라를 선택한 15명을 받아들이는 데 동의했다. 멕시코도 처음 신청한 15명 외에는 더 이상 받아들이지 않았다. 그나마도 우리는 그들 중에 공산주의자는 포함돼 있지 않다는 보증을 해야 했다. 현재 이들 15명은 비자를 기다리고 있으며 나머지는 그냥 델리에 머무르고 있다. (262쪽)

중립국으로 향하는 배에 오르는 이들의 심경에 대해서는 남북 분단과 이데올로기 문제를 비판적 관점에서 그려낸 최인훈의 장편소설『광장』에 잘 나타나 있다. 체제의 선택을 강요받는 상황에서『광장』의 주인공 명준은 남한도 북한도 아닌 제삼국(중립국)행을 선택한다.

티마야의『판문점 일기』는 이렇게 끝을 맺는다.

> 우리가 한국에 송환위로서 갔을 때 많은 미국 언론들이 취한 태도는 이랬다. "잘됐다. 이제 인도인들이 공산주의자들의 정체가 무엇인지 잘 알게 될 것이다." 하지만 우리는 그러한 생각에 아무런 공감도 가질 수 없었다. 우리들의 자유를 위한 오랜 투쟁에서 공산주의는 그 일부였다. 미국에 있는 공산주의자들보다 인도에 있는 공산주의자들이 더 많다. 그리고 우리는 미국이 공산주의 국가들을 접하고 있는 것보다 훨씬 가까이에 공산주의 국가들을 두고 있다. 우리가 사회문제로서 공산주의를 다루는 전문가임을 자처하지는 않지만, 우리도 미국인들이 문제 삼고 있는 것과 같은 문제에 익숙해 있는 것이 사실이다. (…) 우리가 한국에서 송환위와 함께한 경험은, 인도에 있는 우리들에게 중립의 의미와 그것을 획득하는 기법에 대한 인식을 넓혀주었다. 현재의 이데올로기적 갈등 문제를 해결할 기법을 찾기 위해서는, 이 중립이라는 인식의 지평을 넓혀야 한다고 믿는다. 만일 우리가 실패한다면 송환위는 의미 없음이 밝혀질 것이고 곧 잊혀질 것이다. 그러나 우리가 부분적으로나마 성공한다면, 송환위는 인간의 감정과 두려움을 극복하고 이성과 용기의 승리를 여는 첫 번째 발자취로 기억될 것이다. (277쪽)

이처럼 티마야의 『판문점 일기』는 중립국의 입장에서 한국전쟁을 바라보았고, 남과 북의 공산주의와 자본주의가 아니라 제3지대를 택한 포로들이 실제로 있음을 소개해 주었다. 이러한 사건은 특히 지식인에게는 대단히 매력적으로 작용할 수밖에 없었다. 최인훈의 『광장』의 주인공 이명준은 인도행을 택했지만 배 안에서 자살을 택한다.

# 02

## 로이 애드거 애플만

Roy Edgar Appleman, 1904~1992

———

『장진호 동쪽 East of Chosin』(1987)

———

한국전쟁은 미국에서는 흔히 '잊혀진 전쟁'으로 일컬어지고 있다. 마찬가지로 한국에서도 6·25전쟁은 '잊혀가고 있는 전쟁'이다. 6월 25일이 되면 대부분 80대인 19만여 명의 참전용사와 유관단체들만 그날을 기억하고 있는 것처럼 보인다.

『장진호 동쪽(East of Chosin)』은 1950년 겨울, 함경남도 개마고원에 위치한 얼어붙은 한 저수지 부근에서 죽어간 154,881명의 외국의 젊은이, 그중에서도 미군에 관한 이야기이다. 장진호 동쪽에서 4일 낮 5일 밤 동안에 있었던 미 제7사단 제31연대전투단의 처참한 패배와 파멸에 관한 이야기는 아직 국내에 전혀 알려진 바가 없다. 이 책은 그들이 그곳에서 언제 어떻게 죽어갔는지를 생생하게 말해 주며, 장진호 동쪽에서 벌어졌던 삶과 죽음에 관한 처절한 팩트를 꾸밈없이 들려주고 있다.

로이 애드거 애플만(Roy Edgar Appleman)은 미국의 군사역사가로 태평양전쟁과 한국전쟁과 관련된 다수의 저서를 남겼다. 1928년 오하이오 주립대학을 졸업하고 예일대학교 로스쿨에서 수학했으며, 1935년 컬럼비아대학교에서 석사 학위를 받았다. 1936년부터 국립공원관리청에서 버지니아 리치몬드 지역 역사연구가로 근무하였다. 제2차 세계대전이 발발하자 1942년 사병으로 입대해, 1943년에 간부후보생과정 수료 후 소위로 임관되었다. 1945년 오키나와 전투 때는 제10군단 소속 대위로 활약하였다. 1950년 한국전쟁 때는 제10군단에서 중령으로 복무하였고 1954년 중령으로 예편하였다. 1947년 사서 전문가 아이린 화이트(Irene White) 양과 결혼하여 자녀 셋을 두었다.

한국전쟁에서의 복무경험을 바탕으로 『낙동강에서 압록강까지(South to Naktong, North to The Yalu)』(1961), 『장진호 동쪽(East of Chosin)』(1987), 『한국에서의 재앙(Disaster in Korea)』(1989), 『리지웨이, 한국을 위해 투쟁하다(Ridgway Duels for Korea)』(1990), 『함정을 탈출하다(Escaping the Trap)』(1990) 등 5권의 저서를 남겼다.

『장진호 동쪽East of Chosin』(1987)

## 작품 속으로

장진호는 서울 서북방 331킬로미터 거리에 위치한 해발 1,180미터의 산악 저수지이다. 1950년 11월 24일부터 1950년 12월 13일까지 이곳

M46 패튼 중형 전차와 함께 장진호에서 탈출하는 미국 해병 제1사단.

에서는 17일간 사투가 벌어졌는데, 이곳에서 병사들은 영하 30도가 넘는 추위와 싸워야 했고, 보급품마저 끊겨서 공포에 떨어야 했다.

장진호에서 미 해병 제1사단과 미 제7사단 제31연대전투단 등 15,000여 명의 병사들은 12만 명이 넘는 중공군에게 완전히 포위되어 고립무원의 상태에 처했다. 중공군은 계곡에 설치된 유일한 통로인 교량을 폭파해 미군의 퇴로까지 차단했기에 미군들은 옴짝달싹 못했다. 그래서 미 제7보병사단 소속 3천여 명은 보급품을 공수로 조달해 주었다.『장진호 동쪽(East of Chosin)』은 인해전술로 밀려오는 중공군과 싸우고, 그보다 더 무서운 추위와도 싸워야 했던 장진호전투를 기록한 책이다. 이 책의 차례는 '1. 한국에서의 전쟁, 1950년 11월, 2. 장진호에 집결한 육군부대들, 3. 육군이 해병대 전방진지를 점령하다, 4. 장진호의 적군, 알려진 것과 알려지지 않은 것, 5. 첫 번째 밤, 11월 27일-28일, 6. 다음 날, 11월 28일, 7. 두 번째 밤, 11월 28일-29일, 8. 제31연대전투단, 안곡에서 통합되다, 9. 드레이크 대위의 두 번째 전차공격, 11월 29일, 10. 제31연대 2대대, 도착하지 못하다, 11. 맥아더 장군 회의를 소집하다, 11월 28일, 12. 세 번째 밤, 안곡의 페이스 특수임무부대, 13. 후동리에서 하갈우리로 철수, 14. 안곡의 네 번째 밤, 11월 30일-12월 1일, 15. 안곡 방어진지에서 탈출하다, 12월 1일, 16. 첫 번째 폭파 교량, 17. 중공군, 1221고지에서 봉쇄하다, 18. 중공군, 호송대를 격파하다, 19. 하갈우리로 탈출한 사람들, 20. 어떤 구출부대에 대한 의문, 21. 미군과 적군의 손실, 22. 페이스 특수임무부대는 구출될 수 없었던가?'의 순으로 되어 있다.

이 책의 줄거리는 이러하다.

1950년 9월 15일 인천상륙작전에 성공한 유엔군은 38선을 돌파한 후 파죽지세로 북진했다. 맥아더는 1950년 10월 24일 자로 '총공세명령'을, 11월 24일 자로 '최종공세명령'을 내리면서 크리스마스 전에 전쟁을 끝낼 것이라고 호언장담했다.

장진호의 비극은 맥아더의 최종공세명령에 따라 미 해병 제1사단이 장진호 서쪽 유담리까지 진출하고, 미 제7사단 제31연대전투단이 장진호 동쪽에 충분한 대비도 없이 급하게 집결하면서 시작되었다.

그들이 장진호에 도착하기 전에 이미 중공군은 그들을 함몰할 계획을 세우고 있었다. 적이 공격해 올 것을 전혀 예상하지 못한 미 제7사단 31연대전투단은 땅이 얼어서 개인호도 제대로 파지 못한 채 경계대책도 없이 침낭 속에서 잠을 청했다.

11월 27일 밤 자정 무렵 중공군의 최초 기습 공격이 시작되었고, 그때부터 공격은 4일 낮 5일 밤 동안 계속되었다. 살아남은 병력들(페이스 특수임무부대)은 12월 1일 정오 무렵부터 해병대가 있는 하갈우리로 탈출하기 위해 포위돌파를 시작했다. 부상자를 차량에 싣고 좁은 도로를 따라 이동해야 했기에 피해는 더욱 컸다. 연대장과 대대장이 전사하자 부대는 곧이어 와해되었고, 생존자들은 중공군이 봉쇄하고 있는 도로를 피해 뿔뿔이 흩어져 얼어붙은 장진호를 건너 하갈우리로 탈출했다. 약 3,000명의 병력 중 온전하게 살아 돌아온 숫자는 385명에 불과했다.

이 비극적인 이야기는 당시 장진호 서쪽 유담리에서 흥남까지 성공적으로 철수한 미 해병 제1사단의 빛나는 신화에 가려져 방치되었다가, 1987년에 『장진호 동쪽(East of Chosin)』이 발간되면서 그 실상이 알려지기 시작했다.

2013년에야 한국어판이 소설가 허빈의 번역으로 출간되었다. 470쪽에 이르는 번역서의 몇 군데를 인용해본다. 우선 반격의 보고를 받은 맥아더 사령부의 반응에 대해 이렇게 적고 있다.


1950년 11월 24일, 맥아더 장군은 그의 정책을 의심하고 비판하는 자들 앞에 의기양양하게 섰다. 그날 그는 청천강에서 국경을 향해 공격을 개시하는 제8군을 보기 위해 한반도 북서쪽으로 날아갔다. 공격 첫날은 모든 것이 잘 돌아갔다. 그리고 알몬드 장군의 제10군단에게 27일을 기해 장진호 공격에 가담하라고 명령을 하달한 두 번째 일도 잘 돌아가는 것처럼 보였다. (28쪽)

이 책은 인상적으로 우리나라 최초의 카투사(KATUSA)에 대한 이야기도 적고 있다. 8,600여 명의 카투사가 일본에서 인천상륙작전을 준비 중이던 미 제7사단 등에 긴급히 보충되었다.

> 장진호에서 제31연대 전투단에 관한 이야기를 빼놓을 수 없는 것은 카투사(KATUSA, Korean Augmentation Troops to the United States Army, 미군 부대에 배속된 한국군)라는 존재이다. 이들은 이승만의 강제 징병기관에 의해 남한의 도시와 마을에서 뽑혀온 젊은이들로서 아무런 군사훈련도 받지 않고, 감편된 미군 부대를 채우기 위해 수천 명씩 미군 당국에 인계되었다. 이 제도는 한반도 남쪽에 있는 낙동강 방어선이 북한군에게 거의 돌파되려는, 그야말로 벼랑 끝에 서 있던 1950년 한여름에 시행되었다. (…) 인천상륙작전이 계획되고 있을 때 제7사단은 속이 텅 빈 조개나 마찬가지였다. 제7사단은 어떤 다른 사단보다 많은 카투사(약 8,600명)를 일본에서 충원받아 모든 예하 부대에 보충시켰다. (83~84쪽)

이 책은 인상적인 표현으로 이렇게 끝난다,

> 장진호 전투에 대한 최종적 분석에 의하면, 저수지 동쪽에서 싸운 제7사단 장병들은 해병 제1사단이 하갈우리(下碣隅里)를 확보할 수 있게 하는 여지를 제공했고, 그곳에다 활주로를 완성하여 수천 명의 부상자들을 해안으로 후송하게 만들었고, 유담리에 있던 해병부대를 하갈우리로 집결 시켜 그 후에 있었던 해안으로의 전투 탈출을 가능케 만

들었다. 명성과 영예는 당연히 짧은 기간 동안 장진호 동쪽에서 나라를 위해 싸웠으나 이제는 거의 망각되어버린 미군 장병에게 돌아가야 한다. 너무나 많은 미국 사람들이. 시적(詩的)이지만 잘못 일컬어진 '고요한 아침의 나라'의 오래된 땅에서 아무런 흔적도 남기지 않은 채 떠나갔던 것이다. (443쪽)

이 책의 서술은 지나간 얘기가 아니라 현재도 진행 중인 이야기이다. 2012년 5월에는 한국군 카투사 8백여 명의 주검이 묻혀있는 장진호 동쪽에서 12개의 유해가 발굴되어 성남공항으로 이송되었다. 2004년 북한에서 찾아 8년간의 감식 끝에 신원을 확인했다고 언론들은 전했다. 앞으로도 이런 작업은 계속되어야 할 것이다.

# 03

# 로버트 타벨 올리버

Robert Tarbell Oliver, 1909~2000

———

『한국동란사 Verdict in Korea』(1952)

———

로버트 타벨 올리버(Robert Tarbell Oliver)라면 많은 한국인들은 이승만 대통령의 대변인 내지 전기작가로 기억하고 있다. 하지만 그가 한국전쟁에 관해 3권의 책을 낸 사실은 거의 모르고 있는 것 같다. 사실 그는 수사학과 커뮤니케이션 분야의 선구적 학자이자 문화 커뮤니케이션에서 아시아 중심적 접근법을 사용한 선구자였다. 이런 작가 겸 학자가 이승만 대통령의 전기뿐 아니라 한국인의 가장 큰 참사인 한국전쟁에 대하여 저술을 하였으니 놀랍고 고맙다.

그는 1909년 7월 7일 미국 오리건주의 스윗홈에서 태어났다. 퍼시픽대학교를 졸업하고 1933년 오리건대학교에서 석사, 1936년에 위스콘신대학교에서 박사 학위를 받았다. 제2차 세계대전 중에 워싱턴의 국무성 연설부 사무국 부국장을 지냈다. 그리고 전쟁구호부의 물자부장을 지냈다. 1949년에 펜실베이니아주립대학의 연설학부 교수 및 학과장을 맡았다. 그때 이승만의 자문인이 되었다. 시러큐스대학에서도 강의하였다. 1964년에는 전국커뮤니케이션협회 회장으로 피선되었고, 1970년에 펜실베이니아주립대학에서 명예교수로 은퇴하였다. 특히 이승만의 친한 친구이자 대변인으로서 1947년 이후 한국의 유엔대표단과 유엔한국위원회 등에 자문하였다. 워싱턴에 한국태평양프레스(Korean Pacific Press)의 사무국을 운영했고, 월간지《Korea Survey》의 편집인이었다. 2000년 5월 29일 미국에서 삶을 마감하였다.

그는 50권 이상의 책을 저술하였는데 그중 한국에 관한 책으로 『Korea: Forgotten Nation』(1944), 『Why war came in Korea』(1950), 『The Truth about Korea』(1951), 『Verdict in Korea』(1952), 『Korea, My Country by Yung Tai Pyun』(1953)의 서문, 『Syngman Rhee』(1954), 『A History of the Korean People in Modern Times』(1993) 등이 있다. 한국어판 출판기념회를 위해 몇 차례 한국을 방문하여 사인도 해주었다. 나도 그때 받은 책을 지금도 간직하고 있다.

## 작품 속으로

『한국동란사(Verdict in Korea)』(1952)는 한국전쟁 중에 펴낸 207페이지의 책이다. 한국어판은 1959년에 김봉호 역, 문교부 발행으로 한국번역

『한국동란사 Verdict in Korea』(1952)

도서주식회사에서 발간하였다. 14장으로 구성되었는데, '1. 아무도 좋아하지 않는 전쟁, 2. 아시아의 지점, 3. 국제정치의 서자, 4. 저항의 대가, 5. 성장한 한국군, 6. 싼 화폐의 가치, 7. 부산의 전쟁 표정, 8. 싸움터의 논, 9. 정치적 전망과 문제들, 10. 구제와 재건, 11. 내적 성벽, 12. 한일관계, 13. 한국의 정신, 14. 한국전쟁의 의의'의 순서이다.

저자는 서문에서 이렇게 적고 있다.

> 한국에 관한 이야기는 '외부에서' 책으로 많이 언급된 바가 있으나 모두가 우리 군대 속에서 그들과 함께 한국에 가서 병사들이 경험한 그대로의 사정을 적어놓은 것뿐이다. 그러나 본서는 좋든 나쁘든 간에 '내부에서' 쓰여진 것이다. 나는 10년 동안 리 대통령과 기타 한국의 애국자들의 친근한 벗이었고 워싱턴과 한국정부의 고문으로 일한 적도 있다. 이런 경험으로 나는 틀림없이 독립과 민주주의를 쟁취하려 노력하는 한국인 편으로 기울어져 있기는 할 것이다. 나에게는 한국의 모든 정세를 차디찬 객관성과 정열 없는 이른바 공평한 비판적 태도로 본다는 것은 불가능한 노릇이다. 그러나 반면에 한국을 내부에서 보고 비판하여야 할 점도 확실히 있는 것이다. (⋯) 내가 이 동란 중의 한국에 관한 고찰을 적는 데 있어 여러 인물이나 사건을 남달리 접근해서 볼 수 있었다. 될 수 있는 한 공평히 객관적으로 묘사하려고 애썼다. 독자들이 전쟁이 한국에 무엇을 가져왔으며 한국인과 한국 정부가 스스로 무엇을 하였으며 나아가서는 세계의 민주주의와 자유를 위하여 무엇을 하였는가를 이 책에서 알아주면 다행한 일이다. (2~3쪽)

한국전쟁은 아무도 좋아하지 않는 전쟁이라는 것이 명백한 사실이다. 공산제국주의자들도 완전히 착각하였다. 대한민국은 아직 약하고 미군은 철수하였으니 3·8선을 넘어 힘을 보이기만 하면 먹어 삼킬 수 있으리라 생각하였다. 대한민국은 미국과 유엔의 정책에 억눌려 여러 날 공격의 준비를 갖추지 못하였다. 미국과 유엔은 할 수 없이 전쟁에 개입하였으나 하루라도 빨리 끝나기를 바랐으며 빨리 끝나지 않는 불행한 상태를 견디지 못하였다. 이 전쟁은 공산 측에는 엄청난 출혈을 가져왔고, 한국 인민들에게는 고대 로마에서 파멸된 카르타고의 비참에 비할 만한 잔혹한 파괴를 가져왔다. 그리고 이 전체주의적 침략에 대한 경찰행동을 지지한 53개국, 그중 16개국은 비록 명목적인 것에 지나지 않을지언정 군대와 기타 원조를 제공하였는데 이 전쟁은 싫증나고 점점 괴로운 고통을 가져왔다. (8쪽)

이 책에서 인상적인 것은 부상병요양소에서 체험담을 글로 받아 영어로 번역하여 실은 것이다. 장효식 이등병, 이풍원 상사, 김종윤 하사, 원응상 중사의 수기가 수 페이지에 걸쳐 실려 있다.

저자는 전쟁 중에서 삶을 영위하는 한국인의 모습에 감명을 받고 이렇게 표현했다.

밤에는 다듬이 소리가 요란하고 낮에는 수많은 사람들로 거리는 가득 찼으며, 궁핍이 그 이상 심할 수 없다. 그러나 피난민들의 정신은 굽혀지지 않았다. 웃음과 경쾌한 얘기 소리가 사람들이 모여든 카니발에서 들려오는 노랫소리 웃음소리와도 같았다. 한국인들은 평화 시의 어

느 때보다 전란의 이 곤궁 속에서 가장 '동양의 아일랜드인'과 비슷한 것 같다. (129쪽)

8장 '싸움터의 논'은 저자의 작가적 안목과 표현법을 십분 발휘한다. 부평에 사는 한 농부 송태하의 가정살림을 문학적으로 서술하면서 전쟁 중에도 실시하는 농지개혁에 희망을 걸고 기대하는 모습을 인상적으로 서술한다. 9장에서는 정치적 상황을 적나라하게 묘사한다. 그와 관련된 대목을 살펴보자.

공산군이 어느 마을을 점령하면 어느 사람은 반공 인사를 적발하여 충성을 보이려 하며, 후에 국군과 유엔군이 오면 그들의 협력자를 고발하는 사람이 나온다. 흔히 이런 일은 개인적 원한에서 나오는 일이 많다. 전쟁 상태가 빚어내는 참상으로 공정한 정의를 실현하기에 필요한 신중한 심사를 할 수 없다. 이 사실은 비판적 외국 기자나 한국인 대중이나 경찰도 아는 사실이다. 전쟁 상태가 점차 안정되면 이러한 문제는 크게 시정될 것이다. 주기적으로 '민중의 소리의 날', '민경 친선주간' 같은 것이 있는데 경찰 행동에 암시를 주는 것, 청원을 환영하고 불만도 공개적으로 논의된다. 한국을 경찰 국가라고 비난하는 사람들은 지나치게 환상적이며 특히 전시에는 지나친 일이 많은 것이다. (170쪽)

11장은 '내적 성벽'이란 제목으로 백낙준 문교부장관이 전쟁 중에도 한국인의 본연의 자세, 정신, 윤리, 지성, 의무감, 정신적 탄력성을 강조한 사실을 두고 특히 교육의 현황과 전망을 서술하고 있다. 이화여고와 이

화여대를 방문하여 김활란 총장과의 대담도 서술하고 있다. 최현배 교수가 전쟁 중 원고를 마당에 묻고 피난에서 돌아와 다시 찾아 출판한 얘기도 적고 있다. 전쟁 중에 휴·폐간된 신문들, 새로 발간된 신문들, 계속 발간되는 신문들의 리스트도 조사해 싣고 있다. 종교계도 변화하고 새로운 신앙심이 생긴 현상을 묘사한다. 놀라운 것은 1946년 저자가 처음 한국에서 본 일본의 천황숭배가 몰락하는 현실을 신앙과 회의의 관점에서 시로 적어 이 책에 실은 사실이다. 저자의 문학적 자질을 엿볼 수 있는 시 한 편을 인용해 본다.

어둠을 통하여 흉한 울음소리
무서운 종소리 들려오고
밤이 짙어가자 도깨비 날으며
주문(呪文)으로 해치려 한다

어두운 밤을 스쳐가는
형체는 도깨비 귀신이고
도깨비가 날치는 것을 막으려면
순박한 백성들은 단단한 호부(護符)가 있어야 한다

장님이 가장 좋은 문지기니
해로운 형체도 그의 눈을 끌 수 없고
사람들이 자고 있는 집을 지키려고
밤이 새도록 돌아다니며 지킨다

누구는 해로운 도깨비가 없어졌다고

예수교가 나오는 문을 닫아버렸기 때문에

낮에는 믿는다, 그러나 밤에는

옛 믿음을 지키는 것이 지혜롭다

주일날 아침에 농부들은 교회에 가서

목사의 설교를 듣는다

그러나 해가 넘어가면

농부는 아직도 도깨비에 잡히게 된다


구제는 값싼 선물이 아니니

묵은 믿음이 새 신앙과 교직(交織)되어 있고

신을 믿으나 동시에 잔혹한 출령(出靈)을

쫓아버리는 옛 제식(祭式)을 지내는 것이 현명하다


다시 어둠을 통하여 흉한 울음소리

(성지는 책장에서 잠자 있고)

밤이 짙어가자 도깨비 날으며

(신자들은 십자호를 그린다)


누구는 해로운 도깨비가 가엾어졌다고

(그러나 예수교는 아직 동요하고 있다)

낮에는 믿으나 밤의 어둠 속에는 제단을 더욱 튼튼히

이 시는 해방 직후의 혼돈을 묘사한 것이고, 전쟁은 다시 새로운 신앙심을 불러일으킨 계기가 되었다는 것을 잘 서술하고 있다.

13장 '한국의 정신'은 저자가 한국과 한국인에 대하여 갖고 있는 관심과 애정을 가장 축약적으로 잘 표현하고 있다. 한국의 가난한 선비들의 유머와 신랑신부의 얘기로 시작된다. 그리고 미군이 한국인을 '국(Gook)'으로 부른 사연을 이렇게 설명하고 있다.

> 미군들이 한국인에게 붙인 별명은 필경 한국인들의 통렬성(cynicism) 때문일 것이다. 1945년에서 1948년 사이 미군정 시대에는 '국(Gook)' 이란 말이 한창 사용되었다. 그러나 그 후 금지되어 쓰이지 않았다. 그리고 한국인들에게 제한을 준다는 감을 덜기 위하여 한국인을 출입금지한다는 표지를 붙인 막사나 기타 장소에 '자국인(Indigenous) 출입금지'라고 써 붙였는데 미군들은 이것을 윤색하여 한국인들을 '골낸 사람(Indignant)'이라고 불렀다. 한국인들은 자신을 대단히 실제적인 사람들이라 생각하며 미국인들이 앞뒤를 생각지 않고 참을성 없이 일하는 것을 이상한 눈으로 본다. 좀 위험스런 계획을 세우면 한국인들은 고개를 흔들며 "쥐를 잡으려다 독을 깬다"고 중얼거린다. (238쪽)

한국인들이 전쟁을 치르면서도 변하지 않는 점은 음악을 좋아하는 기질이다. 성악 연습도 한 일이 없는 한국인들 가운데서 비상한 소리가 나오는데 외국인들에게 경이가 아닐 수 없다. 한국인은 '동양의 웨일즈인'이란 말이 맞을 것이다. 옛 노래가 슬프거나 기쁜 억양을 가지고 어디 가든 거리와 시골에서 흘러나온다. 미국 가곡들도 원어 혹은 번역으로 널리 불리운다. 오케스트라는 전쟁으로 줄어졌지만 공연을 하게 되면 수일 전부터 화제가 되어 만원일 뿐 아니라 밖에까지도 운집한다. (243쪽)

또한 한국인은 연설하는 것을 좋아한다는 점도 서술하고 유머 센스가 강하다고 말한다. 한국인의 속담은 모두 위트를 품고 있고 생활 자체가 재치 있다고 말한다.

생활을 너무 심각하게 생각하려 하지 않고 즐겁게 살자는 낙천주의가 한국인을 지배한다. (…) 30여 년간의 지배에서도 일본인은 한국의 민족주의를 없애지 못하였고, 북한에서 7년간 공산주의자들의 사정없는 수탈에도 견디어 왔다. 정부가 조금이라도 옳지 못한 정책을 쓰면 인민들은 곧 항의와 비판을 게을리 하지 않았고, 전쟁의 괴로움에 부딪혀도 시골과 거리에는 반항하는 계획을 세우고 희망을 걸고 웃음을 잃지 않고 있다. 한국인은 좋은 강철과 같은 민족이다. (245쪽)

# 04

# 존 윌라드 톨랜드

John Willard Toland, 1912~2004

———

『존 톨랜드의 6·25전쟁

In Mortal Combat Korea, 1950-1953』(1991)

———

　존 윌라드 톨랜드(John Willard Toland)는 작가요 역사가이다. 그의 작품으로 가장 유명한 것은 아돌프 히틀러(Adolf Hitler)의 전기인데, 25개 국어로 번역되어 작가 스스로 인세 수입이 생활에 도움이 된 것은 그 책뿐이라 하였다.

　그는 1912년 6월 29일 미국 위스콘신주의 라 크로세(La Crosse)에서 태어났다. 아버지는 아일랜드인 가수이고 어머니는 영국 스코틀랜드계 화가였다. 윌리엄스대학과 예일연극학교를 다녔다. 그는 극작가가 되고 싶어 했다. 대학 시절에는 여행도 많이 했고, 작가로 글도 많이 썼지만 "인간으로 할 수 있는 큰 실수는 다 해보았다"고 1961년에 회고하였다. 1943년에 결혼하여 두 딸을 두었으나 이혼하고, 1960년에 일본 여성 도시코(Toshiko)와 재혼했다.

6개의 장편과 수백 편의 단편을 썼다. 《LOOK》지에 연재하여 역사가로서 인기가 높았다. 1957년에 단행본『하늘의 배(Ships in the Sky)』(1957)를 발표했다.

1970년에『떠오르는 태양(The Rising Sun)』을 내었는데, 많은 일본 고위자들과 인터뷰를 하여 1936년부터 패전에 이른 일본의 역사를 담았다. 이 책으로 퓰리처상을 받았는데, 일반적 미국인의 관점보다 일본의 관점에 태평양전쟁을 총체적으로 서술한 것으로 주목을 받았다. 한국어판은『일본제국패망사』의 제목으로 2019년 번역 출간되었다. 그는 이 책으로 2백만 달러를 벌었다.

톨랜드는 2004년 1월 4일 코네티컷주의 댄버리에서 사망하였다.

## 작품 속으로

톨랜드의 손은 여자 손처럼 작았는데, 12살 때부터 글을 쓰기 시작했다. 톨랜드는 많은 저서를 내었다. 지은 책으로는『Ships in the Sky』(1957), 『Battle』(1959), 『But Not in Shame』(1962), 『The Dillinger Days』(1963), 『The Flying Tigers』(1963), 『The Last 100 Days』(1966), 『The Rising Sun』(1970), 『The Great Dirigibles』(1972), 『Adolf Hitler』(1976), 『No Man's Land』(1980), 『Infamy』(1982), 『Gods

『존 톨랜드의 6·25전쟁
In Mortal Combat
Korea, 1950-1953』
(1991)

of War』(1985), 『Occupation』(1987), 『In Mortal Combat』(1991), 『Captured by History』(1997) 등이 있다.

이렇게 많은 책을 쓴 작가가 거의 만년에 한국전쟁에 관한 책을 썼다는 사실이 주목된다.

1997년 9월 14일 한 서평 모임에서 톨랜드는 이렇게 말했다.

"내가 공산주의자였던 때는 미국의 평화 행동을 위해 백악관 앞에서 시위도 하였다.", "내 일생에서 배운 것은 전쟁이 가장 나쁘다는 것이다. 그리고 우리의 시대가 인류역사상 가장 나쁜 시대이다. 그것들은 문제를 해결해 주지도 못했고 단지 새로운 문제를 일으키기만 했다."

저명작가였던 그는 마지막으로 방대한 분량의 책을 썼는데, 바로 한국전쟁에 관한 책이다. 원제는 『죽음의 한국전쟁에서(In Mortal Combat: Korea 1950-1953)』인데 『존 톨랜드의 6·25전쟁』(김익희 역)이라는 제목으로 번역 출간되었다. 1권 436쪽, 2권 468쪽으로 상당히 두꺼운 책이다.

그는 20년 이상 전쟁 다큐멘터리 작가로서 활동했는데, 이 책을 통해 작가적 역량을 충분히 발휘했다. 치밀한 문헌연구와 증언에 기초해 전쟁 드라마를 정확하게 재구성하고 사건의 참여자들로 하여금 직접 진실을 말하게 한다. 맥아더의 인천상륙작전 날짜와 장소에 대한 마오쩌둥의 예측, 6·25전쟁을 짐짓 모른 체한 소련의 태도, 중공군뿐만 아니라 북한군을 배후에서 지휘한 마오쩌둥의 리더십 그리고 전쟁포로의 대우 및 송환과 관련된 실상을 소상히 공개한다. 그는 서양인 작가 최초로 중국 측 참전군인들과 1차 사료에 접근했으며, 수많은 남북한 관계자들과 200명 이상의 미군 참전용사들을 면담했다.

이 책을 통해 한국인으로는 백선엽 장군, 재향군인회 안규택 중령, 조만식기념사업회 박재창 회장, 이인수 교수, 정일권 장군, 부관 이창록 대령 그리고 호레이스와 리처드 언더우드, 프랭크 리 등에게 감사함을 전하고 있다.

톨랜드는 역사를 직설적 대화법으로 썼고, 미세한 분석과 판단을 즐겨 사용했다. 그가 원래 극작가가 되려 했기에 그런 것이 아닐까 싶다.

머리말에서 톨랜드는 한국전쟁에 대한 자신의 심경을 솔직하게 적고 있다.

6·25전쟁의 역사에 관해 세상에 새삼 이야기하려는 이유는 무엇일까? 파국적인 세계대전이 이미 두 차례나 일어난 뒤여서 6·25전쟁이 갖는 세계적 차원의 중요성은 그 빛을 바래고 세간의 관심조차 저조했던 것처럼 보인다. 당시 필자는 다른 많은 사람들과 마찬가지로 이 전쟁에 대해 혐오감을 느꼈다. 제2차 대전으로 몹시 지쳐 있던 필자는 대다수 미국인들처럼 3년에 걸친 그 지루한 전쟁을 애써 외면했다. 우리의 최대 관심사는 미국과 유럽의 전후(戰後) 복구였다. 위험을 무릅쓰고 동양의 사건에 관여할 여유가 없었던 것이다.

(…)

1953년에 휴전협정이 마침내 체결되었지만 전쟁을 촉발시킨 문제들 중 어떤 것도 해결되지 않았다. 오직 증오와 분열만 남았다. 오늘날에도 1천만 명에 이르는 한국인들은 양측 병사들이 밤낮없이 지키는 비무장지대를 사이에 두고 가족과 떨어져 지내고 있다.

미국이 승리하지 못한 첫 번째 전쟁인 6·25전쟁은 미국인들에게 정치적 실망감을 안겨주었다. 또한 그것은 유럽의 재무장을 촉진시키고 군사예산의 증액을 부추겼으며, 헌법상의 승인절차를 무시한 채 대통령이 치안활동 명목으로 '선전포고 없는 전쟁'을 감행한 위험한 선례를 남겼다.

이 책에서 저자는 논쟁의 여지가 있는 다수의 문제들을 새롭게 조명하고자 했다. 예컨대 소련과 중국이 공모하여 전쟁을 일으켰다고 본 트루먼의 판단은 정확한 것이었는가? 미국이 남한을 꼭두각시로 이용해 전쟁을 부추겼다고 주장하는 최근 역사학자들의 견해는 옳은 것인가? 전쟁포로의 자발적 송환에 대한 트루먼의 주장은 타당한 것이었는가? 미국이 세균전을 자행했다는 공산주의자들의 줄기찬 주장은 사실과 부합하는가? 또는 포로로 잡힌 미군 조종사들이 세균탄을 투하했다고 자백한 것은 그들이 세뇌를 당했기 때문인가? 마지막으로, 6·25전쟁은 싸울 만한 가치가 있는 전쟁이었는가?

6·25전쟁은 인간의 비극과 용기가 표출되고 양측에서 수많은 영웅들이 활약한 기념비적인 무용담이자 세계적 영향을 불러일으킨 불멸의 서사시였다. (7~9쪽)

이 책은 총 11부인데, '1. 6월의 일주일, 2. 불안한 전투, 3. 낙동강 방어선, 4. 귀로, 5. 중국 퍼즐, 6. 장진호, 7. 공격과 반격, 8. "전투는 이미 벌어졌습니다". 9. 평화에 이르는 험난한 길, 10. 포로수용소의 전쟁, 11. 전쟁과 평화'로 되어 있다.

한국전쟁과 관련된 많은 책이 출간되었는데, 너무 소설 쪽으로 치우치면 역사적 사실이 부족하고, 역사서 쪽으로 되면 문학성이 떨어지게 된다. 그런데 이 책은 양쪽을 골고루 갖춘 책이라 할 수 있다. 베스트셀러를 쓴 저명작가의 책답다.

대부분의 한국전쟁기는 6월 25일의 남침에서 시작하는데 이 책은 프롤로그에서 중국과 소련이 한국전쟁을 준비하는 과정을 꽤 자세히 상술하고 있다. 그리고 사실상 한국이 소련과 미국의 힘의 각축장이 되었다고 지적한다.

이제 한국에는 각자 전 영토에 대한 관할권을 주장하는 두 개의 정부가 존재하게 되었다. 북쪽의 김일성 뒤에는 소련이 있었고, 남쪽의 이승만 뒤에는 미국과 유엔 한국임시위원단이 있었다. 한국은 미국과 소련이 벌이는 거대한 내기장기의 판돈신세가 되었다. 역사학자 알렉산더(Bevin Alexander)는 이렇게 논평했다. "만약 미국과 소련이 한국에서 모든 정당들의 참여하에 진정으로 민주적인 총선거를 실시하고자 했다면, 남한의 우익정부와 북한의 공산주의 정부 모두 탄생하지 않았을 것이다." (18쪽)

한국전쟁 이후 냉전시대가 시작되고 한미 관계는 혈맹 관계로 발전했는데, '에필로그'에서 그는 이렇게 결론짓고 있다.

미군 포로들과 영국군 포로들, 그리고 중국의 장교들과 역사가들을 많이 면담한 바 있는 필자는 미국이 세균전을 수행했을 것이라고는 생각하지 않는다. 동시에 필자는 중국 지도자들이 무턱대고 자신들을 세균전의 희생자라고 믿은 것이 아니라 나름대로 이유가 있어서 그러했을 것이라 생각한다. 여하튼 용두사미 격으로 흐지부지 끝난 6·25

전쟁은 미국 역사상 거의 40년 동안 국가적 차원에서 기념되지 않는 유일한 전쟁이었다. 그러나 20세기에 일어난 전쟁들을 일련의 사건으로 이해한다면 그 전쟁의 중요성은 명백해진다. 독일과 그 동맹국들이 참패를 당한 제1차 세계대전은 유럽을 혼돈상태에 빠뜨려 나치즘과 파시즘, 공산주의를 불러일으켰다. 유럽의 불안한 평화와 격렬한 패권투쟁, 그리고 근대화에 성공한 뒤 군국주의를 표방한 일본의 급부상 등은 제2차 세계대전을 낳았다. 히틀러와 그의 사악한 무리들이 분쇄됨으로써 위험이 사라지는가 싶더니, 또 다른 위험이 곧바로 대두되었다. 냉전시대가 도래하고, 핵 재앙의 항구적 위협이라는 먹구름이 드리워진 것이다.

이러한 사건들의 연장선상에서 발생한 6·25전쟁은 강대국들이 여태껏 직면한 적이 없는 새로운 형태의 위기였다. 제1,2차 세계대전에서 교전국들은 총력을 다해 무자비하게 싸웠지만 한국에서는 핵전쟁을 야기하고는 그렇게 싸울 수가 없었다. 따라서 6·25전쟁은 그 점을 확실하게 경고하는 전쟁일 수밖에 없었고 결국 그렇게 되었다. 총력전이 이제 불가능해졌다는 점이 사실로 입증된 것이다. 그러나 강대국들은 이 교훈을 배우지 못함으로써 베트남에서 더 큰 희생을 치러야 했다.

(453~454쪽)

제2차 세계대전과 한국전쟁 등 20세기에 일어난 인류의 전쟁들을 기록한 저자는 책의 맨 마지막에 이렇게 말하고 있다.

6·25전쟁은 싸울 만한 가치가 있는 전쟁이었는가? 잔인성, 어리석

음, 실수, 오판, 인종주의, 편견, 잔학행위로 점철된 전쟁이었다. 지위 고하에 관계없이 양측의 참전자 모두가 그러한 전쟁의 공범자였다. 그러나 이것이 전부가 아니다. 끔찍한 전장에서 용감하게 행동한 사람들, 자기희생을 무릅쓴 사람들, 그리고 적군에게 온정을 베푼 사람들도 많이 있었다. 이들이 보여준 인간애야말로 필자가 이 책을 쓰게 된 주된 이유라고 말할 수 있다.

1990년을 전후하여 아시아와 유럽에서 일어난 사건들은 6·25전쟁에 대한 부정적 견해에 의문을 제기했다. 잊혔던 그 전쟁이 궁극적으로 공산주의의 몰락을 촉발시킨 결정적인 계기였을 가능성이 대두된 것이다. 이것과 관계없이, 그 전쟁에서 싸우다 죽은 사람들은 결코 헛되이 죽은 것이 아니었다.

필자는 민족적, 이념적 편견 없이 불편부당한 입장에서 역사에 접근하고자 했으며, 고위인사들뿐만 아니라 평범한 사람들도 겪어야 했던 수많은 고통을 통해서 전쟁의 참상을 자세히 전하고자 노력했다.

이 책을 포함해, 20세기에 일어난 전쟁들에 관해 총 7권의 책을 쓰면서 필자는 몇 가지 결론을 얻을 수 있었다. 되풀이되는 것은 역사가 아니라 인간의 본성이다. 우리는 종종 과거를 통해 현재를 아는 것 이상으로 현재를 통해 과거를 많이 알게 된다. 필자는 또한 비열한 사람도 때때로 진실을 말하고 고상한 사람도 거짓말을 할 수 있다는 점, 그리고 인간이 역사를 만드는 경우보다 역사가 인간을 만드는 경우가 더 많으며 역사의 과정은 예측이 불가능하다는 점, 끝으로 전쟁의 역사에 관한 책은 그 어떤 것도 결정판이 될 수 없다는 점을 발견했다. (455쪽)

# 05

## 딘 엘머 헤스
Dean Elmer Hess, 1917~2015

『신념의 조인Battle Hymn』(1956)

딘 엘머 헤스(Dean Elmer Hess)는 '한국전쟁 고아의 구세주'로 널리 알려진 미국인이다. 그는 목사였고 공군 대령이었다. 그가 전쟁 중 한국전쟁의 고아들을 돕는 사업을 하는 것이 이승만 대통령에게도 알려져 공군기 한 대를 지원받기도 했다. 그는 전역 후 이런 한국전쟁 경험을 일종의 회고록 같은 책으로 내어 더욱 알려졌고, 그것이 영화로 만들어져 세계적으로 유명하게 되었다. 그는 후에도 윤보선 대통령, 김대중 대통령에게도 초청받아 훈장을 받았고, 서울대학교에서 명예법학박사 학위를 받기도 했다.

딘 헤스는 1917년 12월 6일, 미국 오하이오주 매리에타에서 태어났다. 매리에타대학을 졸업하고 제2차 세계대전에 조종사로 참전해 이탈리아에서 폭격에 나섰다가 오폭으로 많은 어린이들이 희생당하자 죄책감으로 목사가 돼 고아들을 위한 사업을 하게 되었다. 1941년 12월 7일 일본의 진주만 공격으로 미 공군에 입대한 그는 공군 대령으로 한국전쟁에 참여하여 한국조종사들을 훈련시켰다. 그러다 1951년 1·4후퇴 당시 중공군이 진격하자 서울에 있던 950명의 전쟁고아와 80명의 고아원 직원들을 제주도로 구출하는 작전인 유모차 공수작전에 참여했다. 이 작전으로 '전쟁고아의 아버지'라 불렸다. 메리 로렌츠(Mary C. Lorentz, 1941~1996)와 결혼하여 네 자녀를 두었다.

한국 항공전의 영웅, 전쟁고아들의 아버지로 불렸던 그는 대한민국 무공훈장, 소파상 등을 수상했으며, 2015년 3월 2일, 미국 오하이오 후버 헤이츠에서 98세로 별세하였다.

## 작품 속으로

『신념의 조인Battle Hymn』(1956)

『신념의 조인(Battle Hymn)』은 재미의사 이동은 역으로 한국어판이 나왔다. 이 책은 한국전쟁에 참전하여 한국 공군을 육성하는 데 공헌한 미 공군 전투기 조종사가 전쟁 중 겪은 일화를 직접 서술한 책이다. 한국전쟁 당시 정찰기와 훈련기 몇 대만을 가진 대한민국 공군의 전력은 보잘것 없어서 적을 막아낼 수 있는 처지가 아니었다. 이러한 한국 공군을 지원하기 위해 미 공군에서는 전투기를 제공하고 전투기 조종사를 훈련하기 위해 교관을 파견한다. 이렇게 한국 공군 훈련부대의 책임자로 파견된 미군 장교였던 이 책의 저자는 군 입대 전에 목사였던 특이한 이력의 소유자였다.

이 책의 제목은 헤스의 좌우명에서 비롯된 것이다. 그의 좌우명 'By Faith I Fly'를 옮긴 '신념(信念)의 조인(鳥人)'이라는 표어가 그의 비행기 동체에 쓰여 있었는데, 이는 그와 친분을 가졌던 이승만 대통령이 선사한 것이라 한다. 그는 1950~1951년까지 한국 공군 전투기 조종사들을 훈련시켰을 뿐 아니라, 그 자신도 250회 출격하여 임무를 수행했다. 그가 겪은 전쟁의 참상과 그 속에서도 인간애가 살아 있는 모습을 만날 수 있다.

'제1장 네 믿음대로 되리라, 제2장 내 고향의 소년시절, 제3장 신학공부와 첫 직장, 제4장 군인생활의 첫걸음, 제5장 유럽전선 I, 제6장 유럽전선 II, 제7장 대학원 시절, 제8장 한국전쟁의 시작,

이승만 대통령 딘 헤스 미 공군 중령 훈장 수여. (부산 관저, 1951. 5. 31.) (위)
윤보선 대통령 딘 헤스 미 예비역 공군 대령 공익훈장 수여. (가운데)
김대중 대통령 딘 헤스 미 예비역 공군 대령 접견. (아래)

제9장 대구 I, 제10장 대구 II, 제11장 대구 III, 제12장 진해 I, 제13장 진해 II, 제14장 진해 III, 제15장 여의도, 제16장 여의도에서 평양으로, 제17장 평양, 제18장 대동강변의 기도, 제19장 장난감 자동차 작전, 제20장 대전 I, 제21장 대전 II, 제22장 여의도 주점, 제23장 1951년의 봄, 1956년판의 맺는말, 1987년판의 맺는말, 그 이후의 이야기들, 〈전송가〉의 유래'의 순으로 되어 있다.

이 책의 일부를 요약해 소개해 보겠다.

1951년 5월 29일, 아침에 한 차례 출격을 마치고 돌아온 미국공군 중령 딘 헤스는 이승만 대통령의 부름을 받고 임시수도인 부산의 대통령 관저를 향하고 있었다. 며칠 전, 상부로부터 귀국할 준비를 하라는 얘기를 들은 헤스 중령은 착잡한 기분을 떨칠 수 없었다. 그의 전투출격 횟수가 규정을 초과한 것이 이유였다. 사실 그의 출격횟수는 6·25전쟁 발발 직후부터 11개월 동안 무려 250회에 달해 있었다. 이제 한국 근무가 끝이라는 생각이 들자 그의 머릿속에는 저 황량한 들판에서 대한민국 공군 전투기 부대가 탄생하는 것을 지켜보던 지난날들이 주마등처럼 지나갔다.

1950년 6월 25일, 전쟁이 터지자 당시 아무런 전투능력이 없는 훈련비행기 10대와 정찰기 15대 정도만을 보유하고 있던 한국 공군으로서는 숙련된 조종사들이 있었음에도 훈련기를 타고 손으로 폭탄을 던지는 것이 최선의 공격이었다. 일본에 주둔해 있던 딘 헤스 중령(당시 계급은 소령)은 작전명 '바우트 원'의 총책임자로 임명되자마자 한국으로 날아갔다. 그의 임무는 한국군 조종사들에게 F-51 무스탕기의 비행 훈련을 시키는 것이었다. 말하자면 바우트 원은 대한민국 공군 창설 작전이었고, 작전은 대성공이었다.

러셀 블레이즈델 중령(왼쪽)과 딘 헤스 중령(오른쪽)은 1950년 12월에 천여 명의 한국 고아를
구한 후 제주도를 방문하였다.

헤스 중령이 대통령 관저에 도착하자 이승만 대통령은 활기찬 모습으로 그를 맞아주었다. 헤스 중령은 지난해 7월 대구에서 이 대통령을 처음 만났을 때가 떠올랐다. 그때 대통령은 북한의 도발을 미리 막지 못한 것을 몹시 괴로워했었다. 이승만 대통령은 이제 한국을 떠나야 할 헤스 중령에게 서글픈 표정으로 말했다.

"한국은 아직 고아들이나 집 없는 아이들을 돌볼 형편이 못 됩니다."

헤스 중령은 제주도 고아원에 있는 천여 명의 고아들을 생각했다.

1950년 12월, 중공군을 피해 연합군이 후퇴를 시작하던 때, 미 공군 군목 러셀 블레이즈델 중령의 노력으로 서울에 있던 천여 명의 고아들을 제주도로 겨우 피신시킨 일이 있었다. 당시, 제주도에서 한국 공군 훈련을 지휘하고 있던 헤스 중령은 그 고아들을 받아 보살피고 있었다. 비록 제주도가 전쟁의 위협으로부터 멀리 떨어져 있긴 했으나 열악하기 짝이 없는 환경에서 아이들은 질병과 굶주림으로 생사를 넘나들었다. '우리가 승리를 목표로 전쟁을 하고 있지만, 어린아이들이 다 없어진다면 승리가 무슨 의미가 있겠는가?' 그는 아이들을 살리기 위해 갖은 방법을 동원했지만 구할 수 있는 음식과 약품에는 한계가 있었다. 마지막으로 그가 할 수 있는 일은 죽어가는 아이를 따뜻하게 안아주는 것이었다.

이승만 대통령은 지난날을 회상하며 묵묵히 서 있는 헤스 중령에게 무공훈장을 수여하고 그의 공로에 각별한 고마움을 표했다. 미국으로 돌아간 헤스 중령은 한국의 고아들을 돕기 위해 6·25전쟁의 경험을 책으로 펴냈고, 그의 이야기가 영화 〈전송가(Battle Hymn)〉(1956)로 만들어지자 1956년에 방한해 이 대통령을 다시 만났다. 그는 책과 영화로 받은 수익금 전부를 한국보육원에 보냈고, 그 후로도 몇 차례 더 한국을 방문했다. 헤스 중령은 미국에서 한국의 보육원을 육성하기 위한 성금을 모으는 데 주력했고 이러한 내용에 대해 이승만 대통령과 서한을 주고받았다. 그의 모금활동은 20년간 계속됐다.

딘 헤스는 1969년 대령으로 전역했지만 원래 뜻을 두었던 목사의 길로 돌아가지는 않았다. 훗날, 그는 그 이유를 이렇게 밝혔다. "전투기 조종사이면서 동시에 하나님의 말씀을 선포하는 설교자라는 신분의 기형적 삶이 신성 모독처럼 느껴졌기 때문이다. 그러나 하나님에 대한 나의 믿음은 전보다 더 깊어졌다."

영화는 고아들 이야기뿐만 아니라 정통 전쟁 영화의 면모를 보인다.

남한 땅에 대한 적군의 무자비한 폭격, 손에 땀을 쥐게 하는 전투기 공중전, 굶주린 사람들의 처절한 피난 행렬 등이 실감 넘친다. 당시 한국의 벌거벗은 민둥산, 초라한 수도 서울의 모습은 우리를 슬프게 한다.

딘 헤스 역의 주연 배우는 키 크고 잘 생긴 록 허드슨(Rock Hudson)이었고, 당시 고아들을 보살폈던 황은순 여사 역은 인도계의 안나 카슈피(Anna Kashpee)였다. 안창호 선생의 아들 필립 안(Philip Ahn)이 길고 흰 수염을 쓰다듬으며 도포자락을 날리는 한국인 할아버지로 등장한다.

그런데 이 영화는 딘 헤스 대령의 회고록에 근거해 만들어졌는데, 실제의 주인공이 따로 있었다는 사실이 알려져 논란이 되기도 했다. 진짜 주인공은 러셀 블레이즈델 미 공군 중령이라는 사실이 뒤늦게 밝혀졌다. 우리나라 신문들도 그 사실을 크게 보도하였다. 후에 두 사람이 만난 적도 있지만, 브레이즈델은 헤스를 전혀 탓하지 않았다. 1957년에 제작된 이 영화는 더글러스 서크가 감독했다.

이 영화의 주인공이 조종하는 전투기의 옆면에는 한자로 '신념의 조인'이라는 글귀가 새겨져 있다. 그의 좌우명인 '신념으로 비행한다'(By Faith, I Fly)를 우리말로 옮긴 것이다. 조인은 새 '조'(鳥) 자에 사람 '인'(人)자, 그러니까 하늘을 나는 사람이라는 뜻이다. 아직도 한국 공군에는 이 '신념의 조인'이라는 군가가 불리고 있다. 6·25전쟁은 '아리랑'을 세계에 알리는 계기가 되었다. 엽서, 스카프 등 참전 기념품과 참전용사에게 위로가 되어준 음악으로 아리랑을 편곡한 '아디동블루스(Ah-Dee-Dong Blues)' 등이 인기를 끌면서 세계로 아리랑이 알려지는 계기가 됐다. 가수 냇 킹 콜도 아리랑을 부르기도 했다.

## 06

# 마거리트 히긴스

Marguerite Higgins, 1920~1966

———

『자유를 위한 희생

War in Korea』(1951)

———

마거리트 히긴스(Marguerite Higgins)는 《뉴욕 헤럴드 트리뷴》 기자로 한국전쟁 발발 이틀 후에 한국전선으로 건너와 직접 현장취재를 하고, 이 듬해 『자유를 위한 희생(War in Korea)』(1951)이란 책을 내어 여성 최초로 퓰리처상을 받았다. 이 책은 소설은 아니지만 소설 이상의 현장감이 넘치는 명작이다. 앙투아네트 메이(Antoinette May)가 그녀에 대해 쓴 전기 『전쟁의 목격자(Witness to War)』(1983)도 2019년 국내에 번역 출간되었다.

마거리트 히긴스는 1920년 9월 2일 홍콩에서 출생했다. 그녀의 아버지 로렌스 히긴스(Lawrence Higgins)는 아일랜드계 미국인이었다. 제1차 세계대전에는 프랑스군에 자원입대하여 운전사, 조종사로 참전하였다. 그녀의 어머니는 프랑스인으로 파리에서 은행원으로 일했으며 예술적 재능이 풍부했다. 둘은 전쟁 중에 만나 결혼했다. 1918년 아버지는 버클리대학 법학도의 꿈을 포기하고 선박회사의 매니저로 부인과 함께 홍콩으로 갔다. 마거리트는 유아시절 중국인 유모에게 중국어(광둥어)를 배우고 부모에게 불어를 배웠다. 1920년대에 히긴스 가족은 다시 미국 캘리포니아주 오클랜드로 돌아갔다. 어머니는 마거리트에게 큰 기대를 걸고 교육에 집중했다. 그래서 마거리트는 버클리대학에 입학하여 대학신문 기자로 활동하였다. 졸업 후 직장을 구하지 못해 뉴욕의 컬럼비아대학 언론대학원에 진학하였다. 1942년 6월《뉴욕 헤럴드 트리뷴》의 기자가 되었다. 그해 하버드대 철학과 강사 스텐리 무어(Stanley Moore)와 결혼하였으나 이내 이혼하였다. 무어는 마르크스주의자라는 이유로 하버드에서 해직되었고, 후일 샌디에이고대학에서 강의했다.

1944년 미군이 독일의 부헨발트(Buchenwald)를 점령할 때 종군기자로 활동했다. 독일 다하우(Dachau)의 나치스 강제수용소를 취재해 기자로서 용기와 재능을 인정받았다. 이후 1947년부터 3년간 독일 베를린 지국장으로 근무하면서 냉전 하의 동서독 문제에 관심을 기울였다. 뉘른베르크재판도 취재하였고, 소련에 의한 베를린 장벽 설치도 취재하였다. 이때 미 공군 전보국장 윌리엄 홀(William Evans Hall, 1907~1984)을 만나 13세의 차이에도 열렬하게 사랑을 하였다.

1950년에《뉴욕 헤럴드 트리뷴》의 도쿄지국장으로 발령을 받고 부임하자마자 한국전쟁이 발발하였는데, 취재차 바로 한국으로 건너갔다. 한국전쟁 중인 1952년에 윌리엄 홀과 재혼하였다. 이듬해 첫 딸을 낳았으나 생후 5일 만에 미숙아로 죽었다. 1958년에 아들, 1959년에 딸을

한국전 당시 《뉴욕 헤럴드 트리뷴》 종군기자로 활약한 마거리트 히긴스가
1950년 7월 일본 도쿄에서 한국으로 가기 전 사진을 찍었다.

낳았다. 1953~54년 베트남전쟁 종군기자로서 프랑스의 패배를 취재했
다. 여기서 유명 사진작가 로버트 카파(Robert Capa, 1913~1954)가 지뢰
를 밟아 죽는 광경을 옆에서 목격했다.

1955년 소련입국 비자를 받아 냉전이 한창이던 철의 장막을 취재하여
『붉은 벨벳과 흑빵(Red Plush and Black Bread)』이라는 책을 출간했다.
같은 해 자서전 성격의 『뉴스는 남다른 것(News is a Singular Thing)』이
란 책을 내었다.

히긴스는 이후 10년간 세계를 여행하였다. 1961년 콩고내전을 취재하

고 1963년에는 다시 베트남을 여행했다. 1963년엔《뉴욕 헤럴드 트리뷴》을 사직하고《뉴스데이》신문사로 이적하여〈현장에서(On the Spot)〉라는 고정칼럼을 꾸준히 썼다. 1965년에는『우리의 베트남 악몽(Our Vietnamese Nightmare)』이란 책을 내었는데, 한국전쟁과는 달리 미국의 군사적 개입을 우려하는 입장이었다. 1965년 다시 베트남을 여행하다 풍토병에 감염되어 워싱턴의 미 육군병원으로 이송되어 치료를 받다 1966년 1월 3일 아깝게도 45세로 사망했다. 미국 정부는 그녀의 종군기자로서의 공적을 인정하여 워싱턴의 국립묘지에 안장하였다. 그녀는 '겁 없는 여자', '혈관 속에 얼음물이 흐르는 여자', '드레스보다 군복이 더 어울리는 여자', '화장품 대신 진흙을 바른 여자', '혈육으로 삼고 싶은 유일한 여자'라는 찬사를 받았다. 그녀의 남편 윌리엄 홀 중장은 18년 후인 1984년 그녀의 곁에 묻혔다.

2010년 9월 2일 대한민국 정부는 수교훈장을 추서하였고 딸과 손자가 대신 수령하였다. 2016년 국가보훈처는 '5월의 영웅'으로 선정하였다.

## 작품 속으로

한국전쟁에 관한 세계 최초의 단행본인『자유를 위한 희생(War in Korea)』은 베스트셀러가 되어 수개 국어로 번역되어 출판되었고, 그녀에게 여성 최초의 퓰리처상 수상이라는 영예를 안겨주었다. 또한 AP 통신사는 그녀를 '올해의 인물'로 선정하였고, 해외기자클럽으로부터 조지 포크

『자유를 위한 희생War in Korea』(1951)

상, 미 해병대 예비역장교교상도 받았다.

이 책은 다음과 같은 헌사로 시작된다. "이 책을 먼 이국땅 한국에 있는 묘비명도 없는 무덤에서 마지막 전우애를 나누며 나란히 잠들어 있는 유엔군 장병들을 위해 바친다." 그리고 머리말은 이렇다. "이 책은 내 눈으로 직접 목격한 한국전쟁의 주요 국면들을 보고하려는 것이다. 나는 한국전쟁 발발 직후인 1950년 6월부터 12월까지의 기간 중 11월의 4주간을 제외하고는 거의 계속 전선에 있었다. 이 경험을 토대로 한국전쟁을 가장 사실적으로 묘사했다고 생각되는 사건들과 일화들을 골라봤다. 이를 통해 적의 공격과 우리 반격의 실상, 우리의 약점과 강점 그리고 우리의 미래를 위하여 배운 것이 무엇인지를 생생히 보여주려고 노력했다. ─ 서울, 1951년 1월 1일."

이 책은 시종일관 그야말로 소설 못지않게 현장감 있는 서술이 돋보인다. 여성 저널리스트의 재치와 감수성을 한껏 발휘하고 있다.

이틀 후 나를 실은 비행기는 번쩍이는 제트전투기의 엄호를 받으며 한국전쟁 지역의 심장부로 굉음을 내며 날아가고 있었다. 이때까지만 해도 미국의 참전 결정은 내려지지 않았다. 비행기는 전쟁에 휘말린 미국시민 중 마지막 남은 사람들을 구출하기 위해서 적의 포위공격을 받고 있는 한국의 수도 서울로 향하고 있었다. 탑승객이라고는 《시카고 데일리 뉴스》의 키스 비치(Keys Beach), 《타임스》의 프랭크 기브니(Frank Gibney), 《뉴욕 타임스》의 버튼 크레인(Burton Crane)과 나, 이렇게 4명의 특파원이 전부였다. 우리는 미국이 한국을 위한 전투에 개입하는 것을 목격한 유일한 증인들이 되었다. 미국은 이 전투를 사전 준비 없이 시작했다. 그리고 오늘 허겁지겁 땅을 파서 만든 무덤들은 적을 과소평가한 끔찍한 대가가 어떤 것인지를 증언해주고 있다. 그러나 전쟁 중 한반도에서 많은 비극이 발생했지만, 그 시간 그 장소에서 공산주의자들의 침략을 격퇴했다는 것이 자유세계를 위해 얼마나 다행스러운 일인지 우리는 지금 알고 있다. 대한민국은 세계인들을 잠에서 깨우는 일종의 국제적 자명종 시계의 역할을 한 것이다. (13~14쪽)

저자는 한국전쟁 초기에 서울을 빠져나가는 피난민들의 모습을 생생히 서술하고 있다.

서울에 이르는 길은 피난민들로 붐볐다. 수백 명의 한국여인들은 갓난아이를 등에 업고, 머리에는 커다란 보따리를 이고 있었다. 수십 대의 트럭은 나뭇가지로 교묘히 위장되었다. 한국군인들은 지프차와 말을 타고 양쪽 방향으로 줄을 지어 지나갔다. 비에 젖은 거리 위에서 피난민들이 우리 미국인들의 작은 차량행렬을 향해 환성을 지르며 손을 흔들었다. 그 모습은 가슴 뭉클하지만 어딘지 겁나는 경험이었다. 이들은 미국에게 그 무엇인가를 기대했고, 그들의 기대가 충족될 것이라는 애처로울 정도의 뚜렷한 확신을 갖고 있었다. 그때 문득 내 머릿속에는 하나의 간절한 희망이 자리 잡았다. "우리가 저 사람들을 낙담시키면 안 될 텐데." 이후에도 나는 자주 같은 생각을 했다. (20쪽)

"어이쿠, 큰일이야! 다리가 끊겼네."
중위가 외쳤다. 우리는 갇힌 신세가 되었다. 남쪽에 안전하게 인도

해줄 한강 인도교가 폭파된 것이다. 우리는 지프차의 방향을 바꿔 미군사고문단 본부로 되돌아왔다. 포탄 폭발음에 의해 밤의 적막이 두려움으로 변해가는 가운데 라이트 대령 휘하 59명의 부대원들이 하나둘씩 그곳으로 몰려들었다. 라이트 대령이 증오에 찬 음성으로 말문을 열었다. "한국인들이 우리에게 한마디 경고도 없이 한강 인도교를 날려버렸다. 서울시의 대부분 지역이 아직 한국인들의 수중에 있는데 너무도 빨리 교량을 폭파시켰다. 자국 군인들을 실은 트럭들이 다리 한가운데를 지나고 있는 것을 뻔히 알면서도 어떻게 다리를 날려버릴 수 있단 말인가? 그들은 수백 명의 자국민을 살상했다." 상황은 분명 심각했고 매우 혼란스러웠다. 왜 한국군 지휘관들이 느닷없이 도망가 버렸는지 알 길이 없었다. 주변의 간헐적인 총성으로는 적이 현재 어디에 있고, 공격규모가 어느 정도인지 도저히 판단할 수 없었다. 다수의 장교들은 서둘러 빠져나가지 않으면 포로가 될 것이라는 생각을 퍼뜨리기 시작했다. 이러한 중얼거림은 극도의 심리적 불안감으로 비화되었다. 그러나 라이트 대령은 침착하게 위엄을 보이며 사태를 진정시켰다. "자, 제군들! 주목하기 바란다. 이 자리에 있는 누구도 혼자 도망칠 수 없다. 우리는 모두 공동운명체다. 모두가 집합할 때까지 침착해야 한다. 그다음에 차량들을 가지고 서울을 빠져나갈 대안, 어쩌면 조립교(組立橋)를 발견할 수도 있을 것이다." 우리는 최선을 다했다. 지프차, 트럭, 무기수송차량 등 60여 대의 차량대열을 정비하고 전조등을 밝힌 채 출발했다. 언제 적과 만나게 될지도 모르는 위험한 길이었지만 차량을 도강시킬 수 있는 조립교를 찾아 몇 시간이나 헤매었다. 그러나 허사였다. (30~31쪽)

히긴스는 맥아더 장군과도 만났는데, 그녀가 본 그의 모습은 이렇다.

맥아더 장군이 비행장에 모습을 드러냈을 때 나는 바람이 세찬 활주로 옆에서 몸을 웅크리고 그의 방문에 관한 긴급기사를 타이핑하고 있었다. 그는 금실로 바탄섬 모양을 수놓은 모자를 쓰고, 옷깃 부분을 열어놓은 셔츠 위에 여름용 황갈색 군복을 입고 있었다. 옥수수 속대로 만든 파이프에서는 담배연기가 뿜어져 나왔다. 각 군의 장성들로 구성된 수행원단이 그를 수행하고 있었으며 대부분 내가 전에 본 적이 없는 인물들이었다. 맥아더 장군은 활주로에서 나를 보자, 다가와 인사를 건네고는 도쿄로 돌아가는 비행기에 같이 탑승하지 않겠느냐고 물었다. 나는 흔쾌히 그의 제안을 받아들였다. 통신을 목적으로 일본에 되돌아가 기사를 송고하기 위해서는 '바탄' 비행기가 유일한 수단이었기 때문이었다. 나중에 알게 된 일지만, 나의 맥아더 전용기 탑승은 네 명의 미국 언론사 도쿄 지국장들을 상당히 화나게 만들었다. (37~38쪽)

직접 만나보면, 맥아더 장군은 인자하고 대단히 명석한 인물이다. 맥아더를 비난하는 사람들은 그가 폼 잡기 좋아하는 인물이라고 하지만, 내가 아는 한 그는 그러한 성격의 소유자가 아니다. 맥아더는 도쿄에서 대부분의 언론인들과 거리를 두고 생활해 왔는데 이는 그에게 불행한 일이었다. (…) 그가 아무리 재주 있고 선량한 인간이라도 특파원들은 그를 이해하기 힘들었다. 특파원들은 추측에 의존할 수밖에 없기에 악의적인 보도를 했고, 이러한 보도는 맥아더와 그의 지휘부로 하

맥아더 장군과 함께한 히긴스

여금 특파원들과의 서먹서먹한 관계를 더욱 증폭시켰다. 맥아더 장군
은 극히 일부의 충성스런 측근들을 제외하고는 모든 사람들에게 고답
적이며 격리적인 태도를 견지했다. 이로써 일본인들로부터 존경심을 얻
어내는 데 성공했고, 점령의 목표들을 성취하는 데 큰 기여를 했다고
알려져 있다. (39~40쪽)


미국정부가 맥아더를 한국에 보낸 것은 한국을 구원하는 데 공군과
해군 지원만으로 가능한지를 파악하기 위해서였다. 트루먼 대통령은
한반도를 포기한다는 기존의 결정을 번복하여 가능하다면 이제는 이
반공의 보루를 구원하겠다고 결정한 것이 분명했다. 한국군이 후퇴하
는 전선을 시찰한 맥아더는 한국을 구하려면 지상군의 파병이 필요하
다는 생각을 하게 되었다. 그는 내게 말했다. "한국인들은 미군 정예

부대의 투입을 간절히 필요로 합니다. 한국군 장병들은 신체조건이 좋습니다. 솔선수범하는 지휘관이 있으면 전의가 살아날 수 있습니다. 내게 2개 사단만 주어지면 한국을 지켜낼 수 있습니다." (40쪽)

한국전쟁이 발발하자 북한군은 파죽지세로 낙동강까지 진격했다. 만약 북한군이 부산까지 손에 넣었다면 어떻게 되었을까? 당시에 북한군은 부산까지 진격하지는 않았는데, 그 이유에 대해 저자는 말하고 있다.

나중에 안 일이지만, 당시 북한군은 잘 무장된 6개 사단 병력으로 우리의 기세를 꺾고 있는 중이었다. 왜 그들은 그때 부산까지 계속 밀어붙이지 않았을까? 이는 한국전쟁의 미스터리 중 하나이다. 만약 그들이 강하게 밀어붙였다면 우리의 방어선은 무너졌을 것이다. 이는 지금 맥아더와 그의 참모들 모두가 인정하는 사실이다. 당시 적군을 맞아 싸운 것은 기껏해야 1,000명의 미군과 지리멸렬한 한국군 잔여병력뿐이었다. 맥아더 장군은 공산주의자들이 개전 초기 몇 주 동안 머뭇거린 것이 그들의 가장 큰 실수라고 믿고 있다. 우리가 그들을 과소평가한 것만큼, 그들은 우리를 너무 과대평가하고 있었다. 우리 대대가 최후의 결전에 임박했다는 사실을 알고 나는 남아서 전투를 지켜보기로 마음먹었다. (98쪽)

히긴스는 진실을 알리는 기자였다. 종군기자였던 그녀는 "미군이 전쟁에서 아무 문제없이 승리하고 있다."라는 기사를 써달라는 부탁에 시달렸지만 진실을 외면하지 않았다.

사진은 발도메로 로페즈(Baldomero Lopez) 중위가 인천 레드비치의 북쪽에서 소대원을 이끌고 방벽을 넘는 모습. 로페즈 중위는 북한 벙커를 공격하던 중 몇 분 만에 사망했다.

미국 기자이자 전쟁 특파원인 마거리트 히긴스도 당시 레드비치에서 함께 했다. 히긴스는 "강철 후크를 단 상륙용 사다리의 도움을 받아 재빨리 그곳을 넘어가야 했다."라고 그녀의 회고록 『전쟁의 목격자』에서 회고했다. 사진은 '해군 역사 및 유산 사령부' 소장품.

한국전쟁 취재를 하는 대부분의 미국 종군기자들은, 나의 좁은 식견인지는 몰라도, 미군이 기대 이상으로 잘 싸운다는 기사를 싣도록 유혹을 받는다. 미 해병대와 '늑대사냥개'라는 별명을 가진 미 육군 제27보병연대는 그들에 대한 명성이 정당하다는 보도가 나가기를 원했으며, 그들은 선한 일을 하는 것으로 비쳐져야 한다고 생각했다. 그래서 한 개인이 이런 이론에 반하는 행위를 하면 매도당했다. 그들은 자신들이 선하다는 집단적인 의견에 따라 행동했다. 때때로 이는 집단정신이라고 일컬어진다. 그러나 해병 제5연대장 레이먼드 머레이(Raymond Murray) 중령은 간단히 말한다. "지독히 용감합니다. 해병대원들은 자기들로 인해 다른 동료들의 사기가 떨어지는 것을 바라지 않기 때문에 열심히 싸우는 겁니다. 다른 동료들이 상당히 높은 수준의 사기를 갖고 있거든요." (116쪽)

한국전의 초기 며칠간을 회상하는 미군병사들이 누구나 몸서리치며 기억하는 사실이 있다. 많은 미군병사들이 재빠른 미군 제트전투기가 아군에게 도움을 주기보다는 방해가 되었다고 느꼈다는 점이다. 나는 초기 전투 중 나흘간을 대대와 함께 이동하고 있었는데, 매일 아군 제트전투기들의 폭탄세례를 받았다. 전투 이틀째 참호에 숨어서 아군 전투기가 우리를 직접 겨냥하고 로켓탄을 발사하는 것을 본 미군 병사 한 명이 우리 모두의 감정을 다음과 같이 요약했다. "왜 저기 제트전투기 조종사 놈들은 3만 피트 상공에 머물러 있든지, 아니면 장교클럽으로 돌아가지 않는 거야?" 그러나 이런 일은 개전 후 며칠 동안이었다. 이후 지상과 공중 간의 조정기술이 놀랄 정도로 개선되었다. 공군의 전술은 짧은 연습기간으로는 개선되지 않는 법인데, 놀랄 정도로 단기간 내에 문제점이 해소되었다. 나는 지상군과 공군 간의 형편없는 공조체제에 관한 첫 기사를 쓴 사람 중의 하나이지만, 전체적인 관점에서 볼 때 이런 엇박자에 관한 보도는 불공평했다고 말하지 않을 수 없다. (124쪽)

이 책은 수복된 서울의 모습을 묘사하고 있으며, 한국전쟁이 우리에게 남긴 교훈도 전하고 있다.

성당은 아수라장이었다. 십자가는 제단에서 떼어졌으며, 모든 종교적인 상징들은 건물에서 제거되어 있었다. 스탈린과 김일성의 대형 포스터들이 벽에서 웃는 낯으로 우리를 내려다보고 있었다. 벽에는 천진난만한 어린애들이나 부녀자들을 살해하는 장면들을 그린 포스터들도 붙어 있었다. 성당은 공산당 본부로 사용된 것이 분명했다. (211쪽)

나는 이승만 대통령과 한국의 경찰활동에 대해 자주 얘기를 나눈 바 있다. 그때마다 그는 한국에서 법치주의가 자리를 잡아가고 있으며, 한국 경찰이 영장 없이는 체포하지 않는다고 주장했다. 그러나 나는 북한군 침략으로 인한 혼란 중에 법치주의가 종종 무시됐다는 것을 우연히 알게 되었다. 생포된 공산주의자들이 야만적으로 즉결 처형되는 것을 목격했다. 이승만 대통령은 이런 사건들은 전쟁에 의해 야기된 흥분된 감정이 빚어낸 불가피한 결과라면서, 한국 정부가 이런 사건들의 재발을 방지하기 위해 최선을 다하고 있다고 주장했다. 그는 독재적인 기질을 지녔지만 진정으로 민주주의에 대한 확신을 가진 인물로 보였다. 나는 그가 자신을 동양의 윈스턴 처칠과 같은 인물로 여기고 있다고 생각한다. 전쟁의 승리가 임박한 것처럼 보였던 1950년 9월 화창한 가을날, 이승만 대통령이 들려준 마지막 말들을 나는 생생히 기억하고 있다. "이번에 우리가 학습했듯이 당신의 정부도 공산주의자들과의 타협이란 없다는 사실을 배워야 합니다. 공산주의자들에게 타협이란 언제나 시간을 벌기 위한 수단이자, 상대가 의심하지 않도록 달래는 속임수입니다. 공산주의자들의 속셈을 알아채지 못한다면, 당신들은 준비가 너무 늦어져 그들의 다음번 공격을 막아내지 못할지도 모릅니다." (226쪽)

## 07

# 목타르 루비스

Mochtar Lubis, 1922~2004

———

『인도네시아인의 눈에 비친
6·25전쟁 Tjatatan Korea』(1951)

———

한국전쟁에 대해 쓴 작가들 중에 인도네시아 작가가 있다는 사실은 잘 알려져 있지 않았다. 나도 이 사실을 늦게 알고 번역서를 사서 읽고 깜짝 놀랐다. 목타르 루비스(Mochtar Lubis)는 인도네시아에서 베스트셀러 작가에 속하는 문필가이고 세계적으로도 알려진 작가이다. 이런 그가 한국전쟁 당시에 종군기자로 파견되었다는 사실에 대해 우리가 너무 모르고 지낸 것 같다. 책을 읽어보니 분량은 많지 않지만 한국전쟁을 바라보는 시각과 표현이 정확하고 인상적이다.

목타르 루비스는 1922년 3월 7일 인도네시아 수마트라 섬의 파당에서 태어났다. 열두 자식 중 여섯 번째로 태어나 고등학교를 마치고 북수마트라에서 교사를 하였다. 그러나 1년 후 교사를 그만두고 바타비아에서 은행원이 되었다. 제2차 세계대전이 일어나자 일본군을 위한 번역작업을 했다. 1945년에 인도네시아가 독립을 선언하자 그는 《안타라》 신문의 기자가 되었고, 1949년에는 《인도네시아 라야》 신문의 주필이 되었다. 이때부터 정부를 비판하는 글을 써 여러 번 투옥되었다. 그는 이스라엘 텔아비브에서 열린 국제언론인총회에서 용기 있는 연설을 하고 자유 언론인 상을 받고 귀국하는 길에 다시 체포되어 감옥으로 직행했다.

그는 정직한, 난센스 없는 언론인으로 부각되었다. 2000년에 그는 국제언론연구소에서 뽑는 50인의 세계언론자유영웅으로 선정되었다. 그는 독재자 수카르노(Sukarno)와 수하르토(Suharto)를 모두 비판하여 6번 체포되었다. 이로 인해 10년이나 수감생활을 했다.

석방되어 오랫동안 알츠하이머병을 앓다가 2004년 7월 2일 인도네시아 자카르타에서 사망했다. 부인 시티 할리마(Siti Halima)와의 사이에서 세 자녀를 두었다.

그는 소설가요, 시인이요, 수필가였다. "문학은 사치요 소설은 필연이다(Literature is a luxury; fiction is a necessity)"라고 말했다. 소설가로서 《인도네시아 라야》와 월간 문학지 《호라이즌》을 공동 창립했다. 그의 소설 『자카르타로 가는 길(Senja di Jakarta)』은 영어로 번역된 최초의 인도네시아 소설이다. 대표작으로 『자카르타의 황혼(Senja di Jakarta)』과 『끝없는 길(Jalan Tak Ada Ujung)』 등 다수가 있다. 『자카르타의 황혼』으로 1950년대 인도네시아의 정치·사회에 만연된 부정부패를 가감 없이 묘사해 언론과 문학 분야의 막사이사이상을 수상했다. 전쟁 중 탐욕스러운 한국인 농부를 주인공으로 그린 「밤나무 골(Kebun Pohon Kastanya)」은 작가가 증오하는 부류의 인간상을 그린 작품이다.

## 작품 속으로

인도네시아에서 1951년에 출간된 초판의 원서
는 86쪽에 지나지 않는 얇은 책이다. 『인도네시
아인의 눈에 비친 6·25전쟁(Tjatatan Korea)』은
'제1장 여정의 시작: 자카르타−발릭파판−마닐
라−오키나와, 제2장 K-9 비행장과 부산, 제3장
밀양에서 만난 필리핀 부대, 제4장 빨치산 소녀

『인도네시아인의 눈에
비친 6·25전쟁Tjatatan
Korea』(1951)

와 부산행 열차, 제5장 북한군 철모와 중앙청, 제6장 의정부 탈환작전,
제7장 6·25 종군기자들, 제8장 한반도의 재앙, 제9장 김일성, 제10장 이
승만'의 순으로 되어 있다.

"코를 찌르는 화약 냄새와 지독한 피고름 냄새!", 인도네시아인 유엔
종군기자 목타르 루비스는 6·25전쟁의 참상 중 한 장면을 이렇게 묘사
한다.

이 책은 '인도네시아의 행동하는 양심'으로 평가받고 있는 루비스가
6·25전쟁을 군더더기 없이 기록한 '한국전 종군기(Catatan Perang
Korea)'이다. 언론인이자 작가인 루비스는 난리통에 한반도를 누비면서
한국인이 겪는 고통과 비참함을 기자수첩에 꼼꼼히 담아 한국전쟁을 새
로운 관점으로 보여준다. 1951년 9월에 출판된 종군기를 번역한, 전태
현 한국외대 말레이·인도네시아통번역학과 교수는 "열대의 나라 인도네
시아에서 온 이방인의 시각에서 한반도에서 벌어진 전쟁의 참상을 몸소
겪고 느낀 점들을 탁월한 문학적 사유를 곁들여 담아낸 수기이다."라고
촌평했다.

작가는 이 책을 통해 인도네시아인들이 한국인의 처절한 절규와 고통에 공감하고 전쟁에 대한 이해의 폭을 넓힐 수 있기를 바랐다. 또 인도네시아인들이 당시 한반도 현실에 다소라도 관심을 기울여 봄으로써 한 국가의 지도자가 적대 관계에 있는 강대국들의 휘하에서 벗어나지 못하면 그 나라가 어떻게 파멸에 이르는지를 배울 수 있을 것이라며, 특정 이데올로기를 신봉하는 인도네시아 정치인들에게 경고를 보냈다.

목타르 루비스

작가는 "매일 보고 듣는 것이 온통 미국과 한국군의 승전 소식이었다. 한국인들이 겪는 고통에 대한 이야기는 좀처럼 보도되지 않았다."며 "한국에서 벌어진 전쟁인데 정작 한국인들에 대한 이야기는 너무 적었다. 한국인들이 느끼는 감정과 고통 그리고 바람에 관한 기록들이 너무 없었다."라고 적기도 하였다.

루비스는 한반도의 재앙이라는 제8장에서 기관총 탄알이 복부를 관통한 여성을 목격한 후 이렇게 묘사했다. "그녀의 목구멍에서 마지막 단말마의 비명이 빠져나왔다. 피비린내와 고름투성이 상처 썩은 냄새가 코를 찔렀다. 인간은 이와 같은 장면들을 목격하게 되면 더 험악해지거나 더 숙연해지게 마련이다. 내 머릿속에 질문 하나가 떠올랐다. 이 모두가 도

대체 무슨 소용이란 말인가? 무슨 소용? 인간성의 말살이었다. 더욱이 이 모든 것이 남과 북의 적대관계 때문이 아니라, 한반도 밖에서 도래한 외세끼리의 충돌 때문에 일어났다는 사실에 주목해야 한다. 한민족 스스로는 남과 북을 갈라놓은 38선이 있다는 사실조차 잘 알지 못했다."

작가는 이어 한국의 '혼돈' 상황을 이렇게 표현했다. "한국의 이승만이 썩었다고 말하는 사람들이 있었다. 썩은 것은 정부라는 사람들도 있었다. 이승만이 파시스트라고 했다. 파시스트는 그가 아니라 경찰이라고 했다. 남한 사람이 잔인하다고 했다. 아니 잔인한 건 북한 사람들이라고 했다. 이승만은 미국의 허수아비라고 했다. 아니 이승만이야말로 미국의 영향력 확장을 견제하는 사람이라고 했다. 미국은 한국에 아무런 이해관계도 없으며, 단지 대한민국을 방어해 주는 것이라고 했다. 아니 미국이 한국을 방어하는 이유는 극동지역에서 미국의 전략적 중요성 때문이라고 했다. 소련이 북한군의 기동을 지휘했다고 했다. 한국인들이 북한군의 진입을 열렬히 환영했다고 했다. 아니 북한군을 증오한다고 했다. 한국인은 미군을 좋아한다고 했다. 아니 미군을 싫어한다고 했다. 남한은 정말 잔인하다고 했다. 남한은 민주국가라고 했다."

이 책은 오랜 기간 서구 열강의 식민지배 역사를 경험한 아시아인의 관점에서 저술되어, 갑작스런 전쟁의 소용돌이 속에서 공포에 떨던 한국인들의 애환을 평화를 사랑하는 한 저널리스트의 시각과 인류애의 관점에서 소상히 묘사하였다. 종군기자였던 저자는 한국인들에게 가까이 다가가 38선의 존재조차 알지 못한 채 피난길을 헤매며 온갖 고통과 희생의 전쟁터에 내몰려야만 했던 사람들의 모습을 생생하게 전하고 있다. 전쟁의 참상을 고스란히 전달한 목타르 루비스는 "외국의 이데올로기와 영향력이 자국의 민족을 분열시키도록 방치하게 되면 결국 그 민족과 조국이 엄청난 재앙의 늪에 빠지게 된다."고 경고하고 있다.

저자는 1951년 9월에 쓴 '들어가며'와 '머리말'에서 이렇게 서술한다.

수많은 한국인 희생자를 낸 이 전쟁은 한국인이 아니라 한반도 밖에서 흘러온 외국세력들이 벌이고 있다는 사실이다. 여기서 우리가 얻어야 할 교훈은 외국의 이데올로기와 영향력이 자국의 민족을 분열시키도록 방치하게 되면 결국 그 민족과 조국이 엄청난 재앙의 늪에 빠지게 된다는 것이다. ― 1951년 9월 목타르 루비스 (들어가며)

코를 찌르는 화약 냄새와 지독한 피고름 냄새, 그리고 참혹한 전쟁으로 희생된 한국인의 처절한 절규와 고통을 함께 공감하고, 아시아 국가들, 특히 지구촌의 한복판 한반도에서 벌어지고 있는 전쟁에 대한 이해의 폭을 조금이나마 넓힐 수 있으면 하는 것이 필자의 소박한 바람이다.

한국인들도 인도네시아인들과 다름없는 사람들이다. 그들도 나름대로 각양각색의 꿈과 희망, 그리고 이상을 지니며 희로애락을 공감하는 사람들이다.

이 책에 담긴 한반도 현실에 우리 인도네시아인들이 다소라도 관심을 기울여본다면 어떤 한 국가의 지도자가 적대관계에 있는 세계적 강대국들의 휘하에서 벗어나지 못할 때 그 나라가 어떻게 파멸의 길에 이르는지를 보고 배울 수 있을 것이다. 끝으로 이 책이 특정 이데올로기를 신봉하는 인도네시아의 정치인들에게 경고의 메시지가 될 수 있다

면 필자는 더 바랄 것이 없겠다. (머리말)

이러한 머리말처럼 이 책을 읽어보면, 저자가 수준 높은 언론인이자 작가로서 예리하면서도 적절한 문장을 구사하고 있음을 느낄 수 있다.

루비스는 독재에 저항한 언론인이었다. 이승만 대통령을 만나고 느낀 생각을 볼 수 있고, 김일성에 대한 생각도 볼 수 있다.

한국에서 이승만의 인기는 높지 않았다. 그는 미국의 원조와 유엔의 승인 덕에 권력을 유지할 수 있었다. 많은 한국인들이 종전의 총선에서 일어난 일들을 여전히 기억하고 있었다. 유엔선거감시위원회는 공정한 선거였다고 평가했지만, 정작 국민들은 총선을 감독한 유엔의 감시위원들의 수가 실제로 발생한 사건들을 파악하는 데 충분치 않았다고 말이 많았다. 한국 정부의 한 고위 관리가 이 대통령에게 할 수 있는 가장 큰 칭찬은 내가 볼 때 다음과 같다. "이승만은 훌륭한 애국자입니다. 그러나 나쁜 정치인입니다." 이승만의 입장은 참으로 거북했다. 나를 그의 집으로 초대해 대화를 나누는 동안 그 자신도 미국의 속박 속에서 부담을 느끼고 있음을 느낄 수 있었다. "이 전쟁에서…" 그는 노한 듯 말했다. "대통령이란 아무런 의미가 없어요. 가장 중요한 인물은 바로 전쟁사령관이에요. 그가 모든 걸 결정해요." 그가 의미하는 것은 바로 미국의 원조였다. 미국의 원조가 없었다면 그는 이미 오래전에 북한군에 의해 바다로 밀려났거나 한국의 정적들에 의해 물러났을 것이다. 더구나 서울에서 자행되고 있는 군인과 경찰들의 행위를 묵인하고 있는 가운데 그의 인기는 점점 떨어지고 있다. (68쪽)

김일성에 관한 이야기는 도쿄에 있을 때부터 많이 들었다. 소련의 앞잡이질만 일삼는 놈이란 욕설에서부터 터무니없는 영웅담에 이르기까지 별별 얘기가 많았다. 대부분의 도쿄 시민들은 북한의 김일성을 별로 좋지 않게 평했다. 그러나 '좌익파' 사람들은 김일성이야말로 진짜 독립투사라고 찬양했다. 부산에 당도하니 김일성에 대한 별별 얘기가 더 많았다. 그래서 어떤 말이 맞고 어떤 말이 허무맹랑한 영웅담의 짜깁기인지 구별하기가 어려웠다. 그러나 한국인들은 김일성의 투쟁기가 놀랍다는 데는 모두들 동의했다. 그리고 현재 전선에서 북한군과 접전을 벌이고 있는 미군들은 그 전장에 김일성이 펼치고 있는 예전 그의 항일투쟁 전술을 실감하고 있었다. (99쪽)

이 책에서 몇 군데 인상적인 부분을 인용해 본다,

아이들 몇이 탱크 위에 올라가 놀고 있었다. 커브길 뒤편으로 고기 타는 냄새가 진동했다. 반쯤 타다만 시체 몇 구가 파괴된 집들 잔해에 깔린 채 길가에 널브러져 있었다. 북한군인지 민간인인지 분간할 수가 없었다. 교차로마다 북한군이 방어진지로 사용했던 모래주머니 참호가 있었다. 길에 널브러져 있는 시체들은 겹겹이 쌓여 있었다. 주민들은 북한군의 시체를 함부로 건드릴 수 없었다. 왜냐하면 남한의 군인과 경찰에게 들키면 북한 사람편이라는 혐의를 뒤집어쓸까봐 두려웠기 때문이다. 결국 미군들이 거리를 청소하며 시체들을 수거해갈 수밖에 없었다. (57쪽)

이것이 한반도의 재앙이 벌어진 날, 그날 이전까지의 역사였다. 그리고 …그날은 일요일, 그리고 정확히 1950년 6월 25일, 새벽녘이었다. 그날 이후 수많은 일들이 또 벌어진 것이다. 눈물과 피가 홍수를 이루었고 도시와 시골 가릴 것 없이 모두 쑥대밭이 되었다. 목숨을 잃은 사람들은 수도 셀 수가 없었다. 전쟁이란 고통과 비극이 시작된 것이었다. (88쪽)

루비스는 이 책 말고 한국에 관한 또 다른 단편도 썼다. 그것 또한 한국어로 번역 출간되었다. 「밤나무 골(Kebun Pohon Kastanya)」이란 단편인데 외국어대 정영림 교수에 의해 번역되어 『세계문학 속의 한국』(1983) 총서 제6권에 수록되어 있다. 그런데 이 작품도 한국전쟁을 다룬 소설이라는 점에서 흥미롭다. 어쩌면 한국전쟁을 문학화한 것은 오히려 이 작품이라 할 수 있다.

이 작품은 탐욕스런 한국인 주인공이 전쟁 중에도 자기이익을 추구하는 모습을 그리고 있다. 주인공 덕성은 아내에게, "전쟁이 이 상태로만 계속된다면 이 고을 전체는 손쉽게 우리 소유가 될 테지, 흠!" 하고 내뱉는다. 또 "내가 이 나라에 전쟁을 유발시킨 것도 아닌데 왜 나 혼자만 책임을 지고 허기에 비실대는 사람들에게 먹을 것을 나누어 먹어야 하는가? 어림도 없는 소리지"라고 한다. 그러나 그 역시 자신이 한 행위에 스스로 얽매이게 되고, 종내에는 그가 꿈꾸던 미래는 순식간에 사라지고, 남는 건 비통한 현실뿐이다. 이것은 한국인만이 아니고 어디에서도 가능한 현실임을 후일 장편 『자카르타의 황혼(Senja di Jakarta)』으로 보여주었다. 여러 나라 언어로 번역된 이 작품은 그가 수카르노 독재정권 아래서

1956년부터 5년간 투옥된 동안 쓰여졌는데, 1963년에 영국에서 출간되어 영국 등 해외에서 유명해졌다. 그 후 그는 위대한 작가 겸 언론인으로 알려지게 되었다.

# 08

## 스탠리 웨인트라웁
Stanley Weintraub, 1929~2019

———

『장진호 전투와 흥남철수작전
A Christmas Far from Home』(2014)

———

'Weintraub'은 영어로 '웨인트라웁'이라 발음하지만 독일어를 아는 사람이면 '바인트라우베'로 발음하고, 이 말은 '포도송이'를 뜻한다는 것을 알 것이다. 그리고 유대인 계통의 독일인이라는 사실도 짐작할 것이다. 이런 사람들이 나치스의 위협을 피해 미국으로 많이 건너갔다는 것은 널리 알려져 있다. 스탠리 웨인트라웁(Stanley Weintraub)은 한국에는 거의 알려져 있지 않았지만, 그의 책을 통해 유명 작가임을 새삼 알게 되었다.

그는 사우스 필라델피아 고등학교를 졸업하고 웨스트체스터대학교에서 교육학을 공부하고, 템플대학교에서 영문학석사 학위를 받았다. 그리고 곧 한국전쟁에 참전했다. 미8군에 소속되어 중위로 근무하고 훈장도 받았다. 1953년에 펜실베이니아주립대학교에 등록하여 버나드 쇼

(Bernard Shaw) 연구로 1956년 5월 문학박사 학위를 받았다.

1954년 로델 호르비츠(Rodell Horwitz)와 결혼하여 세 자녀를 두었다. 델라웨어주의 뉴어크에 살다가 2019년 7월 28일 90세로 미국 펜실베이니아주 제너스빌에서 사망하였다.

그는 평생 저술 활동을 하면서 살았고, 만년에는 에반 휴 인문학 교수로 임명되었다. 1970년부터 20년간 펜실베이니아 예술인문연구소 소장을 지냈다. 2011년에는 모교 웨스트체스터대학교에서 명예 문학박사 학위를 수여하였다.

## 작품 속으로

『장진호 전투와 흥남철수작전(A Christmas Far from Home)』은 10장으로 구성되었는데, '1. 추수감사절용 칠면조, 2. 기대에 부푼 추수감사절, 3. 협공작전의 도박, 4. 불가능한 임무: 공격의 좌절, 5. 완전히 새로운 전쟁, 6. 대탈출의 시작, 7. 하갈우리에서 고토리로, 8. 머나먼 다리, 9. 내리막길, 10. 크리스마스이브'의 순서이다.

『장진호 전투와 흥남
철수작전A Christmas
Far from Home』
(2014)

목차와는 별도로 역자가 이 책의 하이라이트를 소개하고 있는데, 한국전쟁 개입을 위해 압록강을 건너온 중공군의 기상천외한 수법(41~43쪽), 1950년 10월 말 중공군이 전투를 갑자기 중단한 진짜 이유(45쪽), '하갈우리'에 활주로 건설을 결심한 스미스 사단장의 선견지명(46~47쪽), 한반도 통일에 대한 맥아더 장군의 열정(51쪽), 압록강에 도착한 한국군 수도군단과 미 제7사단의 세리머니(62쪽), 야전에서 꽁꽁 얼어붙은 추수감사절 칠면조고기를 요리하는 비결(68쪽), 한국전쟁에서 마오쩌둥 아들(마오안잉)의 사망(84쪽), 만주 국경 일대에 대한 맥아더 사령관의 수박겉핥기식 공중정찰(86~90쪽), 일본 주둔 극동군 총사령부 전보참모의 판단 착오(103~104, 129쪽), C-119 수송기에서 떨어진 병사의 기적적 생환(142~143쪽), 일본 다이이치 사령부에서의 심야 비밀회의(149~150쪽), 맥아더 사령관의 장진호 철수작전 명령 하달(152쪽), 필사적인 하갈우리 활주로 공사 현장(153쪽), 트루먼 대통령의 '원자폭탄' 발언의 파장(163~164쪽), 장진호 부근에서 후방으로의 탈출을 결심한 스미스 사단장(166쪽), 중공군 기사도와 미군의 답례(187, 258쪽), 전장에서 '항복'을 둘러싸고 벌어진 한 편의 코미디(194쪽), 아몬드 군단장의 농담과 병사의 답변(217쪽), 딸의 피아노 연주에 대한 비평기사에 노발대발한 트루먼 대통령(223~224쪽), 얼음 구덩이 속의 중공군, 그리고 움직이는 그의 눈동자(232쪽), '가장 힘든 것이 무엇이었는지?'를 묻는 미모의 금발 여기자(238쪽), 동료를 구하기 위해 전투기에서 뛰어내린 해병대 조종사의 우정(250~251쪽), 어느 병사의 소원: "제게 내일(tomorrow)을 주세요"(255쪽), 투치롤(Tootsie Rolls) 캔디 사건(283~284쪽), 포니 대령의 미담 사례: "불가능이란 단어는 없잖아요"(295쪽), 아몬드 군단장을 설득한 현봉학 박사의 재치(296~297쪽), 제10호 포로수용소에서의 크리스마스와 중공군의 세뇌교육(310~312쪽), 메르디스 빅토리호의 기적(315~317쪽), 월턴 워커 장군의 안타까운 죽음(324쪽)이 그것이다.

특히 현봉학 박사와 포니 대령의 미담 사례는 한국어판의 표지에도 소개하고 있다.

이 책의 원제목『A Christmas Far from Home』은 번역하면 '이역만리 타향에서의 크리스마스'인데, 이 책은 한국전쟁의 역사적 사실에 기초를 두면서도 제목에서부터 문학적인 작품임을 엿볼 수 있다. 전기와 역사서를 쓴 저자의 장점과 특징을 보여준다고 하겠다. 저자는 서문에서 이렇게 적고 있다.

> 이 책은 1950년 추수감사절에서 크리스마스까지 한국전쟁에서 벌어졌던 부대 단위의 특별하고 감동적인 에피소드를 그린 단순한 역사서가 아니라 두 가지 환상에 대한 이야기이다. 극동사령부의 최고사령관인 맥아더 장군은 크리스마스까지 전쟁을 종결시키고 대부분의 병력을 귀향시킬 수 있다는 데 도박을 걸었다. 맥아더는 그처럼 중요한 사안을 지나치게 공개적인 방식으로 약속했다. 삭풍이 몰아치는 한반도 북단에서 혹한에 얼어붙은 채 인생 최악의 겨울을 보내고 있던 미군들은 모든 증거들이 정반대의 가능성을 가리키고 있었음에도 불구하고 '고향에서의 크리스마스' 또는 적어도 전쟁의 위험에서 벗어나 고향으로 향하는 귀로에 오르는 일이 그럭저럭 가능할 것이라고 믿고 있었다.

이 책의 앞부분에서 저자는 전쟁의 냉혹한 현실을 일깨우고 있다.

> 좀 더 현실적인 상황을 알려주는 것이라면 맹렬한 추위가 몰아치는 황무지에서의 전투로 기진맥진해 있던 어느 해병대 병사에게《라이프》지의 종군사진사인 던컨(David Douglas Duncan)이 "만일 제가 신(God)이고 당신에게 뭐든지 해줄 수 있다면 크리스마스 선물로 뭘 달

라고 하시겠어요?"라는 질문에 대한 답변의 내용일 것이다. 그는 이렇게 답했다. "제게 내일을 주세요(Gimme tomorrow)." 이 두 마디 단어는 '잊혀진 전쟁(forgotten war)'으로 잘못 알려진 한국전쟁 중에서 가장 기억에 남는 것이다. (21~22쪽)

아직도 '국제평화를 위한 경찰행위(police action)'란 용어는 때때로 한국 그리고 트루먼(Harry Truman) 대통령을 연상시킨다. 그러나 오늘날 멍청하게도 피비린내 나는 살육전을 전쟁이 아니라고 대수롭지 않게 떠들어댄 책임을 트루먼에게 돌리는 사람은 없다. 북한의 남침전쟁 직후, 미국의 대응이 시작된 초기에 워싱턴에서 열린 기자회견장에서 그는 어느 기자에게 이런 질문을 받았다. "대통령 각하, 한국전쟁에 대한 미국의 개입을 유엔의 깃발 아래 이루어지는 경찰행위로 부르는 것이 옳을까요?" 트루먼은 이처럼 완곡한 표현에 반색하면서 이렇게 대답했다. "네, 바로 정확하게 말씀하셨습니다. 우리는 전쟁을 하는 게 아닙니다." 대체 무슨 소리인가? 우리는 분명 전쟁을 하고 있었다. 그 이후로 '경찰행위'라는 용어는 해리 트루먼의 전매특허가 되었지만, 이 용어에 불행한 꼬리표를 갖다 붙인 장본인은 윌리엄 놀런드(William Knowland)라는 극우적 성향을 가진 캘리포니아주 상원의원(공화당)이었는데, 그는 상원 의사당에서 북한의 침략에 대한 대응을 "유엔헌장과 국제법을 어긴 위반자를 응징하기 위한 경찰행위"라고 표현했다. 어느 기자가 거두절미하고 이 발언을 그대로 보도하여 신문에 대서특필되었다. 미국 의회가 헌법에 의거하여 공식적 전쟁으로 선언하지는 않았지만, 한국전쟁은 진짜 전쟁(a real war)이었다. 지금 와서는 말도 안 되는 역설이 되어버리긴 했지만, 그나마 유일하게 기억될 만한 슬로건을 만든 사람은 맥아더 장군이었다. "크리스마스를 고향에서(Home for Christmas)!"라는 슬로건 말이다. (24~25쪽)

이처럼 문학적 수사를 구사하면서도 저자는 날카롭게 현실을 꼬집는다. 유명한 히긴스(M. Higgins) 여기자에 대하여도 이렇게 시니컬하게 서술한다.

어떤 독자는 모든 것을 다 아는 척 유난을 떠는 히긴스 특파원의 무모한 기사에 화를 냈다. 다른 독자들은 한국 특파원 중에서 유일하게 여성이자 예쁘장하게 생긴 히긴스의 사진을 유심히 감상했다. 여러 겹의 동계 피복을 착용했지만, 매기 히긴스는 눈부신 금발에 빼어난 미모를 가진 여성이었다. 히긴스를 바라보던 로이 펄(Roy Pearl) 병장은 머리가 띵했던 모양이다. "맙소사! 이런 여자는 몇 달 동안 본 적이 없어." 그녀는 다이이치 사령부를 담당했고, 한국의 부산과 인천에서도 취재활동을 벌인 적이 있었다. 불과 30세의 매기는 대학을 졸업하자마자 《뉴욕 헤럴드 트리뷴》 기자로 유럽의 전쟁터를 누비고 다녔다. 할 수만 있다면 공격적인 방식으로 인터뷰를 하는 것으로 유명한 히긴스 기자는 공중후송을 기다리며 들것에 누워 있는 병사에게 노트를 들고 다가갔다. 그는 복부에 파편을 맞아 고통스런 표정이 역력했다. 매기는 그에게 지금까지 견뎌야 했던 것 중에서 가장 힘든 것이 무엇이었는지를 물었다. 대답이 뻔한 것이었으므로 그 해병은 씩씩하게 이렇게 답했다. "소피를 볼 때마다 6인치 길이의 팬티에서 3인치 길이의 물건을 꺼내는 일이었지요." 매기는 좀 더 기삿거리로 게재할 만한 것을 찾아 다음 환자에게로 옮겨갔다. (237쪽)

홍남철수와 관련해서는 군의관 현봉학 박사가 아몬드 군단장을 설득한 얘기를 자세히 서술하고 있다.

거의 매일같이 한국인 문관 현봉학 박사가 아몬드 군단장을 찾아와 피난민들이 미군들과 함께 떠날 수 있게 해달라고 간청했다. 의사로서 훗날 미국에서 의과대학 교수가 된 현 박사는 결코 무시할 수 없는 쟁쟁한 관록을 갖고 있었다. 그는 해병대 에드워드 포니 대령에게 대부분의 피난민들은 신앙심이 투철한 선교사들에 의해 기독교로 개종되어 오랫동안 독실한 신자들이라고 설명했다. (…)

아몬드 군단장은 포니 대령과 현 박사를 만나는 데 동의했다. 그는 모든 가용 선박들이 홍남에 집결된 미군들을 철수시키는 데 필요하다고 설명했다. 미군 헌병들은 이미 엄청나게 불어난 피난민들을 저지하느라 진땀을 흘렸다. 그러나 현 박사는 피난민들이 쉴 만한 대피소나 식수 또는 취사시설이 전혀 없다며 선처를 호소했다. 아몬드 장군은 무엇이 되었건 간에 남아 있는 식량을 나누어주도록 명령할 것을 약속했다. 12월 9일, 제10군단 사령부―사실상 아몬드 군단장 자신―가 현 박사에게 앞으로 더 이상 간청하지 말 것을 통보한 순간, 한국인 피난민들의 후송은 불가능해진 것처럼 보였다. 제10군단에 의하면, 어쩌면 한국 민간 고용인의 철수조차 불가능할지 모른다는 것이다. 그러자 현 박사는 다른 전략을 구사했다. 그는 자신의 견해에 동조하는

10군단 군목이자 과거 메리놀(Maryknoll) 수도회 선교사였던 클리어리(Patrick Cleary)를 찾아갔다. (…)

함흥으로부터 기차를 타고 온 수천 명의 한국인들이 부두로 몰려들었다. 구조선들이 12월 17일과 18일 사이에 한국 해군과 일본에서 도착했다. 한국 해군은 LST(상륙정) 3척을 보냈고, 일본에서는 더 많은 배들이 왔다. 12월 19일부터 선박들은 공식적인 수용인원을 훨씬 초과한 숫자의 피난민들을 태우기 시작했다. 12월 21일 '서전트 앤드루 밀러(Sergent Andrew Miller)'호에 탑승한 현 박사는 훗날, 그날 밤 부두에서 내륙을 행하여 불을 뿜는 해군의 함포사격이 "마치 지평선에 떨어지는 유성 같았다"고 회고했다. (295~298쪽)

# 제3장

## 세계문학에서 발견한
## 한국전쟁

**펄 사이덴스트리커 벅** Pearl Sydenstricker Buck
『한국에서 온 두 처녀 Love and Morning Calm』
『살아 있는 갈대 The Living Reed』
『새해 The New Year』

**암부로시우스 하프너** Ambrosius Hafner
『피흘린 길을 따라서 Längs der Roten Strasse』

**제임스 알버트 미처너** James Albert Michener
『원한의 도곡리다리 The Bridges at Toko-ri』

**이안 모리슨과 한수인** Ian Morrison, Han Suyin
『모정 A Many-Splendored Thing』

**피에르 피송** Pierre Fisson
『서울의 연인들 Les Amants de Séoul』

**리처드 후커** Richard Hooker
『야전이동병원 MASH』

**제임스 설터** James Salter
『사냥꾼들 The Hunters』

**하임 포톡** Chaim Potok
『한줌의 흙 I am the Clay』

**롤랜드 히노조사** Roland Hinojosa
『한국의 사랑 노래 Korean Love Songs』
『무익한 종들 The Useless Servants』

**토니 모리슨** Toni Morrison
『고향 Home』

**필립 로스** Philip Roth
『울분 Indignation』

**조지 시드니** George Sidney
『전사 희망자들 For The Love of Dying』

**하진** Ha Jin, 哈金
『전쟁쓰레기 War Trash』

# 01

## 펄 사이덴스트리커 벅

Pearl Sydenstricker Buck, 1892~1973

———

『한국에서 온 두 처녀
Love and Morning Calm』(1951)
『살아 있는 갈대 The Living Reed』(1963)
『새해 The New Year』(1968)

———

펄 사이덴스트리커 벅(Pearl Sydenstricker Buck)이라면 지금도 많은
한국인들이 중국을 무대로 한 『대지(The Good Earth)』(1931)의 작가로
만 알지 한국을 다룬 세 권의 소설을 썼다는 사실은 모르고 있다. 그녀
는 한국전쟁 중에 소설 『한국에서 온 두 처녀(Love and Morning Calm)』
(1951)를 출간하였고, 『살아 있는 갈대(The Living Reed)』(1963)에는 부
산 유엔군묘지에 방문한 체험을 서술했으며, 『새해(The New Year)』
(1968)라는 한국전쟁 고아를 다룬 장편소설도 썼다. 이 책들은 모두 한
국어로 번역되어 있다.

펄 벅은 미국 웨스트버지니아에서 태어나 생후 3개월 만에 미국 장로회
선교사인 부모를 따라 중국으로 건너가 성장하였다. 어릴 때부터 중국

의『삼국지』,『수호지』등을 읽으며 자라났으며, 훗날 이 책들을 미국에서 번역 출간하기도 했다. 1914년 랜돌프메이컨여자대학교를 졸업하고 다시 중국으로 돌아갔다. 1917년 농업경제학자 존 로싱 벅과 결혼하면서 벅이라는 성을 가지게 되었고, 난징대학에서 영문학을 강의했다. 1926년 일시 귀국해 코넬대학교에서 석사 학위를 받았다. 결혼 생활이 행복하지 않아서 이혼했고, 존데이출판사의 월시 사장과 재혼하였다. 1931년『대지』를 써서 1938년에 노벨문학상을 받았다. 그 사이 1932년 뉴욕에서 중국에는 선교사가 필요 없다고 발언한 것이 물의를 일으켜 선교사직을 사임했다. 펄 벅은 미국 내 아시아인들에 대한 차별을 지적하며 그들의 인권에 대해 외쳤고 마찬가지로 그 당시 심한 차별에 시달린 흑인의 인권에도 관심을 보여서 아프리카계 미국인들의 지지를 받았다.

한국전쟁 중에 한국을 주제로 한 소설『한국에서 온 두 처녀』를 발표하였고, 남편의 와병으로 한국 방문을 미루다 1960년 11월에 처음 한국을 방문하였다. 한국을 비롯한 아시아의 혼혈아들을 입양하고 '펄 벅 재단'을 1964년에 설립하였다. 그 후에도 여러 번 한국에 방문해 정·재계 인사와 문학가들과 친분을 쌓았다.

평생 동안 다시 중국을 방문하려 했지만 1972년에 끝내 좌절되고 1973년 3월에 미국 퍼카시에서 별세하였다. 그곳에 무덤과 함께 펄벅인터내셔널 본부가 있다. 한국에서는 2017년에 한국펄벅연구회가 창립되어 매년 학술발표회를 갖는다.

펄 벅은 노벨문학상을 받은 이후에도 정열적으로 작품을 집필해 100권에 가까운 다작을 하였고, 지금까지 가장 많은 번역이 이루어진 작가로 알려져 있다.

## 작품 속으로

펄 벅이 한국을 무대로 소설을 처음 쓴 것은
1951년 한국전쟁 중이었다. 그녀 자신이 누누이
지적한 바와 같이 미국인에게 한국과 한국인이
잘 알려지지 않았기 때문에 전쟁에 참전하러 가
는 미군이나 그들의 가족 그리고 미국 국민들에
게 한국을 알리기 위해 쓴 것이리라. 아무튼 전
쟁으로 한국은 세계의 관심을 받았다.

『한국에서 온 두 처녀
Love and Morning
Calm』(1951)

『한국에서 온 두 처녀(Love and the Morning Calm)』는 미국 잡지《레
드북》에 1951년 1월호부터 4월호까지 연재된 것을 서울대 장왕록 교수
가 서울 수복 후에 중부 전선에서 중공군과 치열한 전투를 벌일 당시에
서울의 일간지《평화일보》에 번역 연재하고 단행본으로 출간하였다.

이 소설은 20년 전에 한국에 파견된 미국인 선교사 부부 사이에서 태어
나 한국에서 성장하여 각각 17세와 18세가 된 두 자매 데보라와 메리가
한국전쟁이 발발하자 양친에 의해 미국 뉴욕시 인근의 친척집에 보내진
데서 시작된다. 두 처녀는 미국인이긴 하지만 서양풍에 물들지 않은 한
국인의 생활철학을 지닌 인물로 그려지고 있다. 그녀들이 물질주의적인
사고와 지나치게 개인주의적인 생활을 하는 미국인 사회에서 갈등을 겪
고 그것을 자기 나름대로 이겨내는 경위를 그려가는 가운데, 한국인 특
유의 사고방식을 부각하고 미국인 사회의 바람직하지 않은 경향과 대비
해 비판을 가하고 있다.

'고요한 아침의 나라(Land of Morning Calm)'에서 온 두 처녀는 순박

하고 직관이 뛰어나고 현실적이며 슬기롭다. 그녀들의 사랑 관념은 미국인과 다르다. 그들은 크리스천이면서도 유교 정신도 몸에 배어 있다. 그녀들에게 훌륭한 사랑이란 "아무런 이익도 기대하지 않고 타인에 대해 느끼는 애정"이다. "한국은 미국과 어떻게 다른가?"라고 묻는 도날드의 질문에 데보라는 "한국에는 미국에서 볼 수 없는 사랑이 있다"고 대답한다. 그것을 캐묻자 그녀는 "공기와도 같고 햇볕과도 같고 비와도 같은 것"이라고 설명한다. 또 그녀는 "성생활이란 좋고 떳떳한 것이며, 당신도 그것을 좋아하시겠지만, 저도 확실히 좋아해요. 그렇지만 그것 이상의 어떤 것이 있다고 생각해요"라고 말한다. 그리스도교나 유교나 불교가 섹스를 부정적인 것으로 오해하는 것을 바르게 지적한 것으로 해석할 수 있다. 선교사의 딸로 사랑을 섹스와 구별하면서도 섹스를 부정적으로 보지 않는 것은 마치 펄 벅 자신의 신념을 보여주는 것 같기도 하다.

한편 스웨덴의 젊은 의사 라르스는 "그녀가 태어난 그 나라 한국에 아직도 젊게 살아 있는 고대의 우아성을 천성으로 지니고 있는" 메리와 이상(理想)이 맞아서 그녀와 결혼하기로 약속한다. 그녀는 의료기관에서 봉사하기 위하여 한국으로 가는 그와 함께 그녀의 고국이라 할 수 있는 코리아로 돌아갈 것이다. 그녀의 언니도 도날드와 결혼하게 되었으므로 그동안 그들의 양친은 한국전쟁으로 희생되었지만 그들의 생명은 연속된다.

요약하면, 선교사의 딸로 기독교인이면서도 어느새 한국적 가치관을 익혀 사랑을 서구적인 것과 차별화시키면서도 결국 결합하여 다시 한국 문명으로 돌아가는 과정을 그리고 있다. 펄 벅은 한국을 고요한 아침의 나라로서 순박하고 슬기로운 민족이 사는 나라로 상정하고 있다. 전쟁의 치열한 전투를 그리는 전쟁소설은 아니고, 오히려 전쟁에 희생된 미국 선교사의 딸을 통해 한국이 신비롭고 아름다운 나라임을 보여준다. 다소 여담이지만, 펄 벅은 "한국인과 가장 비슷한 서양 민족은 점잖고 상식이 건전한 스웨덴인인 것 같다"고 1940년대 뉴욕에서 열린 〈한국을 알자(Let us know about Korea)〉라는 강연에서 말한 바 있다. 이 소설에서도 스웨덴인 청년 의사 라르스가 한국에서 온 메리라는 처녀를 좋아하는 것으로 그리고 있는 점도 의미심장하다.

또 다른 소설 『살아 있는 갈대(The Living Reed)』는 한국에 대해 쓴 펄 벅의 작품 중 최대의 걸작이다. 이 소설은 1881년부터 1945년에 이르는 구한말, 일제강점기를 거쳐 대한민국 건국에 이르는 격동기를 살아간 한 가족의 4대사를 그린 작품이다. 인상적인 것은 서기 1881년을 예수 이후 1881(1881 after Jesus)이라고 썼을 뿐 아니라 단기 4214(4214 after Tangun)라 하여 단군 시조의 이름을 명기하고 있다는 점이다.

『살아 있는 갈대The Living Reed』(1963)

펄은 친구 유일한을 주인공으로 삼고 성만 안동 김씨로 바꾸었다. 유일한은 영어명을 'Ilhan New'로 하였기 때문에 그대로 하기가 어려웠을 뿐 아니라 한국에서 안동 김씨가 유명한 양반 성이라는 사실을 알았던 것이다. 펄은 유일한과 1930년대부터 우정을 쌓아갔는데 1965년에 소사(부천)의 유한양행 부지를 저렴하게 구입하여 희망원(Opportunity Center)을 설립할 수 있었다. 그런데 우리는 유일한을 모범적 기업인으로만 알지만, 두 가지 잘 모르는 사실이 있다. 첫

째는 1940년부터 OSS, 즉 CIA의 전신인 미국 첩보국의 한중독립작전, 이른바 독수리작전(Eagle Project)에 펄 벅과 유일한이 고문으로 함께 활동했다는 사실이다. 둘째는 유일한이 1928년에 한국인 최초의 영문 자서전『When I was a Boy in Korea』(1928)를 내었는데, 그 책을 펄이 읽고 책에 등장하는 갈대(대나무) 모티브에 감명을 받고 자신의 소설 제목을『살아 있는 갈대』라고 붙였다는 사실이다.

아무튼, 이렇게 김일한을 주인공으로 삼았는데, 김일한의 이미지는 여러 인물을 연상케 한다. 그가 명성황후를 업고 피신시키는 장면은 친러파로 알려진 이범진(1851~1911)을 연상시키고, 그가 미국으로 가 대통령을 알현하는 장면은 유길준(1856~1914)을 연상시킨다. 때로는 윤치호와 이범진, 민영환 그리고 김규식을 연상시키기도 한다. 소설은 한 인물로 여러 인물을 중복시키게 할 수 있는 특권이 있다. 펄이 한국에 관한 여러 책을 읽으면서 얻은 지식과 연상 작용을 인물과 배경을 달리하면서 한껏 구상한 결과라 하겠다.

이 책의 줄거리는 다음과 같다. 주인공 김일한이 둘째 아이의 출산 소식을 기다리는 장면으로부터 이야기가 시작된다. 김일한은 주변국인 중국·일본·러시아가 호시탐탐 한국을 넘보던 격동기의 구한말에 왕실의 측근으로서 아버지와 함께 당시 미묘한 조정의 갈등 상황에 깊이 개입하게 된다. 흥선대원군 축출사건과 명성황후 시해 사건 이후, 한국을 둘러싼 주변 강대국들의 주도권 싸움 끝에 일본에 의한 강제합병이 이루어지자, 김일한은 아내와 함께 고향으로 내려와 두 아들 연춘과 연환에게 학문을 가르치며 지낸다.

성장한 연춘은 독립투쟁을 위해 집을 떠나 지하운동에 가담하고, 학교 교사가 된 연환은 독실한 기독교 신자인 동료 교사와 결혼하고 일제의 탄압에 대항한다. 그러던 중 연환은 3·1운동 때 불타는 교회에 갇힌 아내와 딸을 구하려다가 그들과 함께 죽고, 홀로 남은 그의 아들 김양(金陽)은 할아버지 김일한이 키우게 된다. 한편 독립운동을 하다 투옥되었던 연춘은 탈옥하여 중국과 만주 일대를 누비며 독립투쟁을 계속하여 '살아 있는 갈대'라는 별명으로 불리는 전설적인 인물이 된다. 연춘은 북경에서 뜻을 같이하는 한녀라는 여성과 함께 지내다가 그녀가 자신의 아이를 가진 것을 알고 남경으로 떠난다. 그 후 한녀는 연춘의 아들 사샤를 낳고 나서 병들어 죽고 아이는 고아원에서 자란다. 제2차 세계대전이 일어나자 사샤는 한국으로 돌아오다가 귀국길에 오른 아버지 연춘과 우연히 만나 서울에 있는 할아버지 김일한의 집으로 오게 된다. 귀국한 연춘은 일본 경찰에 의해 살해되고, 아들 사샤는 북으로 떠난다. 그리고 의사가 된 연환의 아들 양은 서울의 미국인 병원에 남게 되어 장차 한민족 간에 이념의 갈등과 민족분단의 비극이 펼쳐질 것을 예시하는 것으로 끝을 맺는다.

이 소설은 시간적으로나 공간적으로 스케일이 큰 대하드라마로서, 연춘은 자기에게 모든 여성, 한녀까지도 거절할 수 있는 힘을 준 것은 톨스토이(L. Tolstoy)라고 생각했다. 아무튼 독립운동으로 쫓기며 종말론적 삶을 살아가는 조선 청년의 심리를 펄 벅은 실감 나게 그리고 있다. 마치 파스테르나크의 『닥터 지바고』를 연상시키듯 전쟁 중의 사랑과 섹스를 묘사하고 있다. 이 소설 속에 나타난 한국전쟁은 인천상륙작전 당시 상황을 묘사하고 있는데, 소설의 마지막 에필로그에서는 1960년 부산에서 유엔군묘지를 방문한 사실을 언급하며, 펄 벅의 한국현대사에 대한 관점을 담고 있다. 즉 한국은 시어도어 루스벨트 대통령의 타산적 생각으로 일본에게 한국을 양도하고 필리핀을 획득하려는 이른바 태프트–가쓰라 밀약을 체결하게 한 결과 오늘날의 남북대결이 이루어지고 전쟁이 벌어지게 되었다고 생각한 것이다. 직접 인용해 본다.

> 태프트와 가쓰라가 도쿄에서 체결한 그 비밀협약과 한국 땅에서 죽은 많은 나라 젊은이들 사이에는 직접적인 관련이 있다. 오늘날 한국은 38선으로 분단되어 있는 것이 아니라, 일본 점령기에 조선을 탈출해 러시아로 간 사람들이 남은 한국인과 분단되어 있다. 이 아이들은 사샤처럼 공산체제에서 자랐으므로, 한국에 오면서 조국을 '해방시키러' 온다고 믿었다. 미국의 젊은이들이 그들 손에 죽었다. (627쪽)

펄 벅은 또한 유엔군 전사자들이 묻힌 부산 유엔군묘지에서 이곳에 미군만 없다는 사실에 놀란다.

> "미군 묘지를 보고 싶은데요. 아는 사람이 몇 있어서요."
> 내가 말했다. 그러자 오른쪽 위병이 내게 말했다.
> "선생님, 죄송합니다. 이곳에는 미군이 한 사람도 없습니다. 모두 선생님 나라로 송환되었습니다. 국기만 남아 있는 겁니다."
> 그것은 충격이었다. 미군이 한 사람도 없다니? 아, 한국인들은 이 때문에 얼마나 섭섭했을까? 내가 유감의 뜻을 표하려는데 양복 차림의 키 큰 한국인이 내게 다가왔다. 햇빛을 받아 그의 은회색 머리와 이 지적인 준수한 얼굴이 환히 빛났다. 그는 영어를 썼다.

"염려하실 것 없습니다. 우리는 장렬히 전사한 미군의 가족들이 어떤 심정일지 이해합니다. 그분들이 이들을 본국으로 데려오길 바라는 것이야 당연한 일 아니겠습니까? 우리나라는 묘지로서는 너무 머니까요."

내가 대답했다.

"고맙군요. 그렇지만 우리나라 사람들이 좀 더 지각 있고 이해심이 있었더라면 아들을 전우들과 함께 이곳에 남겨두는 것을 명예롭게 생각했을 겁니다." (625쪽)

『새해(New Year)』는 1968년에 출간되었는데, 이때는 펄이 이미 한국에 여섯 번이나 와서 소사에 희망원(Opportunity Center)을 세워 한국의 호텔에 머물지 않고 이곳에서 원생들과 함께 지내며 틈틈이 글을 썼다. 그러니까 이 책은 펄 벅 여사가 한국을 가장 원숙히 알고 쓴 마지막 작품이라 하겠다. 『살아 있는 갈대』가 한국 역사를 다룬 것이라면, 『새해』는 한국 사회를 국제성

『새해The New Year』
(1968)

과 보편성으로 연결한 작품이라 하겠다. 이 소설은 한국전쟁 중에 미군과 한국 여성 사이에서 태어난 혼혈아 이야기로부터 전개된다.

이 소설은 어느 날 사랑하는 남편과 행복한 생활을 하는 로라의 집에 편지 한 통이 도착하는 데서 시작된다. '보고 싶은 나의 미국 아버지께'로 시작하는 이 편지는 평온했던 로라의 마음을 뒤흔든다. 로라는 모범적인 남편 크리스가 사랑하던 한국 여성이 어떻게 생겼는지 직접 확인하고

싶어 한국으로 긴 여행을 떠난다. 쓸쓸해 보이는 한국의 잿빛 산들과 지루한 겨울의 혹독한 추위와 전후의 황량함을 묘사하고 있지만, 로라가 결국 찾아낸 김순애는 역시 아름다운 한국 여성이다. 펄은 한국인의 장점으로 노래를 잘하는 민족을 꼽고 있는데, 여기에서도 순애를 노래를 잘하는 멋진 여성으로 그리고 있다. 로라는 순애와 함께 있는 아들을 보는 순간 남편 크리스와 무척 닮았다고 느낀다. 순애와 여러 대화를 나눈 끝에 결국 교육을 위해 크리스토퍼를 미국으로 데리고 간다. 그렇지만 주지사 선거에 입후보한 남편 크리스에게 숨겨진 아들이 나타났다는 것은 스캔들이 될 수 있기 때문에 멀리 떨어진 곳의 한 학교에 입학시킨다. 거기서도 아들 크리스토퍼가 아버지를 보고 싶다고 편지를 보낸다. 그러는 사이 크리스는 주지사 선거에서 당선되고 곧바로 아들을 데리고 와서 연말 파티에 참석한다. 당선 축하에 답하는 연설에서 크리스는 한국전쟁에서 아들을 하나 얻었다고 감동적으로 고백한다. 이어서 아들 크리스토퍼를 이렇게 소개한다.

"동지들이여, 이 애는 제 아들이자 저희의 아들이올시다. 왜냐하면 저의 아내가 이 모든 일에 저와 함께 있었기 때문입니다. 아내는 한국에 가서 저희 아들 크리스토퍼를 데리고 왔습니다. 이 아이는 아름다운 목소리를 가졌습니다. 그에게 여러분을 위해 노래를 한 곡 부르게 하겠습니다."

그러자 크리스토퍼는 한 발짝 앞에 나가 노래를 불렀다. "나의 조국, 아름다운 자유의 나라, 나는 너를 노래한다."(미국 국가)

오, 크리스, 로라는 소리를 죽여 울고 있었다. 오, 크리스, 당신 외에 누가 — 당신 외에 누가 —

"환영한다, 크리스토퍼."

시계가 그 신비한 새해 시간을 치기 시작한다. 군중의 목소리는 일
제히 우렁찬 노랫소리로 변했다. 이별곡 〈올드 랭 사인〉이었다. 그 합
창에서 그들의 아들 크리스토퍼의 고운 목소리가 낭랑하게 들렸다.

"오랫동안 사귀었던 정든 내 친구야, 내가 너를 잊을 수 있을쏘냐?"

결코 잊을 수 없다고 그녀는 생각했다. 그러나 순애, 최 씨, 한국은
모두 부분이었다. 그리고 이제 새해를 맞이하고 있는 것이었다.

이 작품은 한국전쟁을 소재로 인간이 이성적이고 선하게 사고하면 혼
혈아도 받아들일 수 있다는 메시지를 전하며, 남녀 간의 사랑은 섹스와
완전히 구별되는 것도 아니고 생명에 대해 존중하면 민족적 경계를 넘는
인류애로 발전시킬 수 있음을 가르쳐준다. 아무튼, 이 작품에서 그려진
한국과 한국인은 매우 긍정적이며 우아한 모습이다. 『살아 있는 갈대』의
속편이라고 볼 수도 있는 이 소설은 고상한 민족인 한국인을 그려주고
있다.

## 02

# 암부로시우스 하프너

Ambrosius Hafner, 1897~1966

———

『피흘린 길을 따라서

Längs der Roten Strasse』(1960)

———

독일 뮌헨 근교 상트 오틸리엔에 있는 베네딕트수도회의 암부로시우스 하프너(Ambrosius Hafner) 신부는 1897년 4월 6일 독일 레히 암 라인에서 태어났다. 요셉이란 이름으로 세례를 받았고, 거기서 초등학교에 다녔다. 선교사가 되고 싶어 슈바일베르크(Schweilberg) 수도원에 들어갔다. 그 후 상트 오틸리엔(St. Ottilien) 수도원, 딜링겐(Dillingen) 수도원으로 옮겼다. 1916년에 군에 징집되어 전선에서 부상을 입고 고향 근처의 요양소에 후송되었다. 회복되자 고등학교 교육을 마치고 철학을 공부하기 시작했다.

1918년에 상트 오틸리엔 수도원으로 다시 들어가 수도사가 되고 암브로시우스라는 세례명을 갖게 되었다. 1919년 10월 29일 사제서원을 하고 철학 공부를 끝낸 후 1922년 7월 15일 뮌헨의 그레고리아눔 (Gregorianum)에서 신부 서품을 받았다. 1923년 6월 3일 상트 오틸리엔 수도원장 노르베르트 베버(Norbert Weber)로부터 한국으로 선교사로 파견된다는 임명을 받았다.

한국에 온 하프너는 한국어를 공부하고 서울 혜화동에 있는 분도회 (St. Benedikt) 수도원에서 활동을 시작하였다. 그는 섬세한 관찰력과 탁월한 공감 능력이 있어서 작가적 자질이 풍부했다. 그는 외국 생활을 어렵게 느끼지 않았고 점점 한국인처럼 되어갔다.

1927년에 서울에서 원산으로 분도회 수도원이 옮겨져 함께 이동하였고, 거기서 다시 만주 동남부의 연길로 가서 선교활동을 하였다. 용정에서도 선교하면서 한국인의 정신을 깊이 이해하려 하였다.

1945년 8월 9일 러시아가 일본에 선전포고를 하고는 만주를 점령하였다. 그러자 선교활동을 위협받았다. 1946년 5월 22일 그는 공산주의 정부에 의해 체포되었고 동료들과 함께 연길에 수용되었다. 4년간 연금되어 있다가 1950년 9월 30일 석방되어 텐진과 홍콩을 거쳐 독일 고향으로 돌아갔다.

1951년 알고이(Allgäu)의 수녀원 사감과 1959년 투칭(Tutzing)의 베네딕트수녀회의 지도신부가 되었다. 만년에는 한국에서의 체험 등을 기록하는 일에 몰두했다. 1966년 2월 17일 투칭에서 선종하였다. 그는 『김일기(Kim Ilki)』, 『예산의 고을원님(Der Mandarin von Niosan)』, 『홍부자네 아낙네들(Frauen bei den Reichen Hong)』, 『피흘린 길을 따라서(Längs der roten Strasse)』 등의 작품을 남겼다.

『피흘린 길을 따라서』는 한국전쟁 당시에 북한 덕원분도회수도원이 파괴되는 등 신부와 수녀들의 피 흘린 피난의 경험을 기록한 책이다. 이 책에는 이승만, 장면, 노기남 등의 언행도 언급되어 한국현대사의 자료로도 중요하다.

하프너 신부는 수도자이면서 천부적인 언어감각과 문학재능을 가진 분으로 알려져 있다. 독일인이 일반적으로 그렇긴 하지만, 그는 정확한 사실을 이야기로 담아두고 싶어 했다. 이런 장르를 한국에선 소설 내지 논픽션이라 부르지만 독일에선 문자 그대로 '이야기(Erzählung)'라 부른다. 신부와 수녀들이 러시아와 북한의 공산당에 의해 문자 그대로 피 흘린 이야기가 담긴 이 책을 읽고 많이 느끼고 배운다. 그리고 이것은 귀중한 문학이고 한국사이다.

## 작품 속으로

『피흘린 길을 따라서(Längs der roten Strasse)』는 고려대학교의 독문학 교수 한봉흠에 의해 번역되어 『세계문학 속의 한국』전집 제10권에 수록되어 있다. 『홍부자댁의 여인들』의 속편처럼 느껴지지만 이 작품의 무대는 그와 반대 방향이다. 주인공 테레사 수녀는 소-만 국경의 어느 마

『피흘린 길을 따라서
Längs der Roten
Strasse』(1960)

을의 성당부속 학교에서 가르친다. 어느 날 일본인 장학관이 수업을 참관하고 십자가 대신 아마데라스신을 달든지 수녀복을 벗든지 택일하라 한다. 고난을 피하기 위해 선교사들은 그녀를 다른 지방의 성당으로 보낸다.

그러나 이곳에도 소련군이 밀어닥친다. 부자들부터 처형하는 공포 분위기를 참을 수 없어 테레사 수녀는 피난민들과 강원도까지 온다. 그리고 정착지를 물색하다 본원을 만들려고 소사에 다다른다. 스위스의 모원의 후원으로 기와집도 짓고 정착하려는 데 6·25전쟁이 터진다. 예고도 없이 부산으로 옮긴 정부를 따라 부산행 피난길을 나섰으나 길이 막힌다. 별수 없이 소사로 되돌아온다. 그러나 곧 인민위원회의 심사를 받고 많은 사람이 자기 묘를 파고 총살당한다. 소사에 남았던 네 수녀도 총살형을 받고 다음 날 새벽에 집행하기로 했다. 다행히 유엔군이 인천에 상륙하여 진격하는 바람에 살아남아 다시 부산으로 피난을 내려간다. 바느질과 뜨개질로 연명하며 피난 수도 부산에 자혜병원을 세운다. 이 처절한 피난 과정을 슬프다는 말 하나 없이 꼼꼼하게 적고 있어 현대사의 귀중한 사료가 될 수 있는 작품이다.

테레사 수녀 일행이 38선을 넘는 경위는 이렇게 묘사된다.

원산에서 남쪽으로 네 시간쯤 가면 야양리가 있다. 그곳은 작은 마을이며 농부와 목수, 그리고 몇몇 어부 사족이 살고 있다. 거기서부터 38선까지는 아직도 약 12시간 정도 걸어가야만 한다. 이 마을은 많은 피난민들이 마지막으로 머무는 곳이다. 그곳에서는 중요한 담판들이 일어났으며 결정적인 협정들이 이루어졌다. 그 마을은 아직도 엄격한 통제에서 벗어나 있었다. 그러나 남쪽으로 그 마을에 가는 길은 경계가 엄중했다. 도중에 군인들한테 검문을 받을 각오를 해야 하며, 불시에 군인들에게 검색을 당할 경우에 대비하여 각자 명백한 답변을 준비하고 있어야만 했다. 무엇보다도 도중에 군인을 만나지 않는 것이 제일 좋은 일이었다. 그렇기 때문에 이 마을에는 보수를 받고 피난민들을 38선 너머로 데려다주는 안내인들이 있었다. 길안내는 새로운 직업이 되었으며 남자들이나 부인들도 그 일을 했다. 야양리에서뿐만 아니라 모든 국경 마을에는 그들이 있어서 수고를 해주었다. 야양리 주민의 반은 가톨릭 교인이었다. 그러므로 북에서 온 세 피난민한테 사람들이 이 마을을 추천해 주었던 것이다. (155쪽)

이렇게 월남한 테레사 수녀는 서울에서 이런 경험을 한다.

서울 태생의 어린 수녀 후보가 테레사에게 수도원, 고아원, 유치원, 잘 손질된 궁궐을 구경시켜주었다. 테레사는 엥베르 주교, 모방 신부, 샤스탕 신부와 한국인인 김 안드레아 신부의 순교자 무덤 앞에서는 깊이 감동되어 서 있었다. 그들은 지하 성당의 엄숙한 정적 속에 잠들고 있었다. 그들은 버스를 타고 용산구로 가서 1891년에 세워진 한국 최초의 석조성당을 방문했다. 그리고 가장 번화한 거리의 교차로에 있는 거대한 종각을 보러 갔다. 그 종은 예전에는 서울 시민들에게 매일 하루의 마지막을 알려주었던 것이었다. 수녀 후보는 서울이 어떻게 해서 생겼는지도 이야기해주었다. (168쪽)

한국전쟁이 발발하자 테레사 수녀는 서울의 노기남 주교에게 연락을 받는다. 노 주교는 스위스 모원에서 온 돈을 수표로 전해 주며 조심해서 가라고 이른다. 한국은행에 가서 한 손으로 쥘 수 없을 정도의 돈을 한화로 바꾸어 돈뭉치를 들고나온다. 혹시 모를 일을 대비해 원장 수녀와 테레사 수녀는 절반씩 나누어 가방에 넣어 들고 조심조심 소사로 돌아온다.

그 당시 남한에는 미군 부대가 전혀 없었다. 협정대로 그들은 철수하고 말았다. 가톨릭 신자인 장면 박사가 1949년부터 신생 공화국의 대사로 워싱턴에 가 있었다. 1950년 봄에 그는 대사 자격으로 대한민국에 대한 승인을 재촉하기 위해 태평양 연안국의 정부순방길에 오르고 있었다. 그때 그는 이승만 대통령으로부터 그의 부인이 병환이 났으니 귀국하라는 전보를 받았다. 귀국길에 장 박사는 동경에서 맥아더 장군을 만났다. 그는 그와 함께 한국 장래에 관한 문제를 의논했다. 잠시 집에 들른 후에 장면 씨는 38선으로 가서 경비 상황을 시찰했다. 그는 북한 괴뢰군이 공격해 온다면 대참사를 면할 수 없다는 것을 확신했다. 국방은 완전히 불충분한 상태에 있었다. 장면은 서울의 정부 요로에 우려를 표명했다. 1950년 6월 3일에 그는 미국으로 되돌아갔다. 그리고 그는 곧 덜레스를 만찬에 초대하고 목전에 다가선 그의 한국 방문 시에 세 의회의 의원들에게 연설하기 전에 38선의 정세를 살피고 그 스스로 가능한 방어에 대한 견해를 피력하도록 간곡히 권했다. 그러고 나서 그는 북으로부터의 침략 시에 미국이 대한민국을 보호할 준비를 갖추었다고 의회에서 확인하도록 간절히 청했다. 덜레스는 이 두 가지를 약속했다. 그리고 약속했던 대로 행동했다. 한국을 떠난 지 3일 후에, 그가 아직 동경에 있을 때 그는 만찬을 앞에 두고 있었지만 북한 괴뢰군이 38선을 넘어서 남쪽으로 진군하고 있다는 소식을 들었다. 그는 곧 맥아더와 정세를 의논했다. 맥아더 장군은 트루먼 대통령에게 보고하고, 그로부터 침략해 오는 붉은 군대를 저지하기 위해 미국군을 투입해도 좋다는 허가를 받았다. 6월 28일에 첫 부대가 일본을 떠나 한국으로 향했다. (220쪽)

이처럼 한국전쟁이 벌어지기 직전의 정세를 밝히고, 한국전쟁의 현장을 묘사하고 있다. 이 소설의 강점은 한국전쟁을 현장감 있게 묘사한 것인데, 그와 관련된 부분을 좀 더 살펴보자.

유엔군들이 마을을 통해 진격하고 도시를 점령하며 북으로 진군해 가는 동안에 몸서리치는 무서운 일들이 일어났다. 괴뢰군들은 가톨릭 교에 대해 노골적으로 증오를 나타냈다. 수천의 가톨릭 신자와 많은 개신교 신자들이 신앙 때문에 맞아 죽거나 총살당했다. 선교사며 신부며 수도원 사람들이 5백 명 이상이나 생명을 잃고 비인간적인 감옥에서 시달리다 죽었다. 결국 빨갱이들은 쫓겨 갔다. 대부분의 계곡과 산등성이를 따라 38선 이북으로 도망쳐 북의 국경으로 흘러가서 만주로 쫓겨났다. 많은 사람들이 고향을 찾아갔다. 그러자 괴뢰군의 남침을 맞아 제 세상인 듯 날뛰던 빨갱이들은 벽지의 농가나 바닷가 어촌에 숨어 신분을 감추고 선량한 민간인으로 행세했다. 따라서 아무도 어디서 무엇을 했는지 알지 못했다. 10월 말에 유엔군은 압록강에 도달했다. 한국군들은 수천 년 전부터 내려온 이 한국의 운명의 강을 환호성으로 맞았다. 그들은 흰 바탕에 태극무늬와 네 개의 괘가 그려진 국기를 꽂았다. 그러고 나서 강기슭에 무릎을 꿇고 천천히 흘러가는 물을 어루만지듯 하며 마셨다. 그리고 병에다 물을 담아 지프에 싣고 서울로 날라 왔다. 그곳에서 그들은 이승만 대통령에게 압록강 물을 바쳤다. 이것이 국민들에게 거대한 감격을 불러일으켰다. 이것은 침략당한 4개월 후인 10월 26일의 일이었다. 그 당시 유엔군 사이에는 크리스마스는 집에서라는 말이 유행이었다. 그러나 그것은 너무 이른 표현이었다. 12월 중순 압록강 저편에서 중공군이 모습을 나타냈다. (255~256쪽)

이 소설은 다음과 같이 결말에 이른다.

    이러는 동안 공산군과 유엔군과의 싸움은 이 반도의 중간에서 멈추게 되었다. 처음에는 개성에서, 그리고 판문점에서 대표들이 만나 긴 협상 끝에 휴전협정이 조인되었다. 이것이 1953년 7월 27일이었다. 같은 해 여름이었다. 스위스에 있는 모원 함(Ham)에서 원장 헤드비히와 활동적인 마리아 아줌프타 수녀가 도착했다. 3년 전에 연길교구에서 쫓겨난 후에 주님의 수도원에 대한 사랑이 그들을 다시 고향을 통해 이곳 남쪽으로 오게 한 것이다. 문으로 발을 들여놓았을 때 그들은 눈을 믿을 수 없었다. 한 주치의가 그들을 맞았다. 12명의 의사와 27명의 간호원이 일을 하고 있었다. 어느 날인가 7백 명의 환자가 왔다고 했다. (…) 그동안 소사에 있는 집은 수녀들이 떠난 후 얼마 있다 공습으로 붕괴되었다. 기적과도 같이 그 속에 살던 사람들은 다치지 않고 빠져나왔다. (…) 테레사 수녀는 이렇게 얘기를 끝맺었다. "오늘까지 저는 긴 선서식의 여정을 더듬었습니다. 피흘린 길을 따라 기나긴 여행을 한 것 같습니다. 이것은 훈춘에서 시작되어 용정으로, 그리고 다시 팔도구로 갔습니다. 그곳에서 국경을 넘고, 또 38선을 넘어 남쪽 소사까지 흘러왔습니다. 그곳에서도 우리는 머물 수 없어 다시 유랑길을 나서 이곳까지 흘러왔습니다. 하느님의 자혜와 선량한 사람들이 이곳을 우리에게 주셨습니다. 그러므로 하느님의 시녀인 우리는 지금 동포 자매에게 이 자혜를 다시 베풀어야 할 것입니다." 이때 종이 울려 퍼졌다. 이중으로 세 번 반복해 치는 휴식시간의 끝남을 알리고 있다. 그러자 수녀들은 새 성당으로 저녁 미사를 드리기 위해 총총히 걸어갔다.

(266~268쪽)

# 03

## 제임스 알버트 미처너
James Albert Michener, 1907~1997

————

『원한의 도곡리다리
The Bridges at Toko-ri』(1953)

————

　펄 벅의 친구인 작가 제임스 알버트 미처너(James Albert Michener)는 직접 한국전선을 관찰하고『원한의 도곡리다리(The Bridges at Toko-ri)』(1953)를 한국전쟁 중에 출간하였다. 이 소설은 영화로도 상영되었는데, 윌리엄 홀덴과 그레이스 켈리 주연으로 유명했다. 미처너는 전쟁 중에도 국전(國展)이 열리는 한국인의 문화력을 높이 평가한 글을 발표하기도 했다.

　그는 '미스터 태평양'이란 별명을 가진 인기작가로 알려졌고, 영화로 된 작품 중 내가 본 것은『지상에서 영원으로(From Here To Eternity)』와『남태평양(Tales of the South Pacific)』이다. 한국을 포함해 아시아 국가들을 직접 체험하고 작품화하였으니 일찍이 세계화에 기여한 작가라고 하겠다. 우리나라에도 몇 권의 책이 번역되어 있고, 연구논문도 나온 것이 있다. 한국인이 특별히 기억해야 할 작가로 느껴진다.

제임스 미처너는 1907년 2월 3일 미국 펜실베이니아주에서 태어났다. 펜실베이니아의 벅스 카운티에서 양어머니에게 입양되어 그곳에서 고등학교를 졸업하고 펜실베이니아의 스워스모어대학을 졸업하고 영국의 세인트 앤드류스대학교에서 2년간 유학하였다. 고등학교 영어교사가 되었다가 노던 콜로라도대학교에 다녔다. 이 대학도서관의 이름은 1972년에 그의 이름을 따서 명명하였다. 1939~40년에는 하버드대학에서 객원강사로 강의했다. 제2차 세계대전 중에는 미 해군에 복무하였다. 이런 경험을 바탕으로『남태평양 이야기』를 써서 퓰리처상을 수상하였다. 이 작품은 뮤지컬 영화 〈남태평양(South Pacific)〉으로 각색 상연되어 호평을 받았다. 나도 1960년대에 대구에서 고등학교시절 이 영화를 단체관람으로 본 기억이 난다. 이처럼 미처너는 생전에 인기작가였는데 전 세계에 엄청난 양의 책이 팔렸다.

1960년에는 케네디 후보를 위한 후원회의 의장이 되었고, 펜실베이니아주 하원의원 선거에 민주당으로 입후보했다가 낙선하였다. 그는 "아내가 하지 말라고 하는 것을 했다, 실패하고 다시 책 쓰는 데로 돌아갔다"고 했다.

미처너는 세 번 결혼하였다. 1935년에 결혼한 첫 번째 부인은 페티 쿤(Patti Koon)이고, 1948년 이혼 후 두 번째 부인은 벤지 노드(Vange Nord)였다. 다시 1955년 이혼하고 일본계 미국인 마리 요리코 사부자와(Mari Yoriko Sabusawa)와 결혼했다.『사요나라』는 마리와의 사랑을 기록한 자서전이라 할 수 있는데, 영화로 되어 말론 브란도 주연으로 동서양을

제임스 미처너(1951)

감동시켰다.

그는 인세 수입의 거액을 여러 기관에 기부하여 박애주의자로서 명성을 떨치기도 했다. 만년에는 텍사스의 오스틴에서 살았다. 텍사스대학에 미처너 기금(Michner Fund)을 조성해 문학 활동을 지원했다. 마리는 1994년에 죽고 미처너는 1997년 10월 16일에 작고하여 오스틴 기념공원에 나란히 묻혔다.

펜실베이니아의 도일스타운에 그의 이름을 딴 미술관(James Michener Art Museum)이 설립되었다. 1998년에 제임스 미처너 재단(James A. Michener Society)도 창립되어 그의 정신을 계승하고 있다. 미처너에 따르면 "예술의 목적은 도덕적 붕괴를 방지하는 데 있다. 예술은 사회를 순수하게 정화하며 사회를 신선하게 한다. 예술은 사회를 여과하는 숯이다. 내가 퀘이커 교도로 자라서인지 모르나 문학은 유용성의 관점에서 보지 않으면 안 된다. 나는 목적이 없는 문학은 생각할 수 없다."* "문학은 이상주의와 인간의 존엄성, 소망, 좀 더 나은 세계에 대한 믿음, 그리고 인류의 선에 대한 헌신의 불꽃을 계속 밝히는 데 있다."**고 말한다. 펜실베이니아대학의 영문학 교수 피터 콘(Peter Conn)이 쓴 『펄 벅 평전

---

*《뉴욕 타임스》, 1949. 5. 22.
** *High Points* 31, 1949

(Pearl S. Buck: A Cultural Biography)』에 의하면 벅과 미처너는 서로 신뢰가 돈독한 사이였다. 1952년 11월 7일 한국전쟁 중 미처너가 한국에 있을 때 벅은 아이젠하워가 대통령에 당선되는 것을 보면서 미처너에게 이것은 대중이 진보적 생각에서 후퇴했음을 알리는 암울한 증거라 썼고, 요즘은 이치에 맞는 말을 하기가 어렵다고 토로했다. 미처너는 벅의 책을 칭찬하다 《타임스》 지로부터 그 문장을 삭제해달라는 요청을 받기도 하였다. 한국에 관심을 둔 이들 작가들의 교류는 하나의 연구주제가 될 수도 있겠다.

## 작품 속으로

『원한의 도곡리다리The Bridges at Toko-ri』 (1953)

미처너의 작품은 한국에 다섯 권이 번역되어 있다. 『아세아민족의 부르짖음: 미국작가가 본 아세아(The Voice of Asia)』가 1949년에 권응호 역으로 나왔다. 『도곡리 철교』는 1960년에 『원한의 도곡리 다리(The Bridges at Toko-ri)』로 나왔다가 1983년에 양우당의 『세계문학 속의 한국』 총서에 이명섭 역으로 실렸다. 1960년에 그의 『사요나라(Sayonara)』가 김용락 역으로 『사랑은 태평양 너머』로 나왔고, 1992년에는 『소설(The Novel)』이 윤희기 역으로 나왔고, 2008년에는 이종인 역으로 『작가는 왜 쓰나(Literary Reflections)』가 나왔다.

미처너는 1951년 가을부터 한국전쟁이 휴전되는 동안 한국과 일본을 왕래하며 머물렀다. 미 해군 함상에 머물기도 하고, 전방 전선을 돌아다니기도 하고, 한국인들과 대담도 하면서 종군기자다운 면모를 보였다. 그는 1950년 12월 공산군이 다시 서울을 점령하는 위험한 순간에도 정부는 서울심포니 오케스트라를 지키려 했다고 증언하고, 1953년 겨울 전란 직후에도 국전(國展)이 열렸다고 했다. 실제 그는 국전을 관람했고, 어려운 시기에도 그림을 포기하지 않은 화가들에게 1천 달러를 기부하기도 하였다. 그는 "기부하는 취지는 오직 인간의 인간에 대한 감동이다"라고 했다. 전 서울대 교수이며 국민재건본부장을 지낸 서울대 농대 유달영 교수는 1954년《리더스 다이제스트》지에 실린 미처너의 글「존경받아야 할 한국문화(One Must Respect Korean Culture)」를 읽고 대단히 감동을 받았다고 적었다.*

미처너의『작가는 왜 쓰는가』에는 이런 얘기가 적혔다. 1952년 여름 자기가 한국전선 산간지대를 다니고 있을 때《라이프》지 도쿄특파원이 찾아와 헤밍웨이의『노인과 바다』의 원고를 주면서 솔직한 독후감을 부탁하였다. 전방 초소에 쪼그리고 앉아 읽고 써주었다는 것이다. 그 후 자기에게《라이프》지에 실을 소설을 부탁해서 써준 것이『원한의 도곡리 다리』라는 것이다.

이처럼『원한의 도곡리 다리』는 한국전쟁 중 동해안에 배치된 미국 항공모함에서 6주간 미군장병들과 생활하면서 쓴 것이다. 그는 한국은 숱한 외세의 침입 속에서도 단일민족으로서의 전통을 지켜왔는데, 이는 세계역사상의 기적이며 예술에 대한 감수성이 깊은 존경할 만한 민족이라 하였다.

---

* 유달영, 애국을 종교로 믿는 우리 역사,《경향신문》1983년 9월 8일자

『원한의 도곡리 다리』는 1953년《라이프》지에 실리고 사흘 후에 단행본으로 출판되었다. 2년 후 1955년 영화화되어 〈원한의 도곡리 다리〉로 국내에도 상영되었다. 〈원한의 도곡리 다리〉는 아카데미 특수 효과상을 받은 스펙터클한 공중전으로 유명하다. 북한군과 중공군이 지키고 있는 북한 원산 근처의 도곡, 좁은 계곡 사이에 가로놓인 5개의 다리를 12대의 비행기가 폭파하는 작전을 그리고 있다. 아름다운 아내(그레이스 켈리)와 두 딸을 두고 참전한 콜로라도 주 덴버의 변호사 출신 파일럿(윌리엄 홀덴)의 고뇌, 엄격하고 사려 깊은 제독(프레드릭 마치), 다혈질 상사(미키 루니)의 목숨을 건 우정이 어우러진다. 주배경은 일본이고 한국은 헐벗은 산악 지대로만 등장한다. 한국전쟁을 바라보는 미군의 시각과 그들의 생활상을 엿볼 수 있다. 전쟁과 참전 군인의 고통과 고뇌, 가족이 겪어야 하는 인내, 군인들 사이의 뜨거운 전우애가 감동을 준다.

이 영화의 결말은 다음과 같다. 멋있고 매력적인 조종사 블루베커(윌리엄 홀덴)가 두 번째 공격까지 감행한 후 추락하여 인민군에 의해 도랑에서 사살됨으로 끝난다. 한국전쟁을 배경으로 하고 있는데도 한국군이나 한국인이 등장하지 않는 영화인 것이 아쉽긴 하지만 한국전쟁의 교훈을 건네고 있다. "잘못된 전쟁은 선택된 소수만이 전쟁을 하지. 여기 있으니까 싸울 뿐이야"라고 죽기 전에 주인공은 말한다. 미처너의 이 소설과 영화에 대해서는 미국적 영웅주의와 휴머니즘은 강조되지만 한국인의 삶과 구체적 상황은 은폐되고 있다는 평도 있다. *

흥미 있는 것은 〈콰이강의 다리〉에서 주연배우로 연기했고, 영화에서

---

* 김남혁, 제임스 미처너 관련 할리우드 한국전쟁 영화의 이데올로기,《민족문화연구》70권, 2016. 207-239쪽

한국전쟁에 두 번이나 종군했다가 두 번 다 죽는 윌리엄 홀덴(William Holden, 1918~1981)이다. 그가 출연한 또 다른 영화〈모정(Love is A Many Splendored Thing)〉은 홍콩 주재 미국 기자와 유라시안 여의사(제니퍼 존스)의 애처로운 사랑을 그렸다. 이 영화는 중국계 작가 한수인(Han Suyin, 韓素音, 1919~2009)의 자전적 소설을 원작으로 했기에 더 인상적이다. 여기서도 홀덴은 한국전쟁에 종군기자로 파견됐다가 전사한다. 그와 함께 열연하고 후일 모나코 왕비까지 된 그레이스 켈리(Grace Kelly, 1929~1982), 애잔한 매력의 제니퍼 존스(Jennifer Jones, 1919~2009)도 모두 타계하였다. 그러나 그들의 매력적인 모습은 은막 속에 영원히 남아 있다.

# 04

## 이안 모리슨과 한수인

Ian Morrison, 1913~1950

Han Suyin, 1916~2012

─────

『모정A Many-Splendored
Thing』(1952)

─────

2019년 7월 독일 마르바흐에 있는 독일문학문서고를 방문하여 한국을 방문한 세계적 전기작가 프리덴탈(Richard Friedenthal)의 문고를 작업하고 오는 길에 우연히 중국계 작가 한수인(Han Suyin, 韓素音)의 소설 『모정(A Many-Splendored Thing)』(1951)의 독일어판을 구하게 되었다. 이 소설은 작가의 자전적인 이야기라는 사실을 어렴풋이 들은 바 있지만, 책의 말미에 한수인의 애인 이안 모리슨(Ian Morrison)이 종군기자로서 한국전선에서 보낸 편지 21통이 고스란히 실려 있는 것을 보고 깜짝 놀랐다. 귀국해 찾아보니 국내 도서관에는 소장된 곳이 없어 미국에서 영어 원본을 주문해 정독해 보니 이 소설은 모리슨의 편지들 때문에 쓰게 되었다는 것을 알게 되었다.

자료적 관점에서 말하면, 이 편지들은 모리슨이 한수인에게 보낸 21통을 한수인이 타자기로 쳐서 소설집에 넣은 것이고 그 원본이 있는지 여부는 모른다. 있다면 한수인이 마지막으로 살았던 스위스 로잔느에 있을 텐데 현실적으로 보존 가능성은 희박하다고 추측된다. 반대로 한수인이 모리슨에게 보낸 편지는 몇 통인지 모른다. 아무튼  한국전선에서 애인에게 쓴 편지는 전쟁의 참상과 인생의 의미, 문학과 철학을 농축한 문서라는 점에서 지금이라도 한국어로 빛을 보게 된 것을 다행으로 생각한다. 한국전쟁 당시에 이처럼 문학적, 철학적 깊이가 담긴 '작품'이 생산된 것은 최초이자 유일한 것이 아닐까 한다.

　이안 모리슨(Ian Ernest McLeavy Morrison)은 호주인으로 한국전쟁이 발발한 직후인 7월 5일에 영국《타임스》의 특파원으로 한국에 왔다. 대전, 대구, 부산, 포항 등지에서 취재하고 낙동강전투를 시찰하다 지뢰 폭발로 8월 12일 37세의 나이로 전사하였다.

　그가 한국전선에서 한수인에게 보낸 21통의 편지를 최근 필자가 번역하여 발표하였는데*, 한수인이 모리슨에게 보낸 편지는 알 수 없다. 분명 모리슨이 전선에서 간직하고 있었을 텐데 대구에서의 장례식 때 무덤에 넣어주었거나 기독교식으로 소각했을 가능성이 크다.

---

*《문학의 오늘》 2020년 가을호.

이안의 편지에는 참으로 많은 것이 포함되어 있다. 영국 유명언론의 특파원답게 현장에 먼저 달려가 취재하며 이승만 대통령과 임병직 외무장관과도 대담하였다. 케임브리지대학 출신으로 세 권의 저서를 낸 베테랑 언론인 작가답게 예리한 관찰과 감상 그리고 자신의 철학과 신념과 소원을 담았다. 또한 전장의 소용돌이 속에서도 책을 손에 들고 있었다. 특히 조지 산타야나(George Santayana)의 『마지막 청교도(The Last Puritan)』를 읽고 톰슨(Thompson)의 시를 암송했다. 저속한 미군들의 성급한 사격에 대해 비판과 회의를 가졌고, 친근한 전우와 깊은 우정을 나눴다. 무엇보다 사랑하는 애인 한수인에게 삶과 죽음의 한계선에서 느끼는 감정을 숨김없이 토로했다. 인간의 운명에 대한 관심과 의문을 여과 없이 서술했다. 공산주의와 반공산주의의 힘의 대결에서 피해를 보는 한국인에게 무한한 연민을 느꼈으며 한국인을 '이렇게 좋은 민족(such a nice people)'이라 했다. 한국전선에서 이런 깊이 있는 사색을 기록으로 남겼다는 것은 역설적으로 큰 수확이라 할 수도 있을 것이다. 이 점이 우리가 모리슨과 한수인이 주고받은 서신을 주목하게 되는 가장 큰 이유이다. 전쟁과 죽음 가까이에서 겪는 사랑이 더 진지하고 아름다운 것인지도 모른다.

한수인은 영어와 프랑스어로 많은 작품을 썼는데, 『모정』은 이안 모리슨과의 러브 스토리를 쓴 자전적 소설이다. 이내 〈모정(Love is a Many-Splendored Thing)〉(1957)이란 영화로 제작되어 전 세계인의 심금을 울렸다. 세계적 명화 〈모정〉은 서양인이면서 자그맣고 애잔한 미녀배우 제니퍼 존스(Jennifer Jones)와 미남 배우 윌리엄 홀덴(William Holden)이 홍콩의 리펄스만(Repulse Bay)을 무대로 동서양을 넘나드는 열애를 하다 한국전쟁 종군기자로 급파되어 전사하는 비극적 스토리이다.

이 영화의 원작소설 작가인 한수인은 영어로 작품을 쓰는 중국계 여성 작가 중 세계에서 가장 유명한 작가지만 한국에는 많이 알려져 있지 않다. 그녀는 40여 권에 이르는 많은 저서를 남겼는데, 국내에는 『모택동전기』 하나밖에는 번역되지 않았다.

한수인의 본명은 저우광후(Rosalie Matilda Kuanghu Chou, 周光瑚)인데, 1916년 9월 12일 중국 신양에서 태어났다. 그녀의 아버지는 벨기에에서 공부한 중국인 철도 엔지니어였고 어머니는 벨기에인이었다. 그녀는 의사이자 작가로서 자전적인 작품을 영어와 불어로 많이 썼다. 한때는 중국 공산주의 혁명을 지지하는 책도 썼다. 한수인은 필명이고 '보통 소리'라는 뜻이다.

그녀는 1931년 북경종합의과대학에서 타이피스트로 일하다 1933년에 연경대학에 입학하였다. 1935년 벨기에 브뤼셀에서 의학을 공부하고 1938년 중국으로 돌아와 국민당 장교 당보황(唐保璜)과 결혼하였다. 쓰촨성(四川省) 청두(成都)의 한 미국선교병원에서 일한 경험을 토대로 첫 소설 『중경 가는 길(Destination Chungking)』(1942)을 썼다. 1944년에 딸과 함께 런던으로 가서 의학을 더 공부하고 있는데 남편이 만주전선에서 1947년에 전사하였다. 1949년에 홍콩으로 가서 퀸 메어리병원에서 근무하였다. 이때 호주계 영국기자 이안 모리슨(Ian Morrison)과 연인이 되었는데, 모리슨도 1950년 한국전쟁에서 전사한다. 이것을 『모정(A

Many-Splendored Thing)』에 그려 세계적 베스트셀러가 되었고 이어 〈Love is a Many-Splendored Thing〉이란 영화와 주제곡으로 만인의 심금을 울렸다. 이 사실은 그녀의 자서전 『내 집에는 두 개의 문이 있다 (My House Has Two Doors)』(1980)에 서술되어 있다.

1952년에 말레이시아에서 영국인 장교 콤버(Leon Comber)와 재혼하고 싱가포르에서 병원을 개업하였다. 1955년 싱가포르에 난양대학을 세우는 데 기여했으며, 그해에 그녀의 소설이 〈모정〉으로 영화화되어 주제곡이 아카데미음악상을 받았다. 1958년에 이혼하고 1960년에 인도인 장교 라트나스와미(Vincent Ratnaswamy)와 결혼하여 인도 방갈로어에서 살았다. 그 후 홍콩에서 살다 스위스 로잔느에서 살았다. 이처럼 세계 여러 곳에서 살았지만 조국인 중국을 1956년부터 매년 방문했다. 샌프란시스코에서 미중친선협회를 지원하는 연설을 하기도 했다.

한수인은 2012년 11월 2일 로잔느에서 세상을 떠났고, 슬하에 두 양녀와 세 손주를 남겼다. 그녀의 인간적 면모는 글라스킨(G. M. Glaskin)이 쓴 전기 『A Many-Splendoured Woman: A Memoir of Han Suyin』에 잘 묘사되어 있다. 중국에는 한수인문학번역상이 제정되어 있고, 스위스 로잔느에는 그녀의 기념비가 서 있다.

『모정A Many-Splendored Thing』
(1952)

## 작품 속으로

『모정(A Many-Splendored Thing)』은 출간된 지 70년이 지나도록 한국어로 번역되지 않았다.

우리는 또한 한수인과 모리슨이 어찌 이런 깊은 사랑을 하였던가 묻지 않을 수 없다. 한수인은 자서전 『내 집은 두 문이 있다(My House has Two Doors)』(1980)에서 이안 모리슨과의 사랑에 대하여 꽤 자세히 서술하고 있다.

그녀는 이안 모리슨을 '고통과 공포의 낙'(pain and fearsome pleasure)을 가진 인간으로 묘사한다. 이안 모리슨의 아버지 조지 모리슨(George Ernest Morrison, 1862~1920)도 《타임스》의 북경 특파원이었고 중국통이었는데, 그의 엄격한 생활철학과 신념은 아들에게 영향을 끼쳤다. 이안은 한수인에게 아버지가 쓴 회고록 『중국의 한 호주인(An Australian in China)』을 선사하였다. 이안도 아버지와 마찬가지로 1948년에 북중국 둔황까지 여행하였고, 아버지의 사망 후 1940년대부터 《타임스》의 특파원이 되었다. 그러나 중국은 이미 공산화되었다. 이안은 솔직히 서양인으로 아시아에서 무엇을 해야 할지 모르겠다고 토로했다. 그는 홍콩에 있는 앵글로-색슨인들과는 함께 나눌 수 없었다. 미국인들은 공산주의에 대항해야만 한다고 말하기 때문에 그들과의 대화는 지루했다.

1949년 10월 15일 중국사회주의인민공화국이 선포되고, 공산주의에 놀란 인민들은 홍콩으로 타이완으로 피난민의 행렬을 이루었다. 한수인도 가족을 충칭(重慶)에 두고 혼자서 홍콩의 한 서양병원에 의사로 취직되어 왔다. 여기서 특파원으로 활동하는 이안 모리슨과 만나게 된 것이다. 그해 10월에 이안은 다시 싱가포르로 돌아간다. 또 홍콩으로 와서 6일 만에 자신은 부인과 이혼하겠다고 했으나 한수인은 그와의 사랑이 쉽지 않을 것을 예감했다. 수인은 침착하게 받아들였고, 그것이 이안의 마음을 더 사로잡은 것 같다고 자서전에 적고 있다.

이안은 크리스마스 휴가 때 싱가포르로 다시 가서 11주 동안 아무런 소식도 없었다. 그는 그해(1950) 5월에 싱가포르를 거쳐 말레이시아로 갔다. 이때의 경험을 토대로 이안은 단행본을 출간했다.

6월 어느 일요일 한수인이 리펄스 베이 해변에서 수영하고 있는데, 누가 한국에 전쟁이 일어났다고 했다. 닷새 후에 이안으로부터 한국에 가야 한다는 전보가 왔다. 가는 길에 홍콩에 잠시 들러 두 사람은 이틀간 함께 지낸다. 이른 새벽에 이안은 웃으면서 도쿄로 날아갔다. 한수인은 어쩌면 이것이 마지막일 것이라 예감한다. "나에겐 내 종이세계, 내 삶의 케이크가 있다"고 적었다. 한국으로부터의 첫 편지는 꼭 한 달 만에 받았다. 이안이 도쿄에 가는 교통편을 이용해 편지를 보낼 수 있었던 것이다. 아무튼 21통의 편지를 받고 이안의 전사 소식을 듣게 되었을 당시의 상황에 대해 한수인은 자서전에 이렇게 적었다.


여름이 8월로 잦아들 때, 길고도 더운 여름밤, 나는 어떤 작은 파티에 초대받았다. 라디오가 켜 있는데 소리가 분명하지 않고 누군가 꺼버렸다. "뭔 얘기였어요?"라고 묻자 그는 "아, 한국에 관해서였어요"라고 했다. 나는 예감도 없었다. 다음날 아침 영메이(Youngmei)와 함께 아침 식사를 하러 내려오니 쉐일라(Sheila)가 신문을 보다 "오, 수인!" 하고 소리쳤다. 나는 신문을 빼앗아 펼치니 거기에는 큰 글씨로 이안이 사망했고(killed) 그의 지프가 한 지뢰에 날아갔고(blown up), 그와 두 언론인은 곧바로 숨졌다고.

나는 병원에 출근했다. 레이놀즈(Reynolds) 부인이 와서 내 어깨를 감싸 안았다. 잠시 나는 어지러워 쉬었다. 젊은 중국인 남자가 조용히

한국전선에서 동료들과 함께. 뒷줄 왼쪽 두 번째가 이안 모리슨.

와서 일을 대신해주었고 나는 집으로 왔다. 레이놀즈 부인은 아편이 좀 들어간 약을 주었다. 내 신경성 소화불량에 다소 도움이 되었다. 나는 열기에 찬 언덕으로 올라갔다. 이안과 내가 그렇게 자주 함께 걷던 돌길도 지나갔다. 바다는 무심히 연초록이다. 다음날은 다시 출근했다. 그러고부터 이안의 편지들이 한국으로부터 오기 시작했다. 하나하나 순서대로 왔다. 나는 그가 죽은 것을 알지만, 그의 현존의 이

지속적인 모조(this protracted counterfeit of his presence)가 그의 죽음에 대한 나의 인식을 둔화시켜 주었다. 그의 생생한 종이, 필적, 표현들이 내 손 아래 있는데 어찌 죽었다고 할 수 있을까? 3주간 동안 하나 하나 왔다. 쓰여진 날짜를 보고 나는 마지막 편지를 알았다. 이 마지막 편지를 받고 더 이상 오지 않으리라는 것을 알고 나는 타자기에 종이 한 장을 끼웠다. 그러고는 『모정(A Many-Splendored Thing)』을 쓰기 시작했다.

한수인은 서양에서는 중국혁명가로 중국에서는 부르주아지로 여겨졌지만 동서양의 두 세계를 아우른 삶과 문학을 보여주었다. 티베트에 대해서도 작품을 썼고, 특히 간디, 모택동, 주은라이 등과 만나 쓴 전기로 전 세계에 명성을 떨쳤다.

그녀는 얼핏 보면 연약하게 보이지만 카리스마가 넘치는 여성작가였다. 1938년 일본군이 중국을 점령할 때 간호원으로 활동하며 애국심을 키웠고, 이때의 경험을 바탕으로 첫 소설 『중경 가는 길(Destination Chungking)』(1942)을 썼다. 작가라면 자신의 삶과 시대를 직시해야 하지 않을까? 그런 면에서 그녀는 훌륭한 작가였다. 격동하는 중국 현대사와 함께하는 자신의 삶을 소설뿐만 아니라 자서전으로 남긴 세계적인 작가였다. 솔직히 한국의 작가 중에서 이런 작가가 나타나지 않는 것이 아쉽다.

지면관계로 한수인이 모리슨에게 쓴 21통의 편지 가운데 몇 개만 번역 인용해 본다.

## 첫 번째 편지 __ 1950년 7월 13일

이번은 전에 내가 말레이시아, 뉴기니, 인도네시아를 다녀온 것을 합친 것보다 더 불유쾌한 임무라고 할 수 있지. 오늘 아침에 데이비드(David)가 돌아갔어. 그는 그동안 고통스런 나날에 지쳤었나봐. 그래도 어찌됐건 나는 보도하는 직업을 가진 기자 출신으로 이 모든 것을 담당해야 하는 직무를 가졌기에 나의 역할을 해야 하지 않겠소. 내가 8년 전 미군부대에 특파원으로 있던 때로 되돌아간 느낌도 있어. 사람과 사람 사이의 의사소통의 어려움, 이해할 수 없는 끔찍한 사건에 휩싸인 무고한 사람들, 고통받는 인간들. 이 모든 것은 아름다운 대자연과 대조되고, 희망과 미래는 저 멀리로 사라져가는 것 같은… 나는 이런 것들을 전에 겪어 본 것 같아.

그리고 한국인들은 매우 좋은 민족(such nice people)이야. 많은 사람이 이미 죽어가고 있어. 이 '불유쾌함'이 끝나면 많은 한국인이 살아남지 못할 것 같은 느낌이 종종 들어.

## 두 번째 편지 __ 1950년 7월 14일

나는 한국인들에게 엄청 미안하게 느끼고 있어. 길에 긴 대열의 피난민들, 공포에 떠는 사람들. 어린아이의 손을 꼭 잡고 걸어가는 여인들, 사랑하는 부모와 생이별을 해야만 하는 아이들, 등에 아기를 업고 걷는 어린아이들. 그들의 이런 모습을 볼 때면 나는 당신이 생각나. 중국 항일전쟁 시기에 이런 모습으로 길고 긴 난민의 길을 걸었을 당신의 모습이 눈에 선하게 보여서 마음이 너무 아파. 아마도 내가 당신을 사랑하는 마음이 너무 깊어, 나의 종족들에 대한 마음보다 한국인에 대한 애정이 더 깊어져 가는 것 같아. 지금 나한테는 나의 동포가 이젠 '외국인'이 되었어.

전쟁에서의 실패도 창피하고, 두려워지는 것도 창피해. 수천 명이 명령을 받아 이곳에 주둔하고, 싸우고, 목숨을 잃고 이곳을 떠난다는 것이 너무 자존심 상해. 나는 어제 대전(大田)을 빠져나왔어.

미국은 늘 상대방을 과소평가하니 정말 구제불능이야. 2차 대전 때 영국군은 전쟁을 시작해서 첫 2년 동안은 싸움을 피하기 급급했지만 일부 완고한 노(老)장군들로 인해 수천 명의 전사들이 목숨을 빼앗겼지. 지금 이 부대도 마찬가지야. 그들은 한번도 싸워본 적 없는, 전쟁 훈련도 받아 본 적 없는, 전쟁 경험이 없는 젊은이들이야. 한 젊은 신병(新兵)은 태어나 처음으로 죽은 시체를 보고 크게 소리를 지르면서 울었대. "누가 나오라 명령했어, 돌아가." 그들은 혼비백산이 되어 모든 한국인이 적으로 보이고 총을 휘두르고 피난민도 죽였어. 그리곤 양민들은 조용히 바위처럼 되어버렸어. 이런 신병들이 영웅이 되었지. 그들은 지난 세계대전 때도 뉴기니아에서 눈부신 전과를 거둔 인간말짜들이었지.

### 세 번째 편지 __ 1950년 7월 15일

어제 나는 이승만과 인터뷰했는데, 4년 전쯤 망명자 수뇌로 남한 정부를 세운 75세의 노인이지. 그의 외무장관도 38년간 망명했다가 작년에 돌아왔어. 우리가 지금 상대하는 아시아인들은 이곳의 리(Rhee), 필리핀의 퀴리노(Quirino), 장개석과 일당, 바오다이(Bao Dai). 이 얼마나 일당이야!

북쪽의 공포의 지배, 인민재판(확인하기는 힘들지만 북에서의 살인과 숙청에 대한 보고들에는 상당한 진실이 있다고 생각해).

그리고 남한인들이 포로를 다루는 방식! 정치범들이 트럭으로 실려 한적한 길에서 몰래 처형되고 있어. 트럭에 무릎이 꿇리고 울부짖는 비명소리. 어젯밤 통행금지시간 이후 나는 감옥으로 끌려간 2천 명의 긴 행렬을 보았어. 네 사람씩 한 손을 새끼줄에 매고 다른 한 손은 앞 사람의 셔츠를 잡게 했는데, 다수가 여자들이고 등에 아이들을 업었어. 정말 기겁시키는 광경이었어. 양쪽으로 10야드마다 권총을 찬 헌병들이 서 있어.

왜 인간은 서로 이런 행동을 해야 하는가?

여기 오면 방아쇠를 당기기 좋아하는 흥분한 미국인 병사가 모든 사람을 적이라 생각하고 우리에게도 총을 겨누지. 그리고 동시에 미국인들의 친절하고도 쉽게 생각하는 관대함.

### 네 번째 편지 __ 1950년 7월 17일

니콜라스는 내가 여기에 와서 알게 된 친구인데 오늘 뭔가 좀 볼려고 전선으로 나갔어. 나는 후방에 머물기로 하고 세 가지 질문에 관한 기사를 쓸려고 해. 왜 북한은 남쪽을 침범했는가? 왜 연합정보가 그렇게 나빴던가? 러시아가 어떤 역할을 하고 있는가?

나를 매우 당혹하게 만드는 것은 러시아가 원자탄 전쟁을 원하지 않는다는 사실이야. 러시아는 북한의 공격을 사주했거나 명령하지 않았을 수도 있어. (모든 사람이 러시아가 그랬다고 말해도 나는 그리 생각 안 해.) 그렇지만 러시아가 원했다면 전쟁을 방지할 수도 있었을 거야. 왜 그리 하지 않았을까?

물론 이번 사건은 미국인들의 준비 미비와 나약함을 드러냈지만, 미국인의 관점에서는 이것이 일어날 수 있는 최선의 것인지는 나도 확신할 수 없어. 그들은 지금 그에 대해 행동을 취할 거야. 나는 뉴기니에서 그들과 함께 있을 때의 경험을 기억해. 그들은 처음에 개탄스런 연출을 했지만 오스트레일리아군들은 와서 그들과 함께 행동해야 했어. 하지만 그들은 모든 교훈을 마음에 새기고 몇 백 명의 군관들을 다시 미국으로 돌려보냈어. 그 후 미국 부대는 행동을 취했고 꽤 잘 했지.

한국인들은 자신의 조국을 '조선(Morning Calm)'이라고 이름 지었어. 참으로 매력적인 이름이야. 그렇지? 다만 지금의 한국 상황에는 맞지 않지만 말이야.

### 다섯 번째 편지 __ 1950년 7월 20일

유럽에서는 연합군인들이 프랑스와 독일의 면전에서 성(城)을 하나하나 점령했었어. 여기 한국에서는 우리는 반대로 초등학교 하나에서 다른 하나로 나아가고 있어. 나의 글과 타이핑은 모두 그 학교 책상에서 하는 거야. 이 책상들은 메이(Mei)보다 더 작은 아이들을 위해 만들어진 거지. 군용 지프에 앉아 울퉁불퉁한 길을 달릴 때 심하게 들썩거리는 바람에 엉덩이가 뼈에 붙어 지금은 이렇게 작고 찌그러진 책상에서 글을 쓰는 것은 아무렇지도 않아. 한국의 고등교육의 낙후함이 지금 나로 하여금 특별한 방식으로 조국을 그리워하게 만들어.

나는 요즘도 계속 마룻바닥에서 자야 해. 어젯밤 그 바닥은 특히 더 딱딱해서 너무 불편했어. 나 정말 너무 힘들어. 오늘 아침, 나 처음으로 설사를 했어. 내 생각엔 한국 군인들이 가져다 준 덜 익은 사과를 먹은 탓인 것 같아. 난 그들의 감정을 다치지 않으려 했고, 심각한 건 아니야.

전방에서 돌아올 때 나는 한국 부상병들과 같은 기차를 타고 왔어. 2등석 칸으로 좌석은 다 뜯겨졌고 의자는 널판자를 묶어서 임시로 만들어졌어. 심한 중상을 입은 군인들은 볏짚 돗자리 위에 눕혀 놓고는 두세 명의 어린 병사들이 간호했어. 미군들은 바로 뒤 1등석에 앉았는데 거기는 훨씬 편하고 간호도 더 잘 받지. 이러고 보니 한국 군인들이 겪고 있는 환경은 지난 중국 항일전쟁에 중국병사들이 겪었던 환경보다는 낫기를 상상해. 하지만 한국 농민들의 굳세고 단단한 그리고 원망 없는 모습은 중국인과 일본인들과 같아. 여긴 어둠이 지나간 후에도 광명이 없어. 그 모든 고난의 어둠 속에 갇히는 것이 이상했어.

### 여덟 번째 편지 __ 1950년 7월 28일

오늘 아침 너무 황당한 일이 생겼어. 어제 『마지막 청교도』 그 책을 기차에 두고 내린 거야. 600페이지 중 80페이지를 더 읽어야 하는데. 지난 열흘 동안 오직 이 책 하나로 내 영혼을 달래면서 살아왔는데. 이 미치광이와 야수성 속에서 빠져나와 몇 페이지씩 읽는다는 것이 놀라운 일이었어. 이 책을 다 읽으면 당신한테 보내주려고 했는데. 이 책은 나를 젊은 시절로 데려갔고, 나의 지난 사랑을 되살렸으며, 남성의 본능이 나를 새롭게 만든다는 것을 발견했고, 오직 그것을 통해 나 자신과 세상을 발견하게 했어.

이 책을 읽으며 처한 나의 환경, 즉 비정상, 공포, 증오, 거짓, 고난, 야만 이런 모든 것들이 내 의식을 두드렸고 하루에도 몇 번씩 끌고 갔어.

### 열 번째 편지 __ 1950년 7월 30일

나는 한국에 대한 미국인들의 이번 개입이 과연 통일한국에 기초를 제공할 효과를 줄 수 있을지를 묻게 돼. 미국인들은 한국에서 많은 친구를 만들지는 않아. 어제 나는 미국인들만 타는 기차를 타고 이동했어. 기차가 출발하기 전 상사가 명령하기를 "여러분, 이 기차는 미군 전용기차입니다. '국스(Gooks)'(미군들이 한국인에 대한 명칭)들이 타려고 하면 발로 차버려요." 매일 그들의 공권력으로 미국인들은 도시와 마을들을 박멸해버리고, 한 군인이 50인의 민간인들은 죽일 거야. 공산군이 세우는 인민위원회에서는 이러한 비극을 당한 사람들이 일어서서 이들 구원자들의 만행을 욕하고 더 많은 피해와 파괴를 주장하고 있지.

당신은 오늘날 중국에 이런 연인들이 있다는 것을 상상할 수 있어? 그들은 일체 모든 본질적인 어리석음과 거짓을 적나라하게 보고 있으면서도 기계처럼 획일성에 맞춰 살아간다는 것 말이야. 혹시 그들은 조용한 침대에 누워 있을 때, 서로 얼굴을 보면서 조용히 웃고 있을 때, 아니면 나와서 있을 때, 그때만큼은 그들도 당장은 '빅 브라더(Big Brother: 국가)'를 사랑한다는 사실을 발견하는지?

### 열두 번째 편지 __ 1950년 8월 1일

대체로 한국 여성들은 예쁘지 않아. 그러나 가끔 누군가의 코, 누군가의 주근깨 몇 점, 혹은 누군가의 V자형 헤어스타일이 당신을 생각나게 해.

나는 이미 찰스(Charles)와 함께 부산항에 내려왔어. 그는 프랑스 청년인데 아름다운 매너에 점잖은 풍자를 드러내지. 그는 "난 공산주의를 싫어하지만, 또한 많은 일들이 반공산주의(anticommunism)라는 이름으로 행해지는 것을 싫어한다고 고백해."라고 말했어. 그는 얼마 전에 데이비드와 함께 대전에서 기차를 타고 대구에 갔었대. 난민들의 참상은 가여운 데이비드의 마음을 깊이 움직였어. 그는 기차 출입문(미국인과 기자들의 전용문)을 열어 난민들을 모두 기차 안으로 불러들였고, 그가 갖고 있던 현지 화폐 전부를 사용하여 그들에게 사과와 수박, 쌀을 사주었을 뿐만 아니라 갖고 있던 담배도 나눠줬대. 그리고 한 어린 아이를 무릎에 앉혀 내내 보살폈다지.

지금 나는 부두에 앉아 해병대 장병들이 오기를 기다리고 있어. 이미 군악대는 두 부대나 도착했어. 하나는 방대한 한국군악대이고, 하나는 흑인들로 구성된 악대인데 지금 축 늘어져서 재즈음악 몇 곡을 연주하고 있어. 해병대는 가장 큰 위협을 받고 있는 지역에 투입될 거야.

아직 군수함(軍需艦)이 어디에도 보이지 않지만 저 흑인들은 스스로를 주체할 수 없어 점점 미친 듯이 연주하고 있어. 이런 부두 위의 카니발 분위기와 함께 북한군이 여기서 불과 45마일 서쪽에서 착착 진군해 오고 있다는 사실을 실감하기 어렵게 되었지. 흑인들은 정말 행복해 보여! 그들은 철수하더니 행진을 시작했어. 그들이 연주하고 있는 곡은 〈보기 대령(Colonel Bogey)〉이야.

### 열다섯 번째 편지 __ 1950년 8월 5일
내 걱정은 하지 말아줘. 나는 불행하지 않아. 정말 나는 자주 행복해. 인간 육체는 놀랄 만큼 적응력이 강해. 나의 가장 큰, 가장 오래 지속되는 행복의 원천인 당신이 있어. 또 나의 친구 몇 명도 있지. 지금 같은 환경에서 그들이 특별히 소중해. 또 달과 '하늘의 강'(은하수)도 있어. 기술적인 일을 하면서 얻는 만족감도 있고, 책도 있고, 시도 있고, 아침 해도 있고, 석양도 있지. 먹을 수도 있고 마실 수도 있고, 담배도 피울 수 있어. 또 배수관 아래에서 때도 씻겨낼 수 있고, 이 모든 것이 나에게 즐거움을 줘. 사람들의 얼굴에도 아름다움의 빛이 있어. 사랑하는 당신, 내가 이렇게 계속 열거해 나가면 나는 아마 한국이야말로 쾌락주의자(hedonist)의 천국이라고 믿게 될 거야.

### 열일곱 번째 편지 __ 1950년 8월 8일

세 가지 광경이 늘 나를 미치게 해. 포로, 피난민, 부상자. 이유는 똑같아. 그들의 참을 수 없는 조건이지. 오늘 우리는 북한군 포로 10명을 실은 트럭을 지나갔어. 젊은이들은 모두 삭발되었고, 두 손은 새끼줄로 트럭의 칸막이에 묶였으며, 목에는 명패가 걸려 있었어. 부상자들도 목 근처에 명패가 걸려 있어.

공산주의자와 비공산주의자의 철학의 근본적 차이는 한 사람에게 개인이 될 수 있거나 아니면 단지 그들의 목에 명패를 거는 단순한 장치인가?

그렇지만 어쩌면 혼란하고 기근이 난 이 세상은 이미 너무 복잡한 장소가 되어 민생의 처리가 시급하다 보니, 이 두 세계는 어쩔 수 없이 팻말을 벗을 수 없나 봐. 난 모르겠어. 당신은 알겠어?

## 열아홉 번째 편지 __ 1950년 8월 10일

벗이 있어 먼 곳에서 찾아오면 또한 즐겁지 아니한가? 어두운 밤에 위스키 한 잔에 부드러운 담소, 별은 총총한데 달은 없고, 은하수만 허공에 걸려 있네. 그러고는 나에게 행운을 주는 신비로운 담요를 덮고, 자자, 자자. 위안은 매우 상대적인 것이고 기쁨과 웃음은 스스로 허공에서 꺾어오는 것이지.

하지만 지금 난 등을 돌려 글 하나를 써야 해. 한 세상을 향한 문을 닫고, 다른 한 세상을 향한 문을 열어. 어떤 세상이 진정한 것인지 누가 말할 수 있겠어? 내 추측엔 두 세상이 모두 진실일 수도 있고, 모두 환상일 수도 있어.

수인, 우린 둘 다 햇빛 속에 있으면서 달빛에 취한 사람인 것 같지 않아?


## 스물한 번째 편지 __ 1950년 8월 12일

당신이 나에게 해온 가장 감동적인 말은, 마음속에서 영원히 나를 기다리겠다는 거야. 내가 여기에 건너온 이후로 똑같은 생각을 자주 했어. 사랑이란 무엇일까? 당신은 알아? 당신은 나에게 답들을 준 적이 있어. 하지만 당신은 나에게 많은 질문을 주기도 했지.

어제 밤에 나는 침대에 누워 프란시스 톰프슨(Francis Thompson)의 시 「낯설지 않은 땅에서」(In No Strange Land)를 애써 회상해 보았어. 대부분 떠오르더라고. 당신도 이 시를 알기 바라. 당신을 위해 몇 줄을 써 볼게.

천사들은 오랜 장소를 지킨다 –

한 바위를 돌아 날개를 편다!

그래 이것은 당신의 낯설어진 얼굴

그것은 많이 빛나는 것을 아쉬워한다

The angels keep their ancient places:–

Turn but a stone and start a wing!

'Tis ye, 'tis ye, your estrangèd faces

That miss the many-splendored thing.


겉으로 보면 나는 매우 자족하여 마음속에 당신의 사랑을 담고 있어. 이것은 영원히 메마르지 않는 행복의 원천이고, 나라는 존재를 물주고 비옥하게 만들고 있지. 신은 우리를 그렇게 총애하셨어. 언젠가 누군가 나한테 "사랑받지 못하는 것은 비극"이라고 했어. 하지만 사랑하지 않는 것이 진정 비극이 아닐까?

오 수인, 나는 이렇게 행복해. 우리, 당신과 나는, 우리는 잃어버리지 않았어. 우리는 그 많이 빛나는 것(the many-splendored thing)을 잃어버리지 않았어.


21번째의 마지막 편지를 보낸 8월 12일 저녁 무렵 이안은 인도인, 영국인 특파원과 한 지프를 타고 이날 노획한 북한군 탱크를 직접 관찰하러 가다 지뢰가 폭발하여 3명 모두 즉사하였다. 후일 국방장관을 지낸 최영희(1921~2006) 장군이 현장에서 만류했지만 종군기자의 철저한 현장 취재 책임감에서 감행한 것을 존경한다고 했다.

한국전쟁 당시에 280여 명의 외국 기자들이 와서 열띤 취재를 하였고 이안 모리슨을 포함해 18인이 전사하였다. 누구 한 사람의 목숨이 아깝지 않은 사람이 없겠지만, 이안 같은 젊은 지성인 작가가 이국 전선에서 안타깝게 전사한 것을 한국인이라면 결코 잊어서는 안 될 것이다. 솔직히 말하면 그의 죽음은 수많은 죽음의 하나이지만 문학인에게는 끝없는 미련과 매력(?)을 불러일으킬 것이다. 전장에서도 조지 산타야나의 책을 읽고, 프란시스 톰프슨의 시를 읊으며 죽어간 한 젊은 지성인 작가는 적어도 한국 문인의 뇌리에 영원히 기억되어야 할 것이고 어떤 형태로든 한국문학으로 환생되어야 할 것이다.

또한 그가 사랑한 한수인에 대해서도 한국 문학인이라면 잘 알아야 하겠다. 한수인은 아버지가 중국인이고 어머니가 벨기에인이라서 유라시안으로 태어났기 때문에 영어, 프랑스어로 직접 80여 권의 책을 썼다. 어쩌면 중국이 낳은 최대의 여성문인이라고 하겠다. 요즘 한국문학의 세계화, 한국작가의 노벨문학상 수상에 대해 많이 얘기하는데 한수인은 가장 타산지석으로 연구해야 할 작가라 생각한다. 특히 이『모정』을 비롯해 한수인의 작품과 생애는 동양과 서양의 만남을 여러 측면에서 음미할 수 있는 좋은 사례라 생각한다. 제임스 설터(James Salter)의『쓰지 않으면 사라지는 것들(Don't Save Anything)』에서도 한수인을 소개하고 있다. 거기에도 모리슨이 한국전쟁에서 죽었다고 적고 있다.

# 05

## 피에르 피송

Pierre Fisson, 1918~2013

———

『서울의 연인들 Les Amants de Séoul』(1952)

———

    프랑스 소설가 피에르 피송(Pierre Fisson)은 한국전쟁 중에『서울의 연인들(Les Amants de Séoul)』(1952)이란 장편소설을 내었는데, 일본어로는 1953년에 번역되었지만 한국에는 1980년대에 번역되었다. 작가가 어떤 계기로 이런 좋은 작품을 썼는지는 확실치 않으나, 한국전쟁이 동족끼리의 국지전이 아닌 세계전쟁으로 실감나게 그리고 있다. 그러면서 한국인의 따뜻한 인정과 사랑을 담고 있다. 한국어판은 1980년대에 나온『세계문학 속의 한국』총서에 소설가 백인빈의 번역으로 수록되어 있을 뿐인데 이런 좋은 작품이 지금이라도 단행본으로 출간되어 많이 읽혔으면 좋겠다.

    피에르 피송은 1918년 프랑스의 티플리스에서 태어났다. 파리에서 공

부하고, 베를린의 미국 대사관에서 근무하기도 하였고 멕시코 주재 프랑
스대사관에서 공보관으로 근무하기도 하였다. 1951년에는 부인 헬렌느
와 함께 멕시코에서 사진여행을 하여 책으로 내기도 하였다.

소설가와 수필가로 활동하며 10여 권의 책을 쓰고 2013년 7월에 작고
하였다. 대표작은 『수평선으로의 항해(Voyage aux horizons)』(1948)가
있다.

## 작품 속으로

한국전쟁을 소재로 한 피송의 소설 『서울의 연
인들(Les Amants de Seoul)』은 1952년, 그러니
까 한국전쟁이 끝나갈 무렵에 나왔다. 국제적으
로 한국전쟁에 대한 관심이 높았던 때였지만, 전
쟁이 2년 넘게 교착상태에 빠지자 지쳐 있는 상
태였다.

『서울의 연인들Les
Amants de Séoul』
(1952)

이 작품은 인류가 앓고 있는 두 가지 병인 전쟁과 사랑을, 처절한 전쟁
과 숭고한 사랑으로 다루고 있다. 처음부터 끝까지 한국전선을 무대로
전개되지만 한국전쟁은 국지전이 아니라 세계전쟁임을 실감 있게 보여준
다. 또한 극한의 야만성과 문명성이 혼재되어 있음을 보여주기도 한다.

주인공은 프랑스계 미국인 24세의 병사 J. B. 드벨이다. 드벨을 통해
전쟁이라는 극한의 상황에 처한 인간의 실존에 대해 진지하게 묻고 있다.

인간은 어디까지 참고 견딜 수 있을까? 극한에서 극한으로 계속되는
상황 속에서 '이것이 전쟁이다'고 절규하고 있다. 살아야 한다는 의지마

저 몇 번이나 포기하고, 숭고한 사랑마저 떨치고 도망치다 다시 사랑에 감싸이는 주인공은 한 미국인으로 머물지 않는다. 부자의 아들이고 방탕한 삶도 겪은 그는 폐허와 기아 속에서 자기 자신의 모습을 되돌아보게 된다. 이러한 처절한 인간상 드벨은 어느새 우리와 하나가 된다. 그래서 그는 한국인의 연인이 된다.

이 소설은 1950년 11월 24일부터 시작된다. 드벨이 한국에 온 것은 이보다 30일 전으로 10월 25일쯤이었다. 당시 10월 19일 평양을 점령한 국군과 유엔군은 한·만 국경을 향하여 물밀 듯 전진하고 있었다. 11월 21일에는 아몬드 장군 휘하의 제10군단 선발대가 압록강에 도달하였고, 크리스마스까지는 전쟁이 끝날 것이라 낙관하고 있었다. 그러나 눈보라가 휘몰아치는 황량한 북녘 땅에 뜻밖에 중공군이 대거 몰려왔다. 이미 10월 11일에 전초병력을 북한에 투입한 중공군은 수십만의 인해전술로 몰려왔다.

11월 24일은 맥아더 장군이 청천강 부근에 있는 제8군사령부를 다섯 시간에 걸쳐 전선을 시찰한 날인데, 마지막 승부를 걸기 위해 대규모 정찰공격을 단행한 날이다. 이날 드벨을 비롯한 18명의 장병은 수색대원으로 전방 깊숙이 들어갔다. 이때 사흘 전부터 전방에 나가서 사격하던 포대와 탱크부대가 후퇴하며 이렇게 말한다. "너희는 이제 제1선의 용사가 되었다." 그렇게 그들은 고립되고 만다.

1950년 11월 26일 중공의 린뱌오(林彪)는 100만의 대병력을 이끌고 압록강을 넘어 총공격을 해왔다. 이날부터 드벨 일행은 상상을 초월한 악전고투가 시작된다. 전우들이 하나하나 무참히 죽어간다. 드벨은 "나는 살고 싶다"고 부르짖는다.

나는 살고 싶다. 살기 위해서는 어떤 비겁한 짓이라도 할 수 있는 태세를 갖추고, 하고 싶은 말도 다 해야 하겠다는 생각이 든다. 그러면서도 나는 아무 말도 하지 않고 움직이지도 않고 아무것도 하려 하지 않고 있다. 우리 안에 갇힌 짐승처럼 흥분해 있다. 살육 직전에 우리들은 각자가 혼자서 절망하고 있는 것이다. 나를 이곳에 보낸 자들을 저주한다. 나는 내가 약자이기 때문에 그들을 증오한다. 그리고 내가 이 세상에서 영영 사라지고 말지도 모를 이 순간에 나는 갑자기 그렇게 되어야 하는 이유를 알고 싶기 때문에 그들을 더욱 증오하고 있는 것이다. 우리들 모두의 눈에는 나와 똑같은 증오가 서려 있다. 군대, 그것은 아름답다. 전쟁, 그것도 멋있다. 그러나 나는 정작 그것을 보지도 느끼지도 못한다. 아침 나팔소리는 마치 우리들의 죽음에 대한 조종(弔鐘)으로 울리는 것 같다. 그러나 어떤 북소리도 우리를 흥분시키지는 못할 것이다. 어떠한 용감한 말이나 행동을 해도 우리를 영웅으로 받들지 않을 것이다. 우리는 너무나 바보가 되어 있는 것이다. (171쪽)

우리가 생명을 구할 수 있었던 것은 오직 눈 때문이었다. 눈은 우리가 남긴 발자국을 곧 없앴던 것이다. 우리 다섯 사람은 눈 속에 바짝 엎드려 있었다. 주위가 조용해지자 떠들고 있는 적군의 소리가 들리고 눈을 밟는 소리도 들린다. (…) 그들은 시체를 뒤지는 모양이다. 시체가 나뒹굴어지는 소리 같다. 개머리판으로 철모를 두드려 보기도 하는 모양이다. 잠시 후 나는 정적의 세계로 빠져들어가는 듯한 착각을 느꼈다. 들려오는 것이라곤 내려쌓이는 눈소리뿐이다. (192쪽)

피에르 피송과 그의 아내 헬렌느(1951, 멕시코)

　지휘관도 죽고 대원은 자꾸 줄어간다. 중공군의 포위망을 뚫고 나가야 한다. 적어도 청천강 이남으로 가야 한다. 드벨은 심한 부상을 입는다. 이러한 극한상황 속에서 성욕이 생기는 것은 어떻게 된 것일까? 공포 속에서 시체들과 익숙해지면서 집으로 돌아갈 수 있으면 얼마나 좋을까 생각하는 드벨의 본능은 '뜨거워졌다'고 표현된다.

　도대체 오늘이 며칠일까? 나는 죽어 있는 것일까? 살아 있는 것일까? 이런 것까지도 알 수 없다. 내 이름도 기억나지 않는다. 우리를 괴롭히던 모든 것마저 사라져갔다. 나는 너무나 비었고 벌거숭이다. 그러므로 아무것도 마음에 걸리는 것이 없다. 이따금 자의식을 되찾게 되는 것은 오직 나 자신의 더러운 모습을 느끼기 때문이다. 내가 마음이 쓰이는 것은 손과 발뿐이다. 이것이 얼고 만 것인가? 어느 정도에서부터 내가 참을 수 있는 한도를 넘어서는 것일까? 나는 돌을 하나 집어 들고 이따금 의식적으로 발을 때려보았다. 아픔을 느끼게 된다. 그 아픔은 발에서 눈으로 전해진다. 아직 발은 괜찮다는 것을 알 수 있다. 이것이 우리의 모습이며 비밀이란 말인가? 나의 육체를 감싸고 있던 영혼은 내부로 깊숙이 들어가 숨어 있다. 지혜의 파편 같은 것이 아직 어딘가에 남아 있는 것이다. 우리는 개인의 힘만으로는 어떤 기회도 얻을 수 없다는 것을 이미 느끼고 있었다. 우리는 함께 어울리지 않으면 안 된다. 가끔 서로를 볼 때는 상대가 더 따뜻한 세계에 있는 것처럼 보인다. 나를 위해 걷고 있는 것일까, 프랑스를 위해 걷고 있는 것일까? 이런 생각을 하는 바보가 있을까? 그러나 우리는 맹목적으로 걷고 있는 것은 아니다. 지금의 나의 이 상태로는 나는 내 아버지를 죽일 수 있고 내 고향의 모든 사람을 죽일 수도 있을 것이다. 이름도 없는 한 인간이 발이 얼어서 죽든 일개 소대가 전멸하든 문제가 안 된다. 그들은 모두 영원불멸의 인간이 아니다. 그러면 어떻게 될까? 따뜻하고 그리운 가정이라는 울안에서 아이들을 제멋대로 뒹굴게 버려두었기 때문에 그 아이들의 머리가 터지고 피가 흐르는 것을 인간은 얼마나 냉담하게 바라보고 있는가? (197쪽)

드벨 일행은 터키군에게 구조되어 청천강 이남으로 후퇴하게 된다. 이후 평양 이남으로도 철수하는데 이는 한국인에게 또 하나의 비극이었다. 드벨은 그 처절한 피난민 대열에 휩쓸린다.

드벨은 서울 근교에서 다시 낙오된다. 전신이 부상당한 그를 죽은 것으로 알고 일행은 버려두고 떠났다. 다행히 서울에 남은 한 한국인 가족에게 구출되어 숭고한 사랑을 받는다. 언어불통으로 손짓발짓으로 표현하지만 정인원과 그의 아내 자숙의 보살핌, 청순한 처녀 재순의 지순한 사랑이 처절한 전쟁 속에서도 생존의 힘이 되어준다.

유엔군이 서울을 재탈환하여 드벨은 구출되지만 제7야전 병원으로 후송된 후 정보장교의 심문을 받는다. 1951년 1월 3일부터 3월 17일까지 71일 동안 무엇을 하였느냐는 것이다. 이 기간에 드벨은 자숙, 재순 모녀에게 보호받고 있었지만 공산군과 접촉하지 않았는지 의심받았다. 드벨은 "내 이모부는 상원 국방위원장 동생의 남편"이라고 댄다. 그는 전방의 군인과 후방의 군인을 대비하며 군인사회의 추악상을 보여준다. 돈, 술, 담배, 여자, 도둑질, 이것을 아는 데가 후방군인이냐고 드벨은 외친다. 진주에 있는 중앙훈련소에 지원하여 들어간 그는 전쟁의 더러움과 그 뒤에서 온갖 더러운 짓을 하는 인간상들을 본다. '차례대로 하고' 발가벗은 여자를 내다버리는 것이 능사다. 이것이 전쟁이다.

다시 전선으로 돌아간 드벨은 야만적인 중공군의 인해전술 앞에서 부르짖는다. "이것이 전쟁이다"라고. 시체가 탱크의 캐터필러에 짓뭉개어진다. 이것이 전쟁이다. 중공군의 인해전술이 야만적이라면 과학이 발달시킨 현대무기로 저지하다 백병전(白兵戰)으로 맞서야 하는 이것은 또 무엇인가? 드벨은 어깨와 다리에 부상을 입고 부산으로 후송되어 귀국길에 오르게 된다. 여기서 오직 한 사람 남은 전우를 만난다. 전우는 징집되기 전에 하던 수도계량기 검침원이 다시 되겠다고 한다. 그는 지하에서 하는 일이므로 아무도 만나지 않을 수 있으니 그러겠다고 말한다.

이것이 전쟁이다. 드벨은 말한다. 이것이 전쟁의 끝이 되기에는 아직도 멀었다고.

이것이 한국전쟁이었다. 외국인에 비친 한국전쟁은 동족끼리 죽이는 국지전이 아니라 세계의 수치스런 전쟁이다. 이런 전쟁 속에서 드벨은 재순이라는 한국 여성과 사랑에 빠지고, 두 사람은 '서울의 연인'이 된다.

때로는 나에게 가까이 오기도 했다. 어떤 기회를 엿보면서 나는 한 가지만은 행복하게 생각하고 있었다. 나는 그것을 잘 알고 있었다. 전 같았으면 나는 내 욕망에 따라 몸을 던졌을 것이다. 무엇보다 나를 변화시키고 나를 인도한 것은 전쟁과 고민이었다. 틀림없다. 나는 그들 두 남녀의 사랑을 지켜 주겠다고 생각하는 나 자신을 잘 알고 있다. 소란스럽고 증오에 찬 이 세상에서 그들 두 사람다운 세계라고 생각된다. 내가 남의 사랑에 접근하여 그것을 이해하기는 이번이 처음이다. 이들 두 남녀가 여는 문에 의해서만 인간은 지옥을 면할 수 있을 것 같다. 그러나 이렇게 말은 하면서도 이 사실로 해서 괴로워하고 끝없이 폭발하려 하고 있다. 나는 이 여자를 사랑하고 있다. 그녀가 아름다운지는 모른다. 얼마나 훌륭한 여자인지도 모른다. 그러나 어쨌든 나는 그녀를 사랑한다. 그러나 나는 이방인이다. 그들의 생활 속으로 도저히 접근할 수 없는 이방인. 내일은 떠나지 않으면 안 된다. (323쪽)

# 06

## 리처드 후커

Richard Hooker, 1924~1997

———

『야전이동병원MASH:

A Novel About Three Army Doctors』(1968)

———

리처드 후커(Richard Hooker)라는 필명으로 알려진 히에스터 리처드 호른버거 2세(Hiester Richard Hornberger Jr.)는 의사이면서 소설가로 『야전이동병원(MASH: A Novel About Three Army Doctors)』(1968)에서 한국전쟁 당시의 경험을 코미디로 써서 베스트셀러가 되었다. 이 책은 영화와 텔레비전 드라마로 제작되어 1972~83년에 큰 인기를 누렸다.

리처드 후커는 1924년 2월 1일 미국 뉴저지주의 트렌턴에서 태어나 브룬스위크에 있는 보도인대학을 졸업하고, 뉴욕시의 코넬대학교 의과대학을 졸업하여 의사가 되었다. 한국전쟁이 일어나자 자원하여 제8055 야전병원(MASH)에서 근무하였다. 이때의 경험이 후일 작품의 소재가 되었는데, 그는 "매쉬는 전선에 위치하지는 않고 가까운 곳이었으며, 우리

제8055 야전병원(MASH) 표지판 앞에서 리처드 후커의 동료들이 포즈를 취하고 있다.

는 텐트 속에서 일했다. 여름엔 덥고 겨울엔 지독히 추웠다"고 회상한다.
매쉬의 의사들은 20대였고, 대부분 수술경험이 없었다. 그렇지만 바쁠
때는 하루에 1천 명의 부상자를 치료해야 했다.

　전쟁이 끝나자 귀국해 미국참전용사회를 도우며 미국 메인주의 워터빌
과 브레멘 등지에서 개업하였다. 매쉬에서 11년간 근무한 경험을 기초로
1956년부터 『야전이동병원』을 쓰기 시작하였다. 1960년대에 옛 매쉬 동
료들과 재회의 밤을 갖고 이 소설 집필을 끝내기로 결심했다.

　그러나 『야전이동병원』은 여러 출판사에서 출판을 거부당했고, 유명
스포츠작가 헤인즈(W. C. Heinz)와 공저로 원고를 다듬었다. 드디어 윌
리엄 모로우출판사에서 출간되어 큰 인기를 얻었다. 그리고 영화감독 로

버트 알트만(Robert Altman)에 의해 영화화되어 다섯 개의 아카데미상을 휩쓸었다. 텔레비전 연속드라마로도 1972년부터 11회를 방영하였다.

연속드라마는 작가 특유의 유머와 메인주의 고향사람들에 대한 향수를 그리고 있다. 이 드라마가 방영될 당시에는 미국이 베트남전쟁에서 고전을 면치 못하고 있던 때여서 전쟁에 대한 관심이 더욱 높은 시기였다.

후커는 1988년 은퇴하기 전까지 워터빌에서 외과의로 진료를 하였다. 1997년 11월 4일, 73세로 사망하였다.

## 작품 속으로

『야전이동병원(MASH: A Novel About Three Army Doctors)』은 자전적 소설로 주인공 피어스(Benjamin Franklin Pierce)는 작가 자신과 다름없다. 이 소설은 출판사에서 17번이나 거절당하고 출간되었는데, 형편없는 인세를 받은 이 소설이 이듬해 영화화되어 10만 달러를 받았다. 원

『야전이동병원MASH: A Novel About Three Army Doctors』(1968)

작과 달리 영화에서는 상업적 목적에 따라 주제선별과 변경이 이루어졌으며, 국회의원 아들의 응급수술, 후방병원과의 축구 경기, 한국 소년 하우스보이를 피어스의 모교에 진학시키려는 노력 등이 삽입되었다. 소설의 주인공 이름은 피어스였으나 영화에선 매킨타이어로 이름이 바뀌었고 웨인 로저스(Wane Rogers)가 역을 맡았다. 한국전쟁에 참가한 퇴역들은 이를 두고 사실과 다르게 역사를 왜곡했다는 평도 하였다.

『야전이동병원』 이후 부터워스(William E Butterworth)와 공저로 시리

한국전쟁 당시 8055부대
의 텐트 앞에서 리처드 후
커(좌)

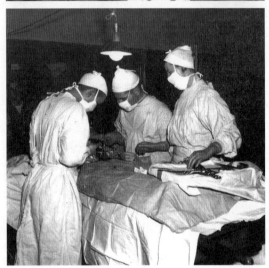

한국전쟁 당시 8055부대
의 수술 장면

즈로 내었다.

〈야전이동병원〉의 영화감독 로버트 알트만은 카메라를 멀리 두고 줌
인으로 배우들의 즉흥연기를 포착했는데, 이는 연극적인 무정부상태를
재미있고 효과적으로 창출해냈다. 당시에는 베트남전쟁을 빗대고 있는
점이 크게 부각되었다. 이 작품의 반체제적 경향은 당시 베트남전쟁 자체
가 하나의 블랙코미디라고 여겼던 반전운동의 분위기를 반영하고 있다.

실제로 알트만은 영화사에는 애국적인 영화를 만들고 있는 것처럼 속이고 몰래 이 영화를 만들었다. 영화사는 시사회에서 관객의 호평을 받기 전까지는 영화를 창고에 쌓아둘 생각을 하고 있었다. 개봉 후에는 도처에서 높은 평가를 받았고 아카데미상 후보에도 여러 부문이 올랐으며 텔레비전 시리즈로도 만들어져 성공을 거두었는데, 이로 인해 알트만은 큰 명성을 얻었다.

와이드스크린 안에서 여러 가지 행위가 동시에 일어나면서 대화가 무질서하게 겹쳐지는 방식과 피 묻은 야전병원 수술실을 익살스러운 블랙 코미디의 도구로 삼은 점은 당시로는 상당히 놀랍고도 충격적이었다.

이 영화의 대사는 미국식 영어의 특유한 발음이 거슬리고 장난기가 넘치기 때문에 우리에게는 다소 반감을 살 수도 있다. 물론 배경이 전쟁이고 순간순간 대처해야 하는 급박한 상황이기 때문에 그럴 수밖에 없겠지만, 한국인의 관점에서 보면 전방에서는 피 흘리는 전쟁을 하고 있는데 야전병원과 휴게소 캠프에서는 희희낙락하는 모습이 다소 역겹게 느껴지기도 한다.

한 예로 1954년 1월, 그러니까 한국전쟁이 끝난 후에 영화배우 마릴린 먼로가 미군 위문공연을 온 일이 있는데, 이것을 '먼로가 온다'라는 제목을 달아 멜로드라마로 야단스럽게 각색한 내용도 나온다. 이렇듯 미국식으로 웃고 떠드는 장면이 주류를 이룬다. 그러나 마지막 회에서 병원이 철거되고 작별하는데, 한 미군 의사가 한국 처녀와 결혼식을 올리는 장면에서는 가슴이 뭉클해진다. 그 미군 의사는 소달구지를 타고 한국의 어딘가에서 새 삶을 위하여 유유히 사라진다.

그럼에도 이 영화는 아쉬운 점이 많다. 『야전이동병원』을 영화와 TV

시리즈로 영상화하는 과정을 소상히 기록한 수지 칼터(Suzy Kalter)의 책에 의하면 이 영화는 일본적 분위기가 짙다고 지적한다. 사창가 포주는 기모노를 입고, 마사지 걸은 일본 목욕 가운을 입고, 배경 세트의 문과 장식장은 일본 것이다. 한복도 '파파상 옷(Papa-San suits)'이라고 부른다. 한국인들이 월남 농부들이 쓰는 고깔을 쓰고 일본 유행가가 흘러 나온다. 한국적 배경에 대한 고증이 부족했기 때문이다.

소설을 영상물로 바꾸면서 미국을 뒤흔든 충격적인 작품으로 부상되었지만 아쉬움이 크다. 제작자 레이놀즈(Gene Reynolds)는 "축자적으로는 한국전이지만 비유적으로는 월남전"이라고 하였다. 여하튼 이 작품은 당시 월남전으로 반전 분위기가 고조된 상황에서 미국의 아시아 전쟁 개입에 반대하는 사람들에게 큰 인기를 얻었다.

본서 5장에서 소개하는 한국인계 재미작가 수잔 최도 어릴 적 텔레비전 연속극 〈야전이동병원〉을 보면서 자랐다고 회고한 바 있다.

# 07

## 제임스 설터
James Salter, 1925~2015

『사냥꾼들 The Hunters』(1956)

제임스 설터(James Salter)의 원래 이름은 제임스 호르비츠(James Arnold Horowitz)였는데, 유대계인 그는 미 공군 장교로 1952년에 한국전에 참전했다. 복무기간에 유명 소설가가 되었고 한국전쟁을 다룬 『사냥꾼들(The Hunters)』(1956)은 영화로도 제작되었는데, 미남 배우 로버트 미첨(Robert Mitchum)이 미 전투기 조종사로 열연하기도 했다.

설터는 미국에서도 최고의 작가로 평가받았을 뿐 아니라 국내에도 열 권 가량이나 번역되었고, 많은 독자를 확보하고 있다. 『쓰지 않으면 사라지는 것들(Do'nt Save Anything)』, 『그때 그곳에서(There and Then)』 등 자서전 적인 책들도 번역되었고, 『소설을 쓰고 싶다면(The Art of Fiction)』과 같은 교양서도 번역되었다. 이런 많은 작품들 중에서도 『사냥꾼들(The Hunters)』이 그를 작가로 탄생시킨 데뷔작이다. 이런저런 의미에서 그는 한국인들이 주목해야 할 작가임에 틀림없다.

제임스 설터는 1925년 6월 10일 미국 뉴저지주의 퍼세이크에서 태어났다. 그의 아버지 조지 호로비츠(George Horowitz)는 1918년에 웨스트포인트 육군사관학교를 졸업하고 부동산업을 하는 사업가였다. 제임스 설터는 뉴욕 맨해튼에서 자라나 호레이스 맨 학교를 졸업하였다. 그도 아버지의 권유에 따라 1942년에 웨스트포인트 육군사관학교에 입학하였다.

1945년에 졸업하고 공군 장교로 필리핀, 오키나와 등지를 비행한 후 1947년에는 중령까지 진급하였다. 그해 9월에 하와이의 공군기지로 배속되어 근무하면서 조지타운대학교에서 공부하며 1950년 1월 석사 학위를 받았다. 한국전쟁이 발발하자 지원하여 1952년 2월에 도착하여 많은 공격비행을 하였다. 그 후 그는 독일과 프랑스로 전속되었다. 이때 휴가기간에 첫 소설 『사냥꾼들(The Hunters)』을 집필하였다. 1956년에 출간되었고 인기가 좋아 이듬해 1957년 12년간의 공군복무를 마치고 전업작가가 되었다. 그리고 이름도 호르비츠에서 설터로 바꾸었다. 『사냥꾼들』은 1958년에 영화로 제작되었지만 소설의 원작과는 거리가 있다.

1967년 『스포츠와 여가(A Sport and a Pastime)』로부터 '사실적 에로티즘의 걸작'이라는 평가를 받으며 작가로서의 입지를 굳혔다. 이후 한동안 시나리오 집필에 몰두해 영화 〈다운힐 레이서(Downhill Racer)〉(1969)와 〈약속(The Appointment)〉(1969)의 시나리오를 썼고, 〈세 타인들(Three)〉(1969)의 시나리오를 쓰고 연출했다. 1975년 『가벼운 나날(Light Years)』을 발표해 큰 호평을 받았다. 리처드 포드는 이 책의 서문

뉴올리언스 툴레인대학에서 강연하는 제임스 설터(2010. 11. 10.)

에서 "소설을 읽는 독자들에게 제임스 설터가 오늘날 미국 최고의 문장가라는 사실은 일종의 신념과도 같다"라고 썼고, 줌파 라히리는 "이 소설에 부끄러울 정도로 큰 빚을 졌다"라고 말했다. 1988년 펴낸 단편집 『아메리칸 급행열차(Dusk and Other Stories)』로 이듬해 펜/포크너상을 받았으며, 시집 『여전히 그렇게(Still Such)』(1988), 자서전 『버닝 더 데이즈(Burning The Days)』(1997)를 냈다. 2000년대 들어서는 단편집 『어젯밤(Last Night)』(2005)을 발표해 '삶이라는 터질 듯한 혼돈을 누구도 설터처럼 그려내지 못한다'라는 찬사를 받았다. 이 밖에도 소설 『암 오브 플레시(The Arm of Flesh)』(1961. 2000년 개정판은 『캐사다(Cassada)』), 『솔로 페이스(Solo Faces)』(1979), 여행기 『그때 그곳에서(There and Then)』(2005) 등이 있다. 2013년 장편소설 『올 댓 이즈(All That Is)』를 발표해 '더없을 위업', '설터의 작품 중에서도 최고' 등 수많은 극찬을 받았다. 2012년 펜/포크너 재단이 뛰어난 단편 작가에게 수여하는 펜/맬러머드상을 받았고, 2013년에는 예일대에서 제정한 윈덤캠벨문학상 수상자로 선정됐다.

뉴욕으로 돌아와 첫 부인과 이혼하고, 1976년부터 저널리스트요 극작가인 케이 엘드레지(Key Eldredge)와 동거하였다. 1998년에 파리에서 결혼식을 올리고 2006년에 『위대한 한 스푼(Life Is Meals)』이라는 책을 공저로 내었다. 그는 헤밍웨이의 영향을 받았다고 평가되었는데 자신은 앙드레 지드를 좋아한다고 했다. 그는 2015년 6월 19일 뉴욕의 새그 하버에서 사망하였다.

그는 회고록에서 이렇게 말했다.

"인생에서 중요한 일은 오로지 기억이 나는 일뿐이다."

"글을 쓴다는 행위는 자주 진저리가 나기는 해도 여전히 특별한 즐거움을 준다. 내가 좋아하는 집필 도구인 펜촉에서 한 줄씩 나오는 글과 그 글이 적히는 페이지는 내가 소유하게 될 것 가운데 가장 가치 있는 것이리라."

"결국 글쓰기란 감옥, 절대 석방되지 않을 것이지만 어찌 보면 낙원인 섬과 같다. 고독, 사색, 이 순간 이해한 것과 온 마음으로 믿고 싶은 것의 정수를 단어에 담는 놀라운 기쁨이 있는 섬."

"언어가 없으면 아무것도 없다. 세계의 아름다움과 존재의 아름다움, 혹은 원한다면 세계의 슬픔과 존재의 슬픔도 있겠지만, 언어 없이 그것들을 말로 나타낼 수는 없다."

"나는 죽음에 대한 고대인의 이미지, 강을 건너는 그 이미지가 좋다. 가끔 나는 그때가 오면 내가 들고 가고 싶은 게 뭔지 생각한다. 비싼 시계도, 돈이나 옷도, 칫솔도 들고 가지 못할 것이고, 면도도 못한 채

가겠지만, 책 없이 갈 수 있을까? 책도 책이지만 내가 쓴 것들, 반드시 출판할 필요는 없는 그 글들을 두고 갈 수 있을까?"

## 작품 속으로

『사냥꾼들(The Hunters)』은 주인공 조종사의 눈을 통해서 본 한국전쟁의 모습을 묘사하고 있다. 그는 극동의 작은 나라에서 벌어진 전쟁이 어떤 정치적 의미를 갖는지에 대해서는 별로 관심이 없다. 전쟁은 야만이고 평화는 문명이라는 이분법적 사고를 가진 그는 공군 조종사로서 야만의 전쟁에서 많은 적군기를 격추시켜 에이스가

『사냥꾼들The Hunters』(1956)

되는 것이 목표였다. 그래서 '문명'의 세계인 일본에서 고통과 죽음의 땅인 한국으로 날아오는 비행기에서 황폐한 한국의 산야와 더러운 거리에서 구걸하는 아이들을 보지만 이런 참혹한 현실에는 그다지 관심을 갖지 않았다. 그는 군인으로서 오직 명령을 수행하기 위해 참전했을 뿐이며, 그러면서도 부대의 에이스가 되고 싶고 자신의 능력을 시험해 보고자 했다.

이 작품은 한 군인의 참여-조우-귀환이라는 미국의 전통적 전쟁소설의 3부 구조를 충실히 따른다. 31세의 클리브는 신병은 아니지만 전투참여는 처음이다. 타고난 조종사로서 에어쇼 부대의 일원으로 근무한 적은 있지만 한국에 도착해 실전에 참여했던 고참들의 무용담을 들으며 자신이 과연 이 전쟁에서 성공할 수 있을까 걱정한다. 자기 편대의 신참 펠

소위가 연달아 미그기를 격추하며 전공을 세우자 비행단장으로부터 비교를 당하기도 한다. 사람들의 수군거림이 시작되고 자신에 대한 기대가 점점 사라지는 것을 느낀다. 점점 고독에 빠져들지만 승리만으로 능력을 인정받는 냉정한 현실에서 중간지대는 없고 오직 적기를 격추시키는 승리만이 평가될 뿐이다. 누구든지 5대의 미그기를 격추시키면 에이스가 된다. 에이스가 되기 위해 모든 조종사들은 목숨을 건다. 그 이외의 이념이나 명분은 의미가 없다.

클리브를 비롯한 모든 조종사들에게 전쟁에 대한 불만과 회의는 보이지 않는다. 그는 한국전쟁에서 가문의 명예를 되찾아야 한다고 생각한다. 압록강의 수풍댐을 공격하려고 '영원의 바다'인 하늘로 솟아오르는 전투기들을 보며 한없는 희열을 느낀다. 결국 클리브의 죽음으로 감상적인 결말을 맺는다. 그는 이렇게 되뇐다. "처음 입대할 때 넌 아무것도 모르는 애였어, 그곳에서는 끝없는 기회가 있었고 모든 것이 새로웠지. 그런데 너도 모르는 사이에 그 고통스러운 배움과 환희가 끝나고 넌 성숙을 얻었지." 수풍댐 폭파의 임무를 마치고 그는 돌아오지 못한다. 압록강 상공에서 아군의 최대 목표인 '케이시 존스'라는 별명이 붙은 적군의 에이스를 격추시키고 자신도 강으로 추락하고 만다. '행방불명'으로 보고되고 고국으로 못 돌아오지만 임무를 완수한 군인으로 전우들의 찬사와 존경을 받는다. 그런 의미에서 반전소설이라기보다 친전소설이다.

이 소설은 삶과 죽음 사이에 놓여 있었던 조종사들의 이야기다. 한 번의 급선회만으로 쫓는 자와 쫓기는 자가 뒤바뀌는 비좁은 조종석 안에서 느끼는 고독과 중압감, 미그기를 잡아 수훈을 세우는 데 몰두한 조종사들의 경쟁 관계, 승리보다 더 숭고한 것을 좇는 주인공의 영웅적 선택

등을 그리고 있다. 실제 경험을 바탕으로 비행과 전투, 적에게 품는 복합적인 감정들을 섬세하게 묘사했다.

서른한 살의 대위 클리브 코넬은 다섯 대 이상의 적기를 격추하면 붉은 별 다섯 개와 함께 주어지는 에이스 칭호를 얻기 위해 자신감에 부풀어 김포 기지로 전출되지만 좀처럼 적기를 만나지 못하거나 놓치기를 반복한다. 그러는 사이 미그기를 몇 대 격추했는지가 최고선이 되어버린 부대의 분위기 속에서, 승전보를 가져오라고 독촉하는 이밀 대령과 편대장 자리를 노리는 천부적인 사냥꾼 펠 사이에서 심리적 압박과 고립감을 겪는다.

원칙과 규율을 중시하는 클리브는 공훈에 눈이 멀어 독단적인 행동을 일삼고 동료를 위험에 빠뜨리는 부하 펠을 견제하려 하지만, 나날이 에이스로 추앙받는 펠의 높아진 입지만 확인할 뿐 자신은 절박감과 회의감을 더해간다. 그러던 중 부대 전체가 술렁일 일이 발생한다. 완전히 사라진 줄 알았던 적군의 에이스 '케이시 존스'가 돌아온 것이다. 하늘을 공포로 물들이던 케이시 존스의 등장으로 부대는 전의를 가다듬고, 클리브 역시 기사회생의 기회가 될 케이시 존스에게 차라리 동질감을 느끼며 'F-86 세이버'에 올라 숭고한 선택을 향해 나아간다.

이런 대목이 나온다. "그는 죽음 가까이까지 이르고 싶다는, 그리고 그 후에 찾아오는 순결함을 느끼고 싶다는 충동을 마치 다른 사람에게 일어난 일인 양 이따금 떠올리곤 했다. 그는 인간의 자기 극복과, 자기 극복이 이루어지는 숭고한 금욕의 세계를 언제나 존중했다." (20쪽)

『사냥꾼들』은 분명 전쟁, 그중에서도 공중전을 소재로 하지만 주로 지상의 부대에서 이야기가 진행된다. 열린 공간에서 적과 아군이 뚜렷이 양분된 채 치고받는 치열함은 보기 어렵다. 그보다는 부대 내의 경쟁과 알력, 관보다 좁은 조종석에 유폐돼 철저히 혼자서 모든 걸 책임져야 하는 고독감 등을 그린다.

하지만 작가 설터가 공들여 전하는 것은 무엇보다도, 그의 다른 소설과 마찬가지로 영원할 줄 알았으나 시간의 더께에 빛을 바래가는 모든 것이다. 싸움에서 귀환하지 못한 동료의 빈자리가 늘어날수록, 전역을 하여 원래의 삶으로 돌아가는 동료가 늘어날수록 클리브는 쓸쓸해지고, 줄곧 그를 지탱해 주었던 '에이스가 되는 일' 자체에 회의를 느낀다. 그는 영웅도 언젠가 퇴색하리란 걸 알지만, 승리와 패배라는 두 가지 선택만이 존재하는 전장 바깥의 다른 삶은 알지 못한다.

이 소설에서 눈에 띄는 대목들을 몇 군데 인용한다.

> 한국의 해안을 지난 것은 정오가 가까웠을 때였다. 클리브는 수송기 날개 밑에 앉아 초조하게 밖을 내다보았다. (…) 전쟁의 흔적을 말해주는 것은 많지 않았다. 보드라운 눈밭이 시야 닿는 곳마다 흩뿌려진 가운데 강물이 정맥처럼 흐르고 있었지만 클리브가 생각하는 것은 인류의 어머니 대지가 아니었다. 그의 눈은 조종사의 눈이었다. 적대적인 산줄기며 랜드마크가 없는 지형, 위급한 상황에서 불시착할 수 있는 평평한 땅이 그의 눈에 들어올 뿐이었다. 그가 불과 한 시간 만에 날아온 거리를 보병들은 몇 주에 걸쳐 사투를 벌이며 걸어왔을 것이다.
> (29~30쪽)

"여기 또 오면 안 돼, 버트." 클리브가 말했다. 그들은 삶과 죽음 사이, 존재의 고원에 있었다.

"왜요?"

"세상에서 가장 완벽한 삶이니까."

"어느 면에선 그렇죠."

(…)

"자네를 위해서도 나를 위해서도 이곳의 모든 것은 완벽해야 하네. 순전히 우연이었지만 우리는 다시없이 순수한 이곳에 왔어. 순수하다는 건 어찌 보면 인위적이라는 뜻도 되네. 우리가 그만큼 문명화되었으니까. 아주 깨끗한 공간에서 중세의 삶을 누리고 있는 우리는 지금 어린아이의 꿈속에 들어와 있는 거야. 어른의 천국이기도 하지. 유일무이한 그 무엇, 실은 그게 뭔지 나도 잘 모르지만, 여하튼 그 소중한 것의 마지막 남은 몇 조각을 우리가 지금 몰고 있는 것일지도 몰라. 그건 심지어 왕에게도 너무 사치스러운 소일거리지. 부족한 건 아무것도 없네. 하지만 그것의 의미를 전혀 모르는 자가 영웅이야." (158~159쪽)


그는 더 이상 고통받지 않았다. 고통을 너무 오래 견뎌온 탓이었다. 고통은 그의 살갗에 새겨진 신체의 일부나 다름없었다. 그는 괴롭지 않았다. 만족해서가 아니라 마침내 무감각 속으로 빠져든 것이었다. (306쪽)

## 08

# 하임 포톡

Chaim Potok, 1929~2002

———

『한줌의 흙

I am the Clay』(1992)

———

나는 한국에서 하임 포톡(Chaim Potok)의 이름도 듣지 못했다. 2000년 무렵 하버드대학에서 춘원을 연구하는 한 박사과정 대학원생이 자기가 가장 흥미를 느끼는 작가는 포톡이라 해서 비로소 알게 되었다. 그리하여 알게 된 포톡은 유대인 랍비로 한국전쟁 후 한국에 살았고, 그 경험을 토대로 소설을 썼다는 것이었다. 나는 바로 포톡에 대해 알아보려 했고, 우리나라에도 그의 소설『한 줌의 흙(I am the Clay)』이 번역되었다는 사실도 알게 되었다.

2010년 7월 필라델피아에 간 길에 춘원의 따님 이정화 박사에게 부탁드렸더니 바로 나를 펜실베이니아대학 도서관으로 데려다주었다. 그곳에 포톡 문서(Potok archive)가 기증되어 있는데, 아직 정리가 제대로 되어 있지 않아 모두 볼 수는 없어 한국 관계 부분만 복사하였다.

이어서 수소문하여 미망인이 살고 있다는 포톡의 집을 알아내었다. 예상보다 좋은 집이었는데 가보니 이사를 갔다 한다. 다행히 집주인에게 미망인의 전화번호를 받아왔다. 돌아와 전화를 하니 친절히 새집 위치를 알려주며 방문해 달라고 했다. 다음 날 가서 보니 부인도 지성인이고 포톡의 유산이 제법 많은 것을 알게 되었다. 벽 한쪽에는 하회탈도 걸려 있어 한국을 사랑하는 포톡의 마음을 알 수 있었다. 부인과 여러 얘기를 나누고 근처에서 점심을 사드렸다. 그랬더니 이틀 후에 유대인들의 모임이 있다며 초대해 주었다. 거기에 가니 30여 명의 유대인이 우리를 진심으로 환영해 주었다. 유대인들이 어떻게 살아가는지를 배울 수 있는 좋은 시간이었다. 한국을 사랑한 한 유대인 랍비작가를 통하여 순식간에 이렇게 친구와 이웃이 되는 것이 신기할 정도로 다행이고 감사했다. 한국문학은 세계도처에 산재해 있는 유대인과 유대문학을 이해하고 친분을 쌓아야 한다고 생각된 시간이었다.

하임 포톡(Chaim Potok, 원명은 Herman Harold Potok)은 1929년 2월 17일 뉴욕의 브롱크스에서 출생했다. 부모는 폴란드에서 건너온 유대인이었다. 네 자녀의 맏아들인 그의 유대식 이름은 하임 쯔비(Chaim Tzvi)였고 정통유대 교육을 받았다. 소년 시절에 에벌린 워(Evelyn Waugh)의 소설을 읽고 작가가 되기로 결심했다.

미국 유대교 신학교에서 4년간 공부하고 보수 유대교 랍비가 되었다. 캘리포니아에서 심리치료사 아데나(Adena Sara Mosevitzsky)를 만나 1958년 6월 8일 결혼하였다. 영문학석사 학위를 받고 1955년부터 2년간 주한 미군 군목 랍비로 재임하였다. 그는 이 시기를 변혁기라고 불렀는데, 유대

인도 없고 반유대주의도 없는 한국에서 고향의 정통 시나고그(Synagogue, 유대인의 집회장소)에서 보던 것과 같은 신앙을 보았던 것이다.

한국생활을 마치고 미국으로 돌아와 로스앤젤레스의 라마(Ramah) 보수 유대 캠프의 책임자가 되었다. 1년 후에 펜실베이니아대학교에서 대학원 과정을 공부하고 유대교 활동을 하다가 1963년에는 이스라엘에서 박사 논문을 쓰면서 소설도 쓰기 시작했다. 1964년에 뉴욕으로 와서 유대교 잡지를 편집하고 신학교에서 강의도 하였다. 이듬해 유대교출판회의 주필이 되고 펜실베이니아대학교에서 철학박사 학위를 받았다. 1973년에 가족과 함께 다시 이스라엘로 갔다가 1977년에 필라델피아로 돌아왔다. 『한밤의 노인들(Old Men at Midnight)』(2001)을 내고 뇌암 판정을 받고, 2002년 7월 23일 73세로 펜실베이니아의 메리온에서 작고했다.

그는 작가이면서 화가이기도 했다. 작품 중 1967년의 『선민(The Chosen)』은 39주간 《뉴욕 타임스》 베스트셀러였고 영화화되었다. 여러 작품 중에서 한국을 직접 다룬 책은 『한줌의 흙(I am the Clay)』(1992)이다.

## 작품 속으로

『한줌의 흙(I am the Clay)』은 1955년에 종군 목사로 한국에 파견되었던 저자가 한국전쟁을 배경으로 쓴 작품이다. 이 소설은 노부부가 피난길에 상처 입은 소년을 구출하면서 이야기가 전개된다.

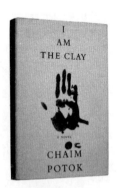

『한줌의 흙I am the Clay』(1992)

이 책의 역자 오호근(吳浩根, 1942~2006) 박사는 《뉴욕 타임스》에 실린 『I am the Clay』의 서평을 본 후 원서를 사서 읽고 감동하여 이 책을 번역했다. 그는 이 번역서를 남기고 기업인으로 왕성히 활동하다 안타깝게 일찍 타계하였다.

번역자는 이 책 맨 뒤에 「하임 포톡의 세계」라는 글을 실었는데, 이 글을 통해 하임 포톡의 작품세계를 살펴보기로 하자.

보수적인 유대인 가정에서 태어나 랍비가 될 때까지 정통 유대교 교육을 받아온 포톡이 작가로서의 꿈을 키운 것은 제임스 조이스의 『젊은 예술가의 초상』과 에벌린 워의 『다시 찾은 브라이즈헤드』 등 당시 논란의 대상이 된 작품들을 읽은 데서 비롯되었다. 따라서 가족들이나 유대교의 선생들은 포톡이 전통적인 종교교육에 전념하지 않고 문학으로의 의도를 못마땅하게 생각했으며 그의 문학성은 유대인으로서 또는 종교인이었기 때문에 겪어야 하는 상당한 갈등을 극복한 것이다. 이러한 포톡에 대한 반발과 거부감은 유대교의 가치관이 학문을 중심으로 형성되었고 따라서 상상력과 창작성을 발휘해야 하는 소설 저작은 랍비인 포톡의 품위에 문제가 된다고 생각했기 때문이다. 포톡의 뛰어난 묘사력은 천부적으로 주어진 재능이라 하겠다. 그러나 그의 작품세계의 지수는 학문과 종교 그리고 문학적 상상력의 갈등을 통해 좀 더 심도 있게 인간성의 원초적 동질성을 표출시킨 데 있다.

작가의 작품세계와 주제 등을 알아보기 위해서는 소설의 결말을 눈여겨봐야 한다. 모든 소설이 그런 것은 아니지만 대부분의 소설들이 결말에 작가가 궁극적으로 말하거나 보여주려는 것들을 담아내기 때문이다. 이 소설의 결말에는 다음과 같은 문장들이 나온다.

> 자리에 앉은 소년은 창밖으로 노인과 목수를 바라보았다. 그들은 플랫폼 흙바닥에서 묵묵히 쳐다보고 있었다. 소년이 손을 흔들자 그들도 손을 흔들었다.
> 늙고 초라한 두 늙은이! 그러나 내 앞에 펼쳐진 막막함보다는 얼마나 더 편안하고 따뜻한가? 날 좀 도와다오. 이 한 줌의 흙!
> 기차는 삐걱거리며 움직이기 시작했다.

이 책의 번역자는 「하임 포톡의 세계」에서 하임 포톡의 작품세계를 한마디로 "인간성의 원초적 동질성을 표출시킨 데 있다"고 했는데, 결말을 읽어보니 이 말의 의미가 와 닿는다. 이 소설에서 전쟁의 상처를 입은 소년은 노인과 목수를 만나 치유될 수 있었다. 인간은 사랑으로 절망을 이겨내고, 소년에게 노인과 목수는 다시 살아갈 수 있는 생명력을 제공하는 한 줌의 흙 같은 존재인 것이다.

나는 필라델피아대학(UPEN) 도서관에서 본 포톡문서 가운데 그가 한국에 머문 동안 한국을 공부하기 위하여 손수 쓰고 그린 메모지들을 발견했다. 그래서 그때 사진으로 찍어두었던 것을 『한국을 사랑한 세계작가들 2』에서 처음으로 소개했는데, 여기서도 재록한다. 소로 쟁기를 가는 광경, 모심기 하는 방법, 장례하는 광경 등을 자세하게 관찰해 그리고 설명을 적고 있다. 유대인 작가, 외국인 작가가 한국을 소재로 작품을 쓰기 위해 이런 노력을 했던 것이다.

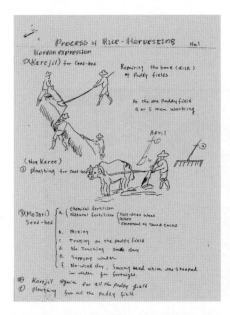

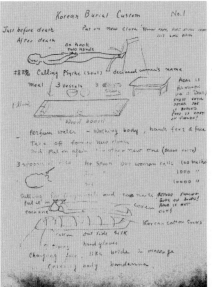

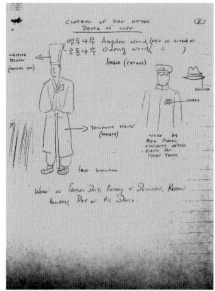

한국을 공부하기 위해 포톡이 손수 쓰고 그린 메모와 스케치

## 09

# 롤랜드 히노조사
Roland Hinojosa, 1929~

『한국의 사랑 노래
Korean Love Songs』(1978)
『무익한 종들
The Useless Servants』(1993)

롤랜드 히노조사(Roland Hinojosa)는 멕시코계 미국인으로 소설가이자 시인이며 오스틴의 텍사스대학 영문학 교수이다. 30여 권의 저서 중 한국에 관한 책으로는 『한국의 사랑 노래(Korean Love Songs)』(1978)와 『무익한 종들(The Useless Servants)』(1993)이 있다. 작가는 횡성전투에서 죽어간 미군과 한국군의 비참한 광경을 보면서 전쟁의 공포를 도저히 필설로 묘사할 수 없다고 고백한다.

히노조사는 1929년 미국 텍사스주의 리오 그란데 밸리에서 태어났다. 그의 아버지는 멕시코전쟁에서 싸운 바 있고, 그는 텍사스주의 메르세데스에서 자랐고 고등학교 때까지 스페인어를 썼다.

히노조사는 제2차 세계대전 후 2년간 군 복무를 하고 이어서 한국전쟁에서 탱크 운전병으로 복무하였다. 그는 1950년 7월 3일 한국에 도착하여 첫 전쟁의 혼란을 체험했다. 전역 후 그는 잠시 교사생활을 하다가 오스틴의 텍사스대학교에 입학하였다. 1969년에 어바나 샴페인에 있는 일리노이대학교에서 철학박사 학위를 받았다. 그는 작가가 되어 1973년부터 2006년까지 『클레일시 죽음 여행(Klail City Death Trip)』 시리즈로 15권에 이르는 책을 썼다. 스페인어로도 쓰고 영어로도 썼다. 그는 최초의 멕시코-아메리카 문학상을 탔다.

히노조사의 작품으로는 『Ask a Policeman』(1998), 『Becky and her Friends』(1990), 『Crossing the Line』(1981), 『Dear Rafe』(1985), 『Klail City』(1987), 『Klail City und Umgebung』(1981), 『Korean Love Songs』(1978), 『Korea Liebes Lieder/Korean Love Songs』(1991), 『Partners in Crime』(1985), 『Rites and Witnesses』(1982), 『This Migrant Earth』(1987), 『The Useless Servants』(1993), 『The Valley』(1983), 『We Happy Few』(2006) 등이 있다.

## 작품 속으로

히노조사의 『한국의 사랑 노래(Korean Love Songs)』는 시 형식의 소설이란 점에서 독특하다. 스페인어로 작품을 쓰기도 하는 그는 이 작품은 영어로 썼다. 1991년에는 독일어판 『Korea Liebes Lied』도 출간했다. '사랑의 노래책'이란 제목을 달고는 표지에서부터 해골의 군인이 망

『한국의 사랑 노래
Korean Love Songs』
(1978)

원경으로 전선을 시찰하는 표지화가 섬뜩하게 느껴진다.

38개의 시화자(詩話者)인 부엔로스트로(Buenrostro)는 한국전쟁을 회상한다. 무대는 부산에서 북한까지 걸치고, 이어서 중공군과의 전투와 다시 한번 38선 전투로 연결된다. 전쟁은 투쟁이요 낭비다. "그리스도여, 저는 여기서 무얼 믿고 있습니까?"라고 부엔로스트로는 절규한다.

It comes down to this:

we're pieces of equipment

To be counted and signed for

On the occasion some of us break down

And the parts which can't be salvaged

Are replaced with other GI parts, that's all

그건 결국 이렇게 되지

우리는 호명되고 서명되고

때로는 누군가 도산되고

구제될 수 없는 부분은 다른 GI로 대체되고

그게 전부이지

히노조사는 한국전쟁의 모습을 이렇게 담았고, 이 시는 미국에서 발간된 『한국전쟁 백과사전(Encyclopedia of Korean War)』(2002)에도 소개되어 있다.

작가는 텍사스의 멕시칸들과 미국인들 사이의 갈등을 삶과 죽음의 문학으로 표현하는 일환 속에 한국전쟁에서의 삶과 죽음을 연결한 것이다. '의식과 증언과 한국 사랑 시'(Rites and Witness and Korean Love Songs)라는 연결이 작가의 체험과 영감으로 이루어진 것이다. 그는 국경에서의 삶과 죽음의 긴장을 노래와 대화로 문학화한 것이다.

> I'm sick. They didn't stop coming,
>
> And we wouldn't stop firing.
>
> But we stopped them.
>
> Brutally.
>
> 나는 아프다, 그들은 끝없이 오고 있다.
>
> 우리는 사격을 그치지 않고 싶지만,
>
> 우리는 그들을 재지시켰다.
>
> 무자비하게.

이 책은 가끔 윌리엄 포크너(William Faulkner)와 가브리엘 마르케스(Gabriel Garcia Marquez)의 작품과 비교되기도 한다.

『무익한 종들(The Useless Servants)』(1993) 역시 한국전쟁을 소재로 한 작품이다. 주인공 라페 일병과 동료들은 전쟁을 싫어하지만 자신들에게 주어진 임무를 완수해야 한다고 생각하는데 그러한 생각은 전쟁이 끝날 때까지 유지된다. 전쟁의 진실은 책 속에 들어올 수 없다는 휘트먼의 주장을 가장 잘 나타내는 소설로 알려져

『무익한 종들
The Useless Servants』
(1993)

있다. 작가는 횡성전투에서 죽어 있는 아군의 비참한 광경을 보면서 전쟁의 공포를 도저히 필설로 다할 수 없음을 고백한다. 휘트먼이 미래 세대는 실제 어떤 일이 일어났는지 모를 것이며 알지 않는 것이 최선이라 했듯이 히노조사도 한국전쟁의 비참한 모습에 "내가 여기에서 일어난 일을 쓰려면 얼마나 오랫동안을 기다려야 할지 모르겠다"(134쪽)고 하면서 당장 엄청난 전쟁의 참상을 표현할 길이 없음을 고백한다. 그런가 하면 지상의 아군부대들이 공군과의 협조가 잘 이루어지지 않아 아군기에 의한 오인 폭격으로 수많은 사상자가 발생하지만 이것은 보도되지 않는다. 이런 광경을 목격하면서 결국 전쟁의 진실은 덮일 수밖에 없다는 사실을 암시한다.

더 끔찍한 사건은 자해사건이다. 한국전쟁 당시에도 다른 전쟁처럼 자살사건이 많았다. 이 소설에서 브로드키 중위의 권총 자살에 대해서도 여러 사람이 이유를 얘기하지만 아무도 잘 알지 못한다. 주인공 병사는 그 사건을 '미친 짓'이라고 평하고 고참들은 "전쟁 자체가 미친 짓인데 도대체 자살하지 않는 것이 기적"이라 한다. 문제는 중위의 죽음을 본국의 부모에게 알려야 하는데 자살했다고 쓸 수는 없고 국가를 위해 최선을 다하다가 전사했다고 쓸 수밖에 없다.

이처럼 히노조사는 전쟁을 이야기로는 바르게 쓸 수 없다고 생각하고 시로 표현했는지도 모른다. 그러나 그도 15년 후 1993년에 소설『무익한 종들(The Useless Servants)』을 쓸 수밖에 없었다.

# 10

## 토니 모리슨
Toni Morrison, 1931~2019

———

『고향Home』(2012)

———

   흑인 여성 작가로 노벨문학상까지 받은 토니 모리슨(Toni Morrison)이 한국전쟁을 다룬『고향(Home)』이란 소설을 낸 것은 놀랍다. 한국전쟁에 참가한 한 흑인 청년이 귀환해서 다시 인종차별에 시달리다 결국 여동생이 있는 '고향'으로 돌아간다는 내용이다. 저자는 한국전쟁은 결코 잊혀진 전쟁이 되어서는 안 된다고 미국 육군사관학교에서 강연하기도 하였다. 펄 벅과 함께 두 여성 노벨상 작가가 한국전쟁을 썼다는 사실을 주목해야 한다.

   모리슨은 1931년 2월 18일 미국 오하이오주 로레인에서 흑인 노동자의 딸로 태어났다. 흑인 대학인 하워드대학교를 졸업하고 코넬대학 대학원에서 석사 학위를 받았다. 1958년 자메이카인 건축가였던 해럴드 모리슨(Harold Morrison)과 결혼해 두 아이를 낳았으나, 1964년 이혼했다. 이후 1965년부터 랜덤하우스 출판사에서 편집자로 일했으며, 1970년 인종차별을 겪은 흑인 소녀의 비극을 다룬 장편소설 『가장 푸른 눈(The Bluest Eye)』으로 등단하며 문단의 주목을 받았다. 이후 1973년 두 흑인 여성 간의 우정을 다룬 『술라(Sula)』를 내놓았고, 1977년에는 세 번째 소설 『솔로몬의 노래(Song of Solomon)』를 출간했는데, 이 책은 리처드 라이트(Richard Wright)의 『토박이(Native Son)』(1940) 이후 흑인 작가의 소설로는 처음으로 '이달의 책 클럽'에 선정되기도 했다. 1981년 네 번째 소설 『타르 인형(Tar Baby)』을 낸 뒤에는 소설 창작에 전념하기 위해 1983년 출판사를 그만두었다.

1987년에는 남북전쟁을 배경으로 한 흑인 여성이 딸이 노예가 되는 것을 막기 위해 딸을 살해하는 비극을 담은 『비러브드(Beloved)』라는 작품으로 퓰리처상을 수상했다. 이 작품은 영화로도 만들어졌는데, 특히 유명 방송인 오프라 윈프리가 주연을 맡아 큰 화제를 모았다. 1992년에는 1920년대 뉴욕 할렘가를 배경으로 뉴욕 흑인 하층민의 삶과 욕망을 그린 『재즈(Jazz)』를 발표했는데, 이 작품으로 1993년 미국 흑인 여성 최초로 노벨문학상을 수상했다. 당시 스웨덴 한림원은 노벨상을 수여하며 "시각적인 힘과 시적인 표현으로 미국 현실의 본질적인 면을 생생하게 드러냈다"고 언급했다.

모리슨은 작가로 활동하며 프린스턴대학에서 오랜 기간 학생들을 가르치는 등 집필과 교육에 힘을 썼으며, 2012년에는 버락 오바마 전 미국 대통령으로부터 미국 현대문학의 지평을 넓힌 공로로 자유의 메달을 받았다. 2019년 8월 5일 작고했다.

치누아 아체베의 『모든 것이 산산이 부서진다』 출간 50주년에서 연설을 하고 있는 토니 모리슨. (뉴욕 시청, 2008. 2. 26.)

## 작품 속으로

『고향Home』(2012)

한국전쟁을 담은 『고향(Home)』은 어떤 작품일까? 2012년에 출간된 『고향』은 147쪽의 짧은 장편소설인데, 한국전쟁을 배경으로 1950년대 냉전시대의 인종차별적 미국사회의 문제점을 잘 드러낸다. 그녀는 한 인터뷰에서 당시 사회를 "모두 편안하고 행복하고 일자리가 있다 하지요. 그럼에도 그 이면에는 심각한 인종주의가 있었지요. 5만 8천 명이 죽었는데도 전쟁이라 부르지 않은 이 끔찍한 전쟁이 있었습니다"라고 했다.

『고향』은 17장으로 구성되었는데, 홀수 장은 주인공 화자가 이야기하고, 짝수 장은 3인칭으로 전개된다. 호머(Homer)가 『오디세이(The Odyssey)』에서 주인공 오디세우스가 트로이전쟁을 마치고 고향 이타카에서 위기에 처해 있는 아내 페넬로페(Penelope)에게 돌아오는 여정처럼 주인공 프랭크도 남부 조지아의 고향 로터스를 떠나 한국전쟁에 참전했다가 위험에 처해 있는 여동생 씨(Cee)를 구하러 고향으로 돌아가는 내용을 담고 있다.

24살 흑인 청년 프랭크는 어릴 적에 여동생과 시골에서 한 흑인 남자가 백인들에게 생매장당하는 것을 목격하고 충격에 빠진다. 생매장당한 흑인은 어이없는 백인들의 게임으로 죽을 때까지 싸워야 했던 흑인 부자(父子) 중 아버지였다. 미국 남부에는 20세기 중반에도 이런 어처구니없는 린치가 있었음을 모리슨은 보여준다.

프랭크의 가족은 인종차별로 인해 텍사스에서 쫓겨나 조지아주 로터스에 정착한다. 흑인 50가구가 사는 로터스 마을도 너무 단조롭고 숨막히는 곳으로 그는 두 친구와 함께 새로운 모험을 위해 한국전쟁에 지원한다.

고향을 떠나 진짜 전쟁터인 코리아에 온 프랭크는 살을 에는 겨울 추위에 고통을 겪는다.

"코리아, 너는 그곳에 없었기 때문에 상상할 수가 없어. 너는 그곳을
결코 본 적이 없기 때문에 황량한 경관을 묘사할 수 없어. 우선 추위에
대해 말할게. 추위는 얼어버리는 것 이상이야. 코리아의 추위는 고통이

야. 마치 벗겨낼 수 없는 아교풀처럼 달라붙어…… 전쟁은 무서워……
가장 나쁜 것은 혼자 보초 서는 거야. 네 눈과 귀는 움직이는 것을 보
고 듣도록 훈련되었지. 저것은 중공군의 소리인가? 중공군은 북한군
보다 더 지긋지긋해. 중공군은 결코 포기란 없고 멈추지 않아. 그들은
죽었다고 생각되어도 일어나 너의 사타구니를 쏠 거야. 네가 오판하
여 그들의 두 눈이 죽어가는 것처럼 보여도 확실히 끝내기 위해 탄환을
아끼지 말고 써야 해." (93~94쪽)

이런 추위도 그가 목격한 두 친구의 죽음, 그 분노로 인한 한국 민간
인에 대한 무차별 사살, 그로 인한 트라우마에 비하면 아무것도 아니
었다. 친구들의 죽음은 그를 민간인 학살의 광기로 몰아간다. 천진난
만한 한국 소녀를 사살한 사실이 끝없이 괴롭힌다. 먹을 것을 찾아 초
소를 찾은 소녀를 죽인 것을 자백한다. 소녀가 손을 뻗어 먹이를 찾다
가 우연히 자신의 사타구니를 만지자 흥분되었고, 그 아이에게 성추행
을 하느니 차라리 죽이는 것이 낫다고 생각했다는 것이다. 총에 맞은
소녀는 "Yum-yum"이라는 소리를 했다고 했다. (95쪽)

전쟁 후 미국에 돌아온 프랭크는 시애틀에서 릴리라는 흑인 여자와 사
랑에 빠진다. 새로운 삶을 사는 그는 어느 날 교회에서 한 아시아계 소
녀를 보고 정신 나간 사람처럼 그곳에서 도망친다. 죽인 한국 소녀가 연
상되었던 것이다. 그는 결국 릴리와 헤어진다.
프랭크는 다시 술을 마시고 배회하다 경찰에 잡혀 시애틀의 한 정신병
원에 강제로 감금된다. 목적 없이 배회한 죄 때문이었다. 여기서 여동생

씨(Cee)가 위험에 처했으니 속히 애틀랜타로 오라는 편지를 받는다.

탈출한 프랭크는 시카고에서 남부로 가는 기차가 잠시 정차한 역에서 폭행당하는 창녀를 구해 주려다 포주와 격투가 벌어진다. 포주를 때려 눕힌 그는 싸움에서 정의를 실현한 쾌감을 느낀다. 애틀랜타의 한 음악 카페에서 음악을 들으며 흑인으로서의 정체성에 위안을 느끼기도 한다.

프랭크는 애틀랜타에서 여동생이 한 백인 의사의 실험대상이 되어 자궁이 망가져 아이를 못 갖게 된 것을 보고 폭력을 가하려다 여동생을 데리고 빠져나와 고향 로터스에 돌아온다. 여기도 옛 고향처럼 여러 모순과 갈등이 남아 있지만 흑인 여성들이 모여서 협력하며 살아가고, 프랭크는 이제 흑인 남자들의 남성성을 보여주는 성년으로 역할한다. 여동생은 드디어 "자, 오빠, 우리 집으로 가자"(147쪽)고 말한다. 이 작품은 모리슨의 소설 가운데 가장 안정적인 결말을 보여준다는 평을 받고 있다. 아무튼 이 소설에서 한국전쟁은 주인공 프랭크에게 춥고 무자비한 전쟁이었지만 한 흑인의 인간성을 성숙시킨 계기가 된다. 이렇게 모리슨은 이 소설을 통해 '잊혀진 전쟁'을 '잊혀서는 안 될 전쟁'으로 부각시켰다.

# 11

## 필립 로스

Philip Roth, 1933~2018

———

『울분 Indignation』(2008)

———

필립 로스(Philip Roth)는 미국의 폴란드계 유대인 작가이다. 그의 작품『울분(Indignation)』(2008)은 한국전쟁에서 전사한 청년의 가정비극을 그렸다.

1933년 3월 19일, 미국 뉴저지주 뉴어크에서 출생하였다. 시카고대학에서 문학석사 학위를 받고 모교와 다른 대학에서 강의를 하며 창작활동을 계속하였다. 소설가로 많은 작품을 내었는데『아메리칸 패스토럴(American Pastoral)』(1997),『휴먼 스테인(The Human Stain)』(2000),『울분(Indignation)』(2008), 〈엘레지〉(원작『The Dying Animal』, 2001) 등이 영화화되었다.

필립 로스는 1959년에 마가렛 마틴슨(Margaret Martinson)과 결혼하였지만 1963년에 이혼하였다. 마틴슨은 1968년 자동차 사고로 사망하였는데, 그녀의 죽음은 로스의 작품에 지속적인 흔적을 남겼다. 그 후 1976년부터 함께 살았던 영국 배우 클레어 블룸(Claire Bloom)과 1990년에 결혼했지만 1994년에 이혼했다. 두 번째 부인 블룸은 로스를 여성 혐오주의자로 묘사한 회고록『인형의 집을 떠나(Leaving a Doll's House)』(1996)를 출간하기도 했다. 미국 생존 작가 중 최초로 라이브러리 어브 아메리카(Library of America)에서 완전 결정판(전 9권)을 출간한 작가이다.

필립 로스는 2018년 5월 22일, 미국 뉴욕 맨해튼에서 심장마비로 사망하였다. 그의 작품이 많이 번역 소개된 한국 문학계에서도 여러 형태의 추모 글들이 발표되었다.*

## 작품 속으로

한국전쟁을 다룬 소설『울분(Indignation)』은 우리나라에도 2011년에 번역서(정영목 역)가 나와 있다. 245쪽 밖에 되지 않고 그마저 대부분이 '모르핀을 맞고서'가 차지하고 있고, 주인공 메스너가 한국전쟁에 참전해 벌어지는 일들에 대

『울분Indignation』
(2008)

해서는 '벗어나'라는 6쪽의 짧은 글에서 서술하고 있다.

---

*《문학동네》 96호(2018년 가을호)에는 정영목「죽음과 로스」, 문강형준,「필립 로스를 읽는다는 것 - 욕망, 삶, 윤리, 그리고 필립 로스의 소설들」, 필립 로스「"난 항상 당신들이 내 단식에 경탄해주기를 원했소", 혹은 카프카 바라보기」가 실려있다. (407-464쪽)

한국전쟁이 55년 지난 후 나온 이 소설은 한국전쟁에서 죽은 청년 메스너와 그로 인한 가정비극을 그리고 있다. 거의 전편을 차지하는 '모르핀을 맞고서'에서는 전쟁에 가기 전 미국에 사는 한 유대인 가정의 아들로 태어난 메스너의 성장과정을 서술하고 있다. 유대인의 전형적인 직업인 정육업을 물려주지 않으려고 어떻게 해서든 법대를 보내려는 부모의 간절한 심정이 그려진다. 그리고 대학에서 겪는 일들을 묘사하고 있다. 당시 징병제가 실시되어 18세 이상 26세 이하 청년들은 징집대상으로 등록의무가 있었고 국가의 부름에 응해야 했다. 메스너는 한국전쟁이 발발할 때 19세였다. 참전을 피하려 법대에 들어갔지만 학업 성적이 나쁘면 징집되어야 했다. 한국전쟁에 대한 소식을 들을 때마다 그는 최우등 졸업을 하여 졸업생 대표로 연설을 하고 징집면제를 받는 꿈을 꾼다.

그러나 올리비아 허튼과 연애를 하였고, 러셀의 책을 읽으며 무신론으로 기울어져 채플시간에 들어가지 않아 경고를 받는다. 결국 2학년 때 징집된다. 그가 한국전쟁에 참전하자 맥아더 원수가 트루먼 대통령에 의해 해임되고 혹심한 추위 속에서 중공군이 야밤에 떼를 지어 몰려와서 백병전까지 벌여야 했다. 결국 그는 전사한다.

총검은 그의 한쪽 다리를 몸통으로부터 거의 절단했으며, 내장과 생식기를 난도질했다. 그때까지 그들이 일주일 동안 살았던 한반도 중부의 거친 능선의 철조망 뒤편 참호는 밤에 중공군에게 짓밟혀, 사방에 찢긴 주검이 널려 있었다. 브라우닝 자동소총이 망가지는 순간 그와 그의 전우 브런슨은 끝장이 났다. 그는 어린 시절 도살장에서 유대교 율법에 따라 동물을 죽이는 제의를 지켜본 뒤로 그렇게 많은 피에 둘러

싸여본 적이 없었다. (…) 위생병 두 명이 지혈을 하고 수혈을 하려 했으나 마침내 아무런 소용이 없게 되었다. 뇌, 신장, 허파, 심장, 그 모든 것이 1952년 3월 31일 새벽이 오는 순간 멈추어버렸다. 이제 메스너 이등병은 진짜로, 완전히 죽었다. (234쪽)

이 소설은 1950년대 미국 청년의 고뇌가 한국전쟁과 어떻게 연결되는지 그리고 미국사회가 어떻게 반응했는지를 보여준다. 남학생들이 여학생 기숙사를 난입해 팬티를 탈취한 사건에서 총장은 미군과 중공군의 치열한 전투가 벌어지는 한국전쟁 상황에서 바보 같은 사건이 일어났다고 신랄하게 비판한다. 18명의 학생을 퇴학시키면서 어떤 희생이 있더라도 미국의 가치를 수호할 것이라 선언한다. 여기서 한국전쟁은 냉전시대에 개인의 권리를 희생시키더라도 체제를 수호해야 한다는 명분의 도구로 이용된다.

두 군데만 인용해 본다.

메스너 이등병의 중대에서는 이백 명 가운데 겨우 열두 명이 살아남았다. 목숨을 구한 사람은 모두 반미치광이가 되어 울부짖었다. 스물네 살의 중대장도 마찬가지였다. 그는 야구방망이처럼 휘두른 개머리판에 맞아 얼굴이 으깨졌다. 밤에 공산주의자들은 천 명이 넘는 병력으로 공격을 개시했다. 중공군 총 전사자는 팔백에서 수백 명 사이였다. 그들은 계속 밀고 오면서 죽어 나갔다. (…) 시체들과 시든 나무들로 이루어진 풍경을 뚫고 퇴각하면서 기관총으로 자신들의 부상자와 상대편 가운데 눈에 띄는 사람을 모두 쏘았다. (235쪽)

그래, 멋지고 오래되고 도전적인 미국의 "좆까, 씨발." 그것으로 정육점집 아들은 끝이었다. 그는 스무 살 생일을 석 달 남기고 죽었다. 마커스 메스너(1932~1952)는 그의 대학 동기 가운데 불운하게도 한국전쟁에서 전사한 유일한 학생이었다. 한국전쟁은 1953년 7월 27일 휴전협정 조인으로 끝이 났다. 채플을 견디고 입을 다물고 있었다면 마커스는 그로부터 열한 달 뒤 와인스버그 대학에서 학사 학위를 받았을 것이다. 나아가 졸업생 대표로 고별사를 했을 가능성도 높았다.

(238~239쪽)

# 12

## 조지 시드니

George Sidney, 1931-

———

『전사 희망자들

For The Love of Dying』(1969)

———

조지 시드니(George Sidney)는 1931년 뉴욕에서 태어나 뉴욕대학교에서 미국문학을 전공했다. 그는 미국 해병대 병사로 한국전에 참여하였고, 자신의 한국전쟁 소설에 나오는 주요 사건들은 실제에 바탕을 두었다. 후일 애리조나대학교에서 박사 학위를 받고 교수가 되었다. 1964년에 풀브라이트 장학금으로 다시 한국을 방문하여 2년 동안 서울대학교와 서강대학교에서 영문학을 강의하였다. 1990년대에도 한국에서 교환교수로 있었고, 베트남에서도 가르쳤으며, 스페인에도 교환교수로 머물렀다.

시드니는 그 후에도 두 차례 한국을 방문하였는데 그러는 사이에 한국여성과 사랑하여 결혼하였다. 김종운, 김용권, 천승걸, 정연선 등 많은 한국 영문학자들과 친교가 있었다. 김종운 교수(전 서울대 총장)는 이 작품의 원고를 놓고 작가와 많은 논의를 하였고 한글로 번역하여 『세계문학 속의 한국』 총서 속에 『전사 희망자들』이라는 제목으로 1975년과 1983년에 출간하였다. 한국어판에는 번역자 김종운 교수와 시드니와의 우정을 서술하기도 하였다.

조지 시드니는 1952년 귀국 후 1964년 다시 한국을 찾은 감회를 다음과 같이 기술하였다.

나는 한국동란 때에 해병대의 사병으로 참전하였다. 그리고 1952년 봄에 귀국하면서 다시는 한국 땅에 발을 들여놓지 않겠다고 맹세하며 종군기간 동안의 기억을 한시라도 빨리 잊고 싶다고 생각했다. 한국에 관한 나의 인상은 그만큼 불유쾌한 것이었다. 그 후 나는 대학과 대학원 공부를 마치고 대학에서 교편을 잡는 몸이 되었는데도 한국은 여전히 내 머리에서 씻겨지지 않았다. 아니, 오히려 한국의 쌀밥 모양으로 끈기 있게 내 뇌리에 달라붙는 것이었다. 그래서 한국을 떠난 지 10년째 되던 1963년 봄에 나는 이 소설의 초고를 탈고하고 이듬해에는 백방으로 노력하여 풀브라이트 교환교수 자리를 얻어 재차 한국에 나왔다. 우선 한국의 산하와 사람에 대한 희미해져 가는 기억을 되살리고 싶었던 것이다. 나는 1964년에서 1966년까지 만 2년을 서강대학을 위시한 몇몇 대학에서 교편을 잡는 한편 이 소설을 두 번 개작하였다. 1964년에 다시 와서 본 한국은 내 기억 속의 한국과는 너무나 판이하였다. 산천의 상처는 아물고 춘천이나 서울은 복구 재건되었다. 그러나 더 큰 변화는 내 자신 속에서 일어난 것이었음을 나는 깨달았다. 내가 그만큼 성장했던 것이다. 나는 한국의 음식을 사랑하게 되었고(전쟁 때 나는 한국 음식을 입에도 대지 않았다), 한국 사람을 사랑하게 되었고(전쟁 때는 한국 사람을 경원하였고 불신하는 것이 가장 안전한 방도였다), 또 나는 한국의 산천을 사랑하게 되었다(전쟁 때에는 부락이나 산야는 위험하거나 전사의 장소일 수밖에 아무것도 아니었다). 2년이란 기간을 통하여 나는 한국적인 것에 처음으로 적나라하게 접하면서 마음속으로부터 이를 사랑하게 되었다. (447~448쪽)

한국에 있을 때 대학강의뿐만 아니라 아메리카학회, 영문학회 등에도 적극 참여하여 지금도 그를 기억하는 한국 학자들이 적지 않다. 그런데도 그의 생존 여부와 연락처는 모르고 있다.

## 작품 속으로

많은 외국 작가들의 한국전쟁 소설이 한국의 서술에는 피상적이고 빈약한 감이 있는데, 시드니의 작품에는 한국적 의식이 큼직한 자리를 차지한다.

『전사 희망자들(For The Love of Dying)』은 1951년 중부전선 화천댐 부근의 한 고지에서 벌

『전사 희망자들For The Love of Dying』(1969)

어지는 미 해병중대의 전투를 배경으로 하고 있다. 실제로 적군과의 전투보다도 부대 안에서 부대원끼리의 대화, 주변 마을에서의 사건들이 주로 이야기되고 있다.

영문학자 김용권 교수와 함께한 조지 시드니(한국 아메리카학회)

이 소설에는 죽음밖에 예상되는 것이 없는 전선에서 미군들이 자기들 끼리 내뱉는 거친 대화를 적나라하게 적고 있는 것이 대부분이다.

"멀미가 나면 맥주나 한잔 쭈욱 들이키면 되지."라고 피터슨이 말 했다.

"왜 아니래." 하고 크레인이 받았다.

"그것하고 또 젊고 보드랍고 빳빳하고 맛좋은 깔치나 하나 있으면 만사 해결이지. 다만 그런 것이 여기에는 없으니까 탈이지. 그런 것은 후방에 있는 장교들이 독차지하고 있으니까 말야. 우린 돼지 새끼같이 찌꺼기나 얻어 먹는 거야."

"그렇게 나쁜 것도 아니야."라고 피터슨이 말했다.

"너 따위 늙은 방귀 같은 놈에겐 나쁘지 않을지 몰라도 난 안 그래."

하고 크레인이 우겼다.

"제기랄 이왕 전쟁을 하는 것이라면 왜 유럽 같은 그런 개명된 지방에 걸리지 못하고 이런 데에 오게 됐느냐 말야."

"미국에서 싸우게 되었다면 어땠을까?" 하고 안이 옆에서 한마디했다. (268쪽)


그러다가 한국 창녀촌에 가서 한 여자를 경험하는 대목도 나온다.

작품 속에 등장하는 '안'(Ahn)은 안정효(작가)라는 얘기가 있다.

이 소설은 반전적이고 비판적이며 비극적인 소설로 평가되고 있다.* 엑셀슨은 "문체상으로 볼 때 작가 시드니는 분명 헤밍웨이를 모델로 하고 있으며 실제 많은 문장들이 헤밍웨이의 훌륭한 문장들과 견줄 수 있다."고 하였다.

대대장 카트리지와 중대장 미첼을 통한 상하관계의 긴장, 병사들의 전쟁관과 참전 동기, 전쟁국 국민들의 비극적 상황, 무고한 죽음, 위선적 종교문제, 들은 것과 본 것 사이의 괴리, 아군의 사격에 죽는 혼란스런 상황 등이 혼합되어 전쟁의 비극을 잘 보여준다. 피터슨 중사는 태평양전쟁, 중국을 거쳐 한국전에 왔지만 13년간의 군 생활과 전투 경험에도 네 번이나 강등되었다가 현 계급으로 복귀한 사람인데 여전히 영웅이 되어 무공훈장을 받고 귀국하는 것이 꿈이다. 그래서 항상 적극적으로 전투에 임하지만 무리수를 두면서 결국 아군에게 피해를 가져온다. 그는 항

---

* 정연선, 『잊혀진 전쟁의 기억』, 256쪽

제3장 | 세계문학에서 발견한 한국전쟁

상 빈정대며 크레인 상병과 부딪친다. 대대장 카트리지 중령은 직업군인으로 부하들의 생명은 관심없는 가학적 성격의 인물이다. 중대장 미첼은 태평양전쟁에서 4년간 싸웠고 두 번 훈장을 받았으며 1년 전 장진호전투에도 참가한 장교이다. 그는 결국 귀국 하루 전 마지막 고지 전투에서 전사한다.

카트리지와 미첼, 두 사람의 대결은 부대 주변의 마을에 나가서 자신과 아이의 생존을 위해 몸을 파는 한 여인과 관계하다가 동네 사람들에게 비참한 죽임을 당한 중대원 버넬 일병을 위한 복수를 논하면서 첨예화된다. 미군 당국의 공식적 훈령은 매춘 행위를 하는 것을 군기위반으로 규율했지만 전선 남성들의 욕구와 버려진 여인들의 생존을 위해 사실상 방치되었다. "부산에서 압록강까지 미군이 있는 곳이면 여자들과 아이들이 따라 다닌다."라고 했다. 대대장 카트리지는 복수를 명하고 대원들을 시켜 마을로 들어가 모든 주민을 학살하고 마을을 초토화시킨다. 크레인 상병은 한국을 떠나면 제일 먼저 하고 싶은 일이 일본 도쿄에서 즐기는 것이라 하는 피터슨과는 달리 국방성과 백악관을 폭파하겠다고 독설을 토한다.

이 소설에는 크레인 상병이 대대장 카트리지를 죽여서 강물 속으로 던지는 장면이 나온다. 한 민간인 촌락의 파괴와 학살에 대한 상징적 응징이요 부조리한 전쟁에 대한 통렬한 비판이다. 소설의 마지막에서 고지전투를 지원하기 위해 출격한 아군기에 의해 오히려 중대장 미첼을 비롯한 여러 명의 중대원이 전사한다.

이 소설에서 명예로운 죽음은 없다. 모두 적이 아닌 아군이나 마을 주민들에 의해 죽임을 당한다. 그들의 죽임에 아무도 관심이 없다. 공산주의에 대한 민주주의, 무신론에 대한 서구 기독교의 투쟁이라는 거창한 전쟁 명분도 결국 전쟁은 무명의 고지에서 전개되는 동네 싸움이고 죽음은 결국 개죽음이라는 것을 고발한다.

이 소설은 다음과 같이 끝난다.

> 뒤를 돌아보니 크레인은 적갈색 황토길 위에 있는 초록색의 점같이 보였다. 그는 철모를 벗어 흔들어 보였다. 갑자기 크레인의 소총이 불을 뿜었고, 그 소리는 산에 메아리쳤고, 하늘에서 까마귀가 하나 곤두박질치며 떨어졌다.
>
> 총의 개머리판에 불을 댄 크레인은 떨어지는 까마귀와 그 뒤를 따라서서히 날아 떨어지는 깃털을 쳐다보았다. 그는 정상을 향하여 손을 흔들어 보이고, 총을 어깨에 메면서 계속 산길을 걸어 내려갔다. 그는 한결 기분이 풀리는 것 같았다. (440쪽)

## 13

# 하진

Ha Jin, 哈金, 1956~

———

『전쟁쓰레기 War Trash』(2004)

———

하진(Ha Jin)의 원래 이름은 김설비(金雪飛, 진쉐페이)로 중국계 미국인으로 소설가 겸 시인이다. '하진'은 필명으로 진하(金哈)를 영어로 표기한 이름이다. 1956년 중국 랴오닝에서 태어나 헤이룽장대학교에서 영문학 학사 학위를, 산둥대학교에서 영문학석사 학위를, 미국 브랜다이스대학교에서 영문학박사 학위를 받았다. 미국에서 공부하던 1989년 천안문 사태가 발생하자 미국에 남기로 결심했고, 이후 영어로 작품을 쓰기 시작했다.

그는 1996년에 『사전(Oceans of Words)』으로 펜 헤밍웨이 문학상을, 1997년에 『붉은 깃발 아래에서(Under the Red Flag)』로 플래너리 오코너 단편문학상을 수상하며 본격적으로 미국의 작가 대열에 합류했다. 1999

년에는 『기다림(Waiting)』으로 그해 전미 도서상과 2000년 펜 포크너 문학상을 받고 퓰리처상 최종 후보에까지 오르며 미국 문단을 깜짝 놀라게 했다. 『기다림』은 문화혁명 전후의 중국을 배경으로, 두 여자 사이에서 방황했던 한 의사의 실화를 통해 전통과 현대 사이에서 갈팡질팡한 중국 사회를 그린 소설이다. 이 작품은 중국 출신인 그가 모국어가 아닌 영어로 쓴 첫 소설로, '정확한 어휘의 힘으로 미국 작가들에게 본보기를 보였다'는 극찬을 받았다.

이후 2004년에는 한국전쟁을 배경으로 한 소설 『전쟁쓰레기(War Trash)』로 펜 포크너 문학상을 수상했고, 다시 한번 퓰리처상 최종 후보에 오르기도 했다. 그 외에도 『붉은 깃발 아래에서(Under the Red Flag)』(1997), 『연못에서(In the Pond)』(1998), 『신랑(The Bridegroom)』(2000), 『광인(The Crazed)』(2002), 『자유로운 삶(A Free Life)』(2007) 등의 소설과 『그림자를 바라보며(Facing Shadows)』(1996), 『난파(Wreckage)』(2001) 등의 시집을 썼으며 푸쉬카트상, 내셔널 도서상, 창작분야 우수 VCCA상, 타운젠트 소설상, 아시아아메리칸 문학상, 칸 문학상 등을 수상했다. 그는 현재 보스턴대학교 영문과 창작학부 교수로 재직하며 왕성한 작품 활동을 하고 있다.

## 작품 속으로

『전쟁쓰레기(War Trash)』는 하진 문학의 정수를 보여준다. 그는 자신의 첫 장편이자 출세작인 『기다림(Wating)』에 이어 또 한 번 펜 포크너상을 수상하고 퓰리처상 최종 후보에 올랐다. 한 작가가 2회에 걸쳐 펜 포크너상을 수상하는 것은 지극히 보수적이며, 특히 외국인에게 배타적인 미국 문단에서 매우 이례적인 일이다. 14살부터 20살까지 중-소 국경에서 중국 인민해방군으로 복무하고, 30살이 다 된 나이에 처음 미국 땅을 밟아 브랜다이스대학에서 영문학을 공부하며 영어로 소설을 쓰기 시작한 그였기에, 이러한 성과는 더욱 놀라운 일이다.

『전쟁쓰레기War Trash』
(2004)

『기다림』,『광인』 등은 중국 본토를 배경으로 중국인들의 질곡 많은 삶을 그려왔다면 『전쟁쓰레기』는 아시아로 범위를 확장하고, 보다 넓은 의미에서 인간과 삶의 본질에 대한 성찰을 시도한다. 이 작품은 20세기 최악의 전쟁이라 불리는 한국전쟁을 시공간적 배경으로 하는데, '소설계에 나타난 가장 현실감 있는 인물'이라 평가받은 주인공 유안의 시선을 통해 인간의 나약함과 국가 제도의 모순을 고발하고, 지독한 생의 갈망 속에서 인간과 삶의 본질에 심도 있게 다가선다. 『전쟁쓰레기』는 '한국인들에게만 특별한 작품'의 수준을 넘어, 전 세계 독자와 비평가에게 하진 최고의 작품이라는 극찬을 받았다.

작가가 '한국 독자를 위한 서문'에서 밝히고 있듯, 이 작품은 "거창한 역사적 문제들에 답하기 위한" 것이 아니며 "군인들의 개별적인 체험", 즉 역사와 투쟁하는 개별자인 한 인간의 이야기를 하고 있다. 유안의 독백 중 "이것을 우리의 이야기라고 생각하지 말아주었으면 좋겠다. 내 존재의 깊은 곳에서 나는 그들 중 하나인 적이 결코 없었다"는 역설적인 문장은 이 책에 작가가 담아내고자 했던 메시지가 무엇이었는지를 일깨워준다. 이 소설은 비록 외국인인 중국 작가의 손에 의해 영어로 쓰여졌지만 우리에게 한국전쟁에 대해 많은 것을 시사해 주고 있다. 이 소설은 결코 중공군 포로들에 대한 이야기에 국한되지 않으며, 분명 1950년부터 1953년 사이에 '이데올로기의 전쟁터'였던 우리나라에 관한 이야기이다.

하진은 한국어 번역판에 한국 독자를 위한 서문에서 이렇게 말한다.

> 나는 북한과 인접한 중국 북동부 만추리아에서 자랐다. 아버지가 중국 인민해방군에서 장교로 복무한 까닭에 우리 집은 아버지의 부대를 따라 많이 돌아다녔다. 어렸을 때 나는 때때로 한국전쟁에서 전쟁 포로였던 사람들을 우연히 만나곤 했다. 이들은 '반역자'라 불리며 거의 죄인 취급을 당했다. 자식들과 가족들 역시 그 때문에 고통을 당했다. (…) 1970년 나는 두만강과 아주 가까운 지린성의 훈춘에 주둔한 부대에서 군 생활을 했다. 그 당시 중국은 소련, 북한과 긴장 관계에 있었다. 전쟁이 언제 발발할지 모른다고 했다. 그래서 우리는 때로 겨울에는 옷도 벗지 못하고 잠을 자야 했다. 비상사태가 발생하면 곧바로 전선에 투입되기 때문이다. (6쪽)

> 동시에 나는 소설로 된 회고록 형태를 띤, 톨스토이가 도스토예프스키의 최고작이라 했던 『죽음의 집의 기록(The House of the Dead)』과 같은 회고록이 아닌 소설을 쓰고 싶었다. 그러나 도스토예프스키의 작품은 『전쟁쓰레기』에 많은 영향을 미쳤다. 나는 이 소설을 쓰면서 그의 작품을 반복해서 읽었다. 감옥생활을 묘사하는 방법을 배우기 위해서였다. 그리고 기록으로 된 자료 외에도 기자들과 미군이 찍은 많은 사진들을 보면서, 이 소설을 구체화하는 데 필요한 세부적 사항들을 얻

었다. (…) 이 소설을 집필하고 나서야 적군에 사로잡히는 것에 대한 걱정이나 두려움이 마침내 없어졌다. 추측컨대 나는 심리적으로나 정서적으로 마음의 평정을 되찾기 위해 이러한 책을 필요로 했던 듯싶다. (8~9쪽)

『전쟁쓰레기』에서 인상적인 대목 몇 곳을 인용한다.

대부분의 중국인들에게는 맥아더의 군대가 얄루강(압록강)을 건너 중국의 북동부인 만추리아를 점령하려 하는 것으로 보였다. 전선에 나가 조국을 수호해야 하는 것이 현역 군인인 나의 임무였다. 쥐란은 그걸 이해했다. 그래서 혼자 있을 때는 자주 울었지만 사람들 앞에서는 나를 자랑스럽게 여기기까지 했다.

"걱정 마. 1~2년 후면 돌아올 거야."

나는 이렇게 말하며 그녀를 위로하려고 했다. 우리는 서로를 기다리자고 약속했다. 그녀는 옥으로 된 머리핀을 반으로 자르더니 나에 대한 사랑의 증표로 한쪽을 줬다. (20쪽)

구수는 하루 종일 신음소리를 냈다. 숨소리는 거칠었다. 그는 때때로 가슴을 쥐어뜯었다. 그는 토마스 군의관이 자신의 다리를 망치려고 작정했다며 지독한 욕을 퍼부었다. 천막에 있는 대부분의 환자들은 세균전을 위한 실험 도구가 되었다는 그의 생각이 맞다고 생각했다. (75쪽)

류타이안이 그 남자에게 뜯어낸 살점을 흔들며, 다른 손으로 그의 경호원이 들고 있던 호롱등의 유리를 열어젖혔다. 그는 그 살을 불에 태웠다. 그것은 몇 초 동안 지글지글 끓더니 누렇게 타버렸다. 그러자 그걸 입에 넣고 질근질근 씹었다. 나는 소스라치게 놀랐다. 속이 느글거리기 시작했다. 그는 이를 갈며 말했다. "나는 너희 공산주의자들을 모두 죽여 심장과 간을 씹어 먹어도 분이 풀리지 않을 거다." (171~172쪽)

우리는 가족이 휘말려 드는 게 두려웠다. 국민당 성향의 수용소에 있으며 본국 송환을 거부한다는 이유로 가족과 자식이 고통을 당하게 될 것이었다. 정부가 우리를 '행방불명'이라고 분류해준다면 더 좋을 것이었다. 그렇게 되면 우리가 없음으로써 가족들이 혜택을 받게 될 것이었다. 규정상 그들은 순교자의 가족으로 대접받을 것이었다. 공산주의자들이 지배하는 수용소에서도 집으로 편지를 쓰지 않기는 마찬가지였다. 미군들이 편지를 개봉해 그들의 진짜 신원을 알아볼까 두려워서였다. (468쪽)

하진은 한국전쟁을 겪지 않은 작가로서 어떻게 그렇게 생생한 묘사를 했느냐는 질문에 "한국전쟁을 찍은 여러 사진들을 보면서 연구했다."라고 했다.

시오도어 리드 페렌바크 Theodore Reed Fehrenbach
『이런 전쟁 This Kind of War』

다니엘 J. 미도르 Daniel J. Meador
『결코 잊지 않으리 Unforgotten』

글렌 덜랜드 페이지 Glenn Durland Paige
『한국의 결정 The Korean Decision』

브루스 커밍스 Bruce Cumings
『한국전쟁의 전개과정 Korea: Unknown War』
『브루스 커밍스의 한국전쟁 The Korean War: A History』

데이비드 핼버스탬 David Halberstam
『콜디스트 윈터 The Coldest Winter』

# 01

## 시오도어 리드 페렌바크

Theodore Reed Fehrenbach, 1925~2013

—

『이런 전쟁 This Kind of War』(1963)

—

한국전쟁을 다룬 작품을 얘기할 때 시오도어 리드 페렌바크(Theodore Reed Fehrenbach)의 『이런 전쟁(This Kind of War)』은 빠짐없이 거론되는 책이다. 그 이유는 그가 미국의 유명 언론인으로 비교적 일찍이 한국전쟁에 관한 방대한 책을 내었기 때문일 것이다.

그는 1947년에 프린스턴대학을 졸업하고 1950년 한국전쟁에서 육군 72전차대대 소속으로 참전하였다. 소대장과 중대장을 거쳐 중령까지 진급하였다.

한국전쟁에 관한 책 가운데 널리 알려진 것은 앞에서 소개한 마거리트 히긴스의 『자유를 위한 희생(War in Korea)』인데, 이에 못지않게 널리 알려진 책이 바로 페렌바크의 이 책이다. 그런데 페렌바크는 한국전쟁에 참전했음에도 자신의 개인적 경험을 언급하지 않고 객관적 자료들을 기초로 서술하였다는 점이 히긴스와 다르다. 어느 쪽이 더 좋은지는 관점에 따라 달리 평가할 수 있지만, 한국전쟁에 관해 이렇게 서로 다른 성격의 책들이 나왔으니 다행이다. 이 책에 대해 미국상원의원 존 매케인(John McCain)은 "오늘날에도 여전히 미국의 외교, 안보에 영향을 미치는 한국전쟁을 다룬 최고의 책"이라고 호평했다. 또한 미 합동참모의장이자 국무부장관을 지낸 콜린 파월(Colin L. Powell)은 "정치적 실수와 군사적 실수를 파고들며 그 실수들 때문에 피 흘리고 죽어야 하는 용감한 영혼을 가진 군인들을 그대로 보여준다"고 평했다. 이 책은 미국 육군사관학교와 육군지휘참모대학에서 교과서로 읽히고 있다. 이 책은 1963년에 나왔는데, 한국어로는 2019년에야 번역되었다. 아무튼 이 책과 저자를 소개할 수 있어 기쁘다.

시오도어 리드 페렌바크는 1925년 1월 12일 미국 텍사스주 샌 베니토에서 태어났다. 텍사스와 로스앤젤레스에서 어린 시절을 보내고 프린스턴대학 재학 중 제2차 세계대전이 발발하자 학업을 중단하고 육군 공병부대 부사관으로 입대하였다. 육군 중위로 전역한 후 복학하여 1947년에 프린스턴대학을 졸업하였다.

1950년에 한국전쟁이 일어나자 육군 72전차대대 소속으로 참전하였다. 72전차대대에서는 소대장과 중대장을 거쳐 중령까지 진급하였다. 전역 후 1954년에 텍사스주 샌 안토니오에 살면서 15년 동안 보험업에 종사하면서 소설을 쓰고 신문과 잡지에 글을 기고하였다. 모두 20권의 저서를 출간하였다.

1983년부터 2001년까지 텍사스 역사위원회 위원으로 활동했으며,

1987년부터는 위원장을 맡았다. 텍사스 역사위원회는 그의 공을 인정하여 페렌바크 출판상을 제정하였다. 2013년 12월 1일 샌 안토니오에서 88세로 사망하였다.

## 작품 속으로

『이런 전쟁This Kind of War』(1963)

페렌바크는 1963년에 두 번째 책으로『이런 전쟁(This Kind of War)』을 출간해 작가로서 널리 인정받았다. 1966년에는『한국의 십자로들(Crossroads in Korea)』을 내어 미군과 프랑스군이 지평리 일대에서 1951년 2월 중공군의 공세를 성공적으로 격퇴한 지평리 전투를 집중 조명하였다.

『이런 전쟁』은 한글판으로 823쪽에 이르는 방대한 저서이다. 이 책은 3부로 되어 있는데, 제1부 개전(beginning)에는 '1. 서울의 토요일 밤, 2. 이토 히로부미의 범죄, 3. 전쟁을 일으키기 위해서, 4. 채병덕 장군의 계획, 5. 대참사, 6. 유엔이란 망토'가 수록되었고, 제2부 전투(Battle)에는 '7. 스미스 특수임무부대, 8. 사라진 A중대, 9. 대전(大田), 10. 퇴각, 11. 방어선, 12. 소방대, 13. 낙동강에서의 죽음, 14. 전세 역전, 15. 서울 수복, 16. 설욕, 17. 달콤한 승리, 18. 꿈의 나라에서, 19. 군우리, 20. 죽음의 계곡으로, 21. 공포의 밤, 22. 장진호, 23. 지평리, 24. 비통하다 카이사르, 25. 자랑스런 군단, 26. 글로스터 고지, 27. 죽음의 계곡, 28. 5월 학살'이 수록되었으며, 제3부 실책(Blundering)에는 '29. 정전회담,

30. 피의 능선, 31. 단장의 능선, 32. 교착상태, 33. 철조망 너머, 34. 좌절, 35. 거제도, 36. 화장지 20개 그리고 머큐로크롬 1리터, 37. 여름, 겨울, 봄 그리고 가을, 38. 마지막 봄, 39. 휴전, 40. 교훈'이 수록되었다. 이어서 연표와 한국전쟁에 사용된 주요 무기에 대한 설명이 이어진다.

이 책은 한국전쟁을 미국의 관점에서 바라보고 분석한 방대하고 세밀한 종합적인 역사서이며 '전쟁을 준비하지 않았던 미국'을 되돌아보게 하는 미국판 징비록(懲毖錄)이라 할 수 있다. 치열한 전쟁에서 생사를 가르는 군인들의 용기, 시련, 희생, 실수 등과 관련된 많은 사례를 자세히 서술하고 있다.

서문에서 저자는 이렇게 말한다.

무엇보다 한국전쟁은 힘을 시험한 전쟁이 아니라 의지를 시험한 전쟁이었다. 쌍방 중 누구도 전력을 다해 싸우지 않았기 때문이다. 이 전쟁은 서방이 공산권 지도부의 야망과 의도를 오판했다는 것을 보여주었고, 공산권 지도부가 서방에 대해 가진 적대감이 얼마나 강렬한지를 분명히 드러냈다. 자신들의 침략이 불러올 반응을 평가하는 데서 공산권이 크게 실수했음 또한 이 전쟁으로 증명되었다. (…) 전투가 시작되고 명확한 결론 없이 휴전하게 되었을 때 양측은 각자 귀중한 교훈을 안고 고향으로 돌아갈 수 있었다. 공산권은 미국을 위시한 자유진영이 새로운 상황에서 혼란에 빠지지 않은 채 빠르고 실제적으로 대응할 의지가 있다는 것을 배웠다. 미국과 유럽의 대중들은 제2차 세계대전이 끝난 뒤의 세상은 바라던 바대로 즐거운 곳이 아니라는 점, 폭격기, 항공모함, 핵탄두만으로는 말끔하게 질서를 유지할 수 없다는 점, 그리고 공산주의의 위험을 무시하면 극단적인 위험을 감수할 수밖에 없다는 사실을 배웠다. 양 진영은 모두 이 전쟁의 결과에 만족하지 못했다. 그러나 희망적이게도 신중해야 한다는 평범한 교훈을 배웠다. (8쪽)

한국전쟁이 발발하자 이승만 정부는 북한군의 진격을 막기 위해 육군 공병대에 서울 한강 인도교를 폭파하라고 명했다. 이 책은 이 사건의 경위에 대해 이렇게 적고 있다.

미 군사고문단 장교인 헤즐렛(Hazlett) 대령과 하우스만 대위는 자정쯤 수원까지 이동해서 도쿄와 통신을 구축했다. 두 사람이 지프차를 타고 다리를 막 건너고서 하우스만 대위가 자신의 손목시계를 봤을 때가 02시 15분이었다. 그 순간 한강인도교가 폭파되었다. 칠흑 같은 밤을 가르며 오렌지색 불길이 치솟았고 땅이 흔들렸다. 귀를 찢는 소리와 함께 한강 남쪽의 경간(徑間) 2개가 소용돌이치는 검은 물속으로 떨어졌다. 폭발로 민간인과 군인 몇 명이 죽었는지 또는 몇 명이 비명을 지르며 한강에 빠져 익사했는지 알 수 없을 것이다. 가능한 대로 추산해보자면 1천 명에 가까울 것이다. 한강인도교 위로 모여든 사람들에게 아무 사전 경고가 없었다. 이후 육군 공병감(역자주: 최창식 대령)은 군법회의에 회부되어 재판을 받은 후 책임을 물어 총살형을 당했다. 하지만 이승만 정부의 누구도 육군에 한강 인도교를 파괴하라고 명령한 국방차관은 문제 삼지 않았다. (…) 6월 28일, 오직 오합지졸만이 한강 남부를 방어하고 있었다. 육군본부는 25일에는 9만 8천 명이던 장병 중에서 겨우 2만 2천 명만 생존을 확인할 수 있었다. "미국 밖에 존재하는 최강의 육군"이라 불리던 대한민국 육군은 그저 패배한 정도가 아니었다. 말 그대로 격멸되었다. (106쪽)

이처럼 시종일관 객관적인 서술로 8백여 페이지를 채우고 있는데, 끝으로 전쟁이 교착상태에 빠지고 휴전을 거치는 과정을 이렇게 서술한다.

갯벌이 가득한 서해에서부터 차가운 회색빛 동해까지 접촉선을 따라 서로 마주보는 군대는 2킬로미터씩 물러나 합의한 대로 비무장지대를 만들었다.

유엔군이 물러남에 따라 올드 발디 고지, 폭찹 고지, 피의 능선, 단장의 능선, 저격능선, 화살머리고지, 백마고지, 켈리, 노리, 혹, 지브롤터, 그리고 이것들 말고도 100개쯤 되는 고지들을 포기했다. 피로 물들고 인간의 용기로 신성해진 이 고지들에는 사연이 깃들지 않은 곳이 없었다. 이제 이 고지들은 누구의 땅도 아닌 곳에 있게 되었다. 포격으로 뒤집어지고 악취를 풍기는 이 땅은 인간들 사이의 끝없는 충돌을 상징하는 곳이 되었다. 어떠한 기념비도 이곳에 설 수 없고 산산조각이 난 무덤에는 어떠한 순례자도 방문하지 않을 것이다.

새로운 봄이 오고 이 봄이 아마 두 번쯤 지나면 소나무, 개나리, 그리고 야생 자두가 녹슨 철조망과 포탄의 파편 사이로, 그리고 썩어가는 사람의 뼈 사이로 싱싱한 푸른 잎을 뻗어 올리며 다시 자랄 것이다. 이 고지들에서 싸웠던 군인들을 빼면 이 고지들은 곧 잊혀질 것이다.

휴전협정이 체결되고 잉크가 마르기도 전에 이 고지들 북쪽에서는 휴전협정을 위반하는 일들이 벌어졌다. 새로운 병력, 새로운 무기, 새롭고 현대적인 항공기들이 압록강을 넘어 쏟아져 들어와서 산속에 깊이 자리 잡은 새로운 요새화된 기지로 들어갔다. 이 무기들이 언제 쓰일지는 아무도 몰랐다.

휴전선 남쪽에서는 한국군과 소수의 미군만이 불편하게 야간에 보초를 섰다. 사람들이 모두 잊은 이 야간 보초가 언제 끝날지 보이지 않았다. 한국전쟁은 선전포고도 없었고 결코 끝나지도 않았다. 200만 명이 죽었다. 계획에 없던 교전에서 미 육군과 공군 4만 명이 사망했다. 가장 멀리 있는 전선을 지켰다는 것을 빼고는 승리도 이익도 없었다. 엄청난 비용을 치르고 짧은 시간을 벌었다. 세계의 자유국민들이 어떻게 생각하는가에 따라 이 시간이 잘 쓰일 수도 아닐 수도 있을 것이다. (798~799쪽)

# 02

## 다니엘 J. 미도르

Daniel J. Meador, 1926~2013

『결코 잊지 않으리Unforgotten』(2003)

다니엘 J. 미도르(Daniel J. Meador)는 자신의 소설 주인공처럼 앨라배마대학과 하버드법대를 졸업했다. 그는 한국전쟁을 바탕으로 한 소설 『결코 잊지 않으리(Unforgotten)』를 썼는데, 이 소설의 주인공 존 윈스턴은 남부 앨라배마주의 햄버튼 출신으로, 그의 가문은 3대가 전쟁에 참전해 전공을 세운 바 있다. 그는 ROTC 출신으로 한국전쟁에 포병과 법무장교로 참전했다. 한국전쟁이 공산주의라는 "암흑 세력에 대항하는 성전(holy war)"이라는 전쟁관을 가지고 전쟁 첫해의 반격 작전에 소대장으로 참전했다. 그의 조부가 남북전쟁 때 북진하던 모습을 떠올리며 압록강을 향한 북진대열에 합류한 것이다. 그는 한국인의 독특한 냄새, 잔혹하게 살해된 미군과 한국군 그리고 민간인들의 모습, '신이 저버린 나

버지니아대학교 연구실에서의
다니엘 J. 미도르.

라'라는 말을 들을 정도로 황폐한 국토를 보면서 전쟁의 처참한 현실을
깨닫게 된다. 중공군의 개입으로 청천강 이북의 군우리전투에서 처참한
패배를 당하며 남쪽으로 후퇴한다. 다니엘 J. 미도르는 이 소설을 버지
니아법대를 퇴직하고 명예교수로 활동할 때 집필했다. 2013년에 86세의
나이로 세상을 떠났다.


## 작품 속으로


『결코 잊지 않으리(Unforgotten)』는 제목에서부터 한국전쟁은 잊혀질
수 없는 전쟁, 즉 '잊혀진 전쟁'이 아님을 말해 준다. 이 소설의 주인공은

한국전쟁이 끝난 지 40여 년이 지난 후에 워싱턴
에 세워진 '한국전 참전 기념비'의 헌정식에서 기
념비 앞에 홀로 서서 전쟁에서 돌아오지 못한 전
우들을 생각하며 "결코 한국을 잊지 않을 것이며
잊어서도 안 된다"고 결연한 의지를 보이는 63세
의 참전 노병이다. 그가 과거로 돌아가 한국전
쟁에 참전하게 된 배경과 한국에서의 경험, 귀국
후 오늘까지의 과정을 그리고 있다. 입문, 경험,

『결코 잊지 않으리
Unforgotten』(2003)

귀환이라는 미국 전쟁소설의 전형적인 3분 구조를 보여준다. 이 소설의
프롤로그는 앨라배마주의 유명 변호사이며 한국전 참전군인인 63세의
존 윈스턴이 미연방 항소심 판사로 지명되었다는 것과 한국의 1080고지
에서 한 일을 기억하는 한 여인의 괴이한 전화로 40여 년 전의 시간으로
돌아가는 것으로 시작된다.

　독실한 크리스천인 주인공 존 윈스턴은 한국전쟁에서 미군이 많이 죽
었는데도 제한전쟁을 위해 싸우는 '경찰'로 불리는 것에 대해 불만을 품
고, 자신이 직접 참전해 진실을 밝히려고 한다.

　그는 시편 139편에 나오는 구절을 인용하면서 "주에게는 흑암과 빛이
같기 때문에" 이 땅 위에 어느 곳도 신이 저버린 곳이 있을 수 없는데, "만
약 그런 곳이 있다면 아시아의 황량한 이 구석은 그 후보지가 될 것이다"
고 한다. 윈스턴은 부산항에 도착하고 한국의 첫인상을 이렇게 말한다.

　　흰옷을 입은 남녀들, 일본인과 중국인들과 다른 아시아인, 특이하면
　　서도 끊임없이 은근하게 풍겨오는 냄새, 음식 냄새, 사람의 배설물, 그

리고 꼭 집어 말할 수 없는 것들에서 나오는 복합적인 냄새가 나고 있었다. (68쪽)

이 소설에서 중심이 되는 사건은 38선 부근의 고지에서 발생한다. 북한 쪽의 274고지와 중부전선의 969고지에서 소대장으로 전공을 세운 주인공 윈스턴은 휴전회담이 진행 중인 가운데 하달된 1080고지(철의 삼각지대의 오성산)에 대한 공격명령에 거부감을 나타낸다. 육사 출신 중대장 브루스 월러 대위에게 무익한 공격을 중단할 것을 건의하지만 상부의 명령을 수행해야 한다는 대답을 듣고 대대장과의 면담을 주선해 줄 것을 간청한다. 대대장과의 면담에서 윈스턴은 이 전쟁의 목적은 제한전쟁이고 우리가 이기기를 원치 않는 이 전쟁에서 1개 연대로 강력하게 구축된 적의 요새 1080고지를 공격하는 것은 병사들의 무고한 희생만 초래할 뿐이라는 논리를 편다.

그러나 그의 간청은 통하지 않는다. 대대장은 윈스턴의 논리는 워싱턴의 전쟁지휘부가 판단할 문제이지 전쟁현장에 하급 지휘관이 주장할 논리는 아니라고 말한다. 대대장은 윈스턴을 명령 불복종으로 소대장직에서 해임하고 후방 군단사령부로 보내 군사재판에 회부한다.

결국 대대는 1080고지를 공격해 점령했으나 대대장과 중대장은 전사하며 중대도 반 이상을 잃는 참담한 결과를 초래한다. 바로 얼마 전에 벙커 속에서 윈스턴의 딸이 출산되었다는 소식을 듣고 함께 기뻐했던 육사 출신 중대장, 얼마 후 순환근무로 귀국할 날을 기다리던 장차 장군감이라 평가받던 유능한 월러 중대장이 전사하자 윈스턴은 큰 충격을 받는다. 다행히 윈스턴은 군사재판에서 무죄 석방되고 귀국과 함께 명예로운 제대를 하게 된다.

그렇지만 법적으로는 무죄가 되었으나 윈스턴 스스로 양심상 무죄를 주장하지 못한다. 귀국길에서 지난 1년간의 비참한 모습들이 생생하게 기억된다. 무엇보다 왜 자신만 살아남았는지에 대한 무거운 죄책감에 시달린다. 미국에 도착한 그를 아무도 반겨주지 않고, 미국의 신문에 한국전쟁에 관한 기사가 거의 실리지 않았던 것을 알고 미국의 무관심에 크게 실망한다.

윈스턴은 1년간 경험했던 한국전쟁을 잊지 않고 40년의 세월을 추적하고 있다. 그는 샐리라는 여자와 결혼하지만 행복한 생활을 이루기는 힘들었다. 사회적으로는 변호사로 성공하지만 한국전쟁으로 생긴 죄책감과 트라우마에 시달리는 주인공은 쉽사리 마음을 열지 못한다. 결국 부인 샐리는 자살을 한다.

윈스턴의 인생에서 한국전쟁은 이후에도 줄곧 따라붙는다. 그는 미연방 항소심 판사로 지명되고 청문회를 준비하던 중 두 가지 사건이 발생한다. 하나는 일찍이 자기에게 전화를 걸었던 괴이한 전화의 주인공이 그가 존경하던 중대장 윌러 대위의 미망인이었다는 것이다. 그녀는 남편이 전사한 후 홀로 딸 헤니를 키우며 살았지만 그 충격으로 평생 우울증으로 고통을 받아왔다. 그 딸은 커서 법대를 나와 상원 법사위원회의 직원으로 근무한다. 윈스턴은 딸과 함께 그 미망인을 찾아가지만 남편이 전사한 것은 윈스턴 때문이라고 원망해 쉽게 마음이 풀어지지 않는다.

또 다른 사건으로 윈스턴은 자신의 소대원이던 사무엘 길모어의 권총 공격을 받고 죽을 고비를 넘긴다. 길모어는 969고지 전투에서 부상을 당했는데 의무병을 찾아가는 자신을 윈스턴이 권총으로 위협해 전투를 계속해야 했고 결국 하반신 마비가 되는 중상을 입어 평생 휠체어로 사는 원한을 복수하려고 윈스턴을 찾았던 것이다. 이처럼 중대장의 미망인과 길모어에게 한국전쟁은 긴 세월 동안 여전히 진행형이었다. 결국 중대장의 부인은 병사하고 길모어는 윈스턴을 죽이지 못하자 분을 삭이지 못해 자살하지만 이러한 사건들로 주인공 윈스턴은 편히 살 수가 없다. 결국 윈스턴은 자신의 연방판사 지명을 철회해달라는 성명과 함께 상원에서 자신의 한국전쟁 경험과 미래세대가 알아야 할 한국전쟁의 의미, 그리고 한국에서 전사됐거나 돌아오지 못한 수많은 젊은이의 희생이 지니는 중요성에 대해 일장 연설을 한다.

이 소설의 작가는 법대 교수답게 이 연설에서 주인공 윈스턴을 통해 한국전쟁에 관한 공식적인 역사적 의의를 설명하고 그것을 결코 잊지 말아야 한다고 강조한다. 만약 한국전쟁을 기억하지 않는다면 전사한 미국 청년들을 욕되게 하는 것이라 강조한다.

작가 미도르에게 한국전쟁은 1953년 7월 27일 한국에서 끝난 것이 아니다. 이 소설은 너무 감상적이고 다소 개연성이 부족해 미학적 완성도는 떨어지지만 역사적 사료로서 가치가 높다고 평가된다.

## 03

# 글렌 덜랜드 페이지
Glenn Durland Paige, 1929~2017

———

『한국의 결정 The Korean Decision』(1968)

———

글렌 덜랜드 페이지(Glenn Durland Paige)는 엄밀히 말하면 작가라기보다는 교수요 행동가인 인물이다. 그의 『한국의 결정(The Korean Decision)』(1968)은 원래 예일대학교 정치학 박사논문으로 쓴 것인데 책으로 출간되어 한국전쟁 연구자들의 필독서가 되었다. 후일 그가 '비살생 정치학(Nonkilling Political Science)'의 주장자가 된 것도 연장선상에서 이해할 필요가 있다.

글렌 페이지는 1929년 6월 28일 미국 뉴잉글랜드주의 브록턴에서 사회사업가의 아들로 태어났다. 뉴햄프셔의 로체스터에서 자라나 1947년에 필립스 아카데미를 졸업했다. 1950~1952년 한국전쟁에 참전하여 한국 공군에 소속된 10연대 연락관으로 복무하였다. 이때의 체험을 바탕으로

2012년 Jamnalal Bajaj Awards 수상. 시상식장에서 메시지를 전달하고 있다.

후일 박사 논문 「한국의 결정(The Korean Decision)」 (1950)을 썼다. 1950년 프린스턴대학에서 국제정치학과 중국어, 러시아어를 공부하고 1955년에 졸업하고, 1957년에 하버드대학에서 석사 학위를 받았고 1959년에 노스웨스턴대학에서 정치학박사 학위를 받았다. 1959년부터 1961년까지 한국에 교환학자로 와서 서울대학교 행정대학원에서 학생들을 가르쳤다. 1960년 4월 19일 글렌 페이지는 4·19혁명의 현장에 있었고, 골목에 숨어 경무대 앞 총격 현장도 목격했다.

이후 미국으로 귀국해 1967년까지 프린스턴대학에서 가르치고, 1967~1992년까지 하와이대학 교수로 재직하였다. 1972년에는 북한연구의 권위자인 서대숙 교수와 함께 하와이대학에 한국학연구소를 설립하는 데 주도적으로 기여하였다. 또한 1973년에는 북한 학자를 하와이에 초청하여 비살인과 평화에 관한 학술회의를 개최하였다. 1988년에는 세계비살생연구소(Center for Global Nonkilling)를 창립하였다.

하와이 호놀룰루에 대원사를 설립하는 기초를 놓아주기도 하여, 구내에 감사비가 서 있다. 은퇴한 후에도 한국학연구소와 전기학연구소(Center for Biographical Research)의 자문역할을 하면서 지냈고, 한국도 여러 차례 방문하여 제자, 후배학자들과 교류를 지속하였다. 2017년 1

월 22일 호놀룰루에서 작고하였다. 2018년 4월 27일 서울대학교에서 추모 학술심포지엄을 개최하였다.<sup>*</sup>

## 작품 속으로

394쪽에 이르는 『한국의 결정(The Korean Decision)』은 한국전쟁이 발발했던 3일간 미국 정부의 신속한 결정 과정을 자세히 연구한 것이다. 뉴욕의 자유출판사에서 출판되었고 국내에는 아직 번역되지 않았다. 저자는 이 책의 헌사에서 '한국전쟁에서 죽은 모든 이들과 정치적 결정

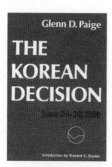

『한국의 결정
The Korean Decision』
(1968)

을 하고 연구하는 모든 이들에게(To all who died in the Korean War and to all who make and study political decisions)'라고 적고 있다. 주한 미국 대사를 지낸 스나이더(Richard C. Snyder)가 장문의 서문을 쓰기도 했다. '제1부 단일 케이스로서의 결정 분석, 제2부 1945~50년의 배경, 제3부 구술, 제4부 경험적 분석, 제5부 평가, 제6부 위기관리와 행동'으로 구성되어 있다. 물론 학술서이기 때문에 각주도 많고 부록과 문헌목록 그리고 색인까지 붙어 있다. 그런데 이 책을 문학의 관점에서도 접근할 수 있는데, 제3부 「구술」이 한국전쟁이 발발한 6월 24일부터 30일까지의 미국 백악관에서의 결정 과정을 사실적으로 서술하고 있기 때문이다. 79쪽부터 272쪽까지가 그에 해당하니 거의 전편에 이른다고도 말할 수 있다.

---

*자세히는 최종고, 『한국을 사랑한 세계작가들 2』, 2019, 290-297쪽

어쨌든 저자는 한국전쟁을 눈으로 보듯 생생하게 서술하고 있다.

제3부 '구술'은 13장으로 되어 있는데 '1장 한 사례에서 본 결정분석, 2장 내부적 배경, 3장 외부적 배경, 4장 6월 24일 토요일, 5장 6월 25일 일요일, 6장 6월 26일 월요일, 7장 6월 27일 화요일, 8장 6월 28일 수요일, 9장 6월 29일 목요일, 10장 6월 30일 금요일, 11장 몇 가지 전제들, 12장 평가, 13장 위기경영을 위한 몇 가지 함의'의 순서로 서술하고 있다.

이 구성에서도 알 수 있듯이 제3부 '구술'은 1950년 6월 24일부터 30일까지의 상황전개를 면밀히 수집 구성하여 서술하고 있어 당시의 상황을 생생하고 입체적으로 서술해 소설 이상의 박진감과 스릴을 느끼게 한다. 이런 위기의 순간에 정치지도자가 어떻게 결정을 내리는가에 따라 전쟁은 물론 세계사가 변할 수 있음을 또렷하게 묘사하고 있다.

제3부 5장은 전쟁이 발발한 6월 25일을 다루고 있는데, 대통령이 안전보장이사회의를 긴급히 열어줄 것을 요청하고, 그로스 대사가 유엔사무총장 리(Lie)에게 공식적으로 안전보장이사회의를 요청한 일, 한국의 장막을 벗기는 사건들, 미국대표단이 안전보장이사회의를 준비하는 모습, 미국 언론의 반응, 존슨 국무장관과 브래들리 장군이 노포크(Norfolk)로 간 일, 미국 합동참모회의 개최, 서울과 도쿄로부터의 보고, 대통령의 워싱턴 귀환 결심, 유엔안전보장이사회의 개회, 전쟁에 대한 의회의 논평, 김일성의 한국민에 대한 성명, 대통령의 워싱턴 귀환, 이사회 결정이 맥아더에게 전달된 것 등 전쟁 발발 당일의 일들을, 그러니까 일요일에도 불구하고 만 이틀 만에 유엔안전보장이사회의 결의를 거쳐 결과를 일본에 있는 극동사령관 맥아더 장군에게 전달한 일들을 매우 자세히 소개했다.

정치학이 그렇기도 하지만 어떤 이론이나 체계에 구속되지 않고 필자의 의도와 성향대로 얼마든지 각색할 수 있는데, 특히 페이지는 면밀한 자료 구성과 함께 매우 상세한 서술을 하고 있다.

글렌 페이지는 이 책을 내고 나서 2년 후인 1970년에 포켓판으로 『1950 트루먼의 결정(Truman's decision)』이란 단행본을 내었다. 내용은 위의 책을 다루었지만 형식은 다르다. 이 책은 1부 배경, 2부 결정의 계기, 3부 유엔참여의 결정, 4부 공군과 해군력에의 결정으로 되어 있는데, 각 부마다 관련된 트루먼 대통령과 트뤼그브 리(Trygve Lie) 유엔 사무총장의 담화문들이 실려 있다. 어찌 보면 앞의 책의 보충 자료편 같아 보인다.

페이지 교수가 한국전쟁과 관련하여 중요한 이유는 직접 한국전쟁에 참여한 미군이면서 미국 정치학자로서 맨 먼저 한국전쟁에 관한 학술서를 내었기 때문이다. 그리고 그 후 비살생 정치학(politics of non-killing)을 창조하였다. 전쟁을 경험한 그는 결론적으로 남북은 결국 비살생의 정치로 나아가야 한다고 주장한다. 물론 여기에는 그가 이런 과정에서 한국 불교에 심취되어 불교신자가 된 요인도 작용할 것이다. 그는 박정희 대통령 시절 김지하의 구속에 대해 단식투쟁과 일인 시위로 강력히 저항하기도 하였다. 한국전쟁을 경험한 이후 한국을 사랑하고 잊지 않게 된 그는 후일 북한도 방문하고 남북한 학자들을 초청하여 세미나도 개최하였다.

전쟁은 뭐라 뭐라 해도 일어나서는 안 될 것이다. 사람을 죽여서는 안 된다. 그것이 그의 주저(主著)라고 할 수 있는 『비살생 정치학(Nonkilling Global Political Science)』(2002)으로 나왔다. 세계 34개 언어로 번역되었고 한국어로도 번역 출간되었다.

# 04

# 브루스 커밍스
Bruce Cumings, 1943~

———

『한국전쟁의 전개과정 Korea: Unknown War』(1988)
『브루스 커밍스의 한국전쟁 The Korean War: A History』(2010)

———

한국전쟁에 관해 쓴 외국인의 책 중에서 주변에서 가장 쉽게 눈에 뜨이는 책이『브루스 커밍스의 한국전쟁』이란 번역서이다. 역사가들이 이 책을 수정주의 사관이라고 비판하였는데 요즘은 그렇게 되어버렸다. 그리고 이 책은 원제가『The Korean War: A History』라고 되어 있지만 전쟁의 역사적 사실을 서술한 역사서가 아니라 한국전쟁과 관련하여 몇 가지 측면에서 이야기하고 논평하는 담론집이다. 브루스는 일반적으로 '비판적 아시아학(critical Asian studies)'의 학자로 알려져 있듯이 한국전쟁을 이런 관점에서 보고 있는 것이다.

종래 한국전쟁을 남침이냐 북침이냐에 관심을 두고 6월 25일 북한이 남침을 했다고 보는 일반적 한국인과 역사학자들이 보기엔 이 책은 '수

정주의 사관'이라 볼 수밖에 없다. 그렇지만 커밍스가 북한이 침략한 사실을 모를 리 없을 것이며, 한국전쟁을 그 문제만 매달려 서술하라는 법도 없다. 이 책은 우리가 외면해 오던 관점과 이야기를 상당히 많이 포함하고 있는 것이 사실이다. 놀랍게도 한국의 강경애, 황석영, 김지하, 심지어 이광수까지 거론하면서 한국문학에 대해서도 언급하고 있고, 국내 작가뿐 아니라 미국의 제임스 설터, 필립 로스, 데이비드 핼버스탬, 중국작가 하진을 거론하면서 한국전쟁이 어떻게 문학화되었는지를 서술하면서 '한국전쟁은 어떻게 잊혔나'를 문학적으로 표현하고 있다.

　브루스 커밍스(Bruce Cumings)는 1943년 9월 5일 미국 뉴욕주 로체스터에서 태어났다. 시카고대학의 역사학과 석좌교수로 전공은 한국근

현대사와 동아시아 국제관계이다. 같은 대학 일본사 분야의 교수인 나지타(Tetsuo Najita), 하루투니언(Harry Harootunian)과 더불어 '비판적 아시아학'의 대표적 인물이다. 고(故) 제임스 팔레(James Palais, 1934~2006)의 제자이다. 빌 클린턴 행정부 때는 평화/외교를 기본노선으로 하는 한반도 외교정책의 이론적 틀을 제공하기도 하였다. 한국학 박사이자 제자 겸 동료인 우정은 박사(Meredith Jung-En Woo Cumings)와 결혼하여 두 자녀를 두고 있다.

1981년 북한을 방문하기도 한 미국 내 몇 안 되는 한국전문가다. 한반도 내 미국의 역할에 대해 비판적 시각으로 많은 연구업적을 쌓았다. 국내에 번역된 저서로는 『한국전쟁의 기원(The Origins of the Korean War)』(상, 하, 1986), 『한국전쟁의 전개과정(Korea: the unknown war)』(1989), 『브루스 커밍스의 한국현대사(Korea's Place in the Sun)』(2001), 『김정일 코드(North Korea : Another country)』(2005), 『악의 축의 발명(Inventing the axis of evil)』(공저, 2005), 『브루스 커밍스의 한국전쟁(Korean War: A History)』(2010) 등이 있다.

## 작품 속으로

『브루스 커밍스의 한국전쟁(Korean War: A History)』은 전쟁의 기억을 되살리고 평화를 향한 길을 다듬기 위한 연구서이다. 이 책은 '한국 전쟁의 기원'으로 한국전쟁과 한국 근현대사 연구의 패러다임을 바꿨던 브루스 커밍스 시카고

『브루스 커밍스의 한국
전쟁The Korean War:
A History』(2010)

대학 석좌교수가 새로운 사료를 반영하고 아주 쉬운 필치로 써내려 간 저작이다.

저자는 한국전쟁의 발단과 전개에만 초점을 맞추는 것이 아니라 일제강점기인 1930년대부터 '저항 세력'과 '부역 세력' 사이에서 벌어졌던 대립, 미국의 동아시아 전략에 의해 추진된 일본과 남한에서의 조치, 북한과 중국과 러시아 사이의 관계 등 다양한 요소들의 영향을 되돌아보며, 이후 분단이라는 형태로 고착된 대결이 어떻게 지금까지 이어져 오고 있는지를 폭넓게 살펴본다. 그리고 이 대립의 근본적인 원인을 이해하지 않으면, 그 연장선상에서 지속되고 있는 한반도 위기를 풀 수 없다고 말한다.

『브루스 커밍스의 한국전쟁』은 분단이 고착되어 냉전이 만성화된 한반도에서 우리가 어떻게 해야 평화의 길을 걸을 수 있을지를 모색한다. 바로 현재의 우리를 만든 분단과 전쟁을 정확히 이해하자는 것이다.

이 책은 '1장 전쟁의 전개: 발발에서 휴전까지, 2장 억압과 저항의 기억, 3장 한국전쟁은 어떻게 잊혔나, 4장 반공주의 그리고 기억의 왜곡, 5장 38도선 분리: 잊힌 점령, 6장 초토화된 한반도: 공습의 여파, 7장 학살의 기억, 8장 '잊힌 전쟁'은 어떻게 미국과 냉전을 바꿔놓았나, 9장 진혼곡: 화해의 길에 들어선 역사'의 순으로 되어 있다.

몇 군데 인용해 본다.

1990년대 내내 냉전사가들, 특히 미국의 냉전사가들은 기밀에서 해제된 옛 소련 문서에 주목했다. 심하게 제한되고 정치적으로 선별되어 해제된 이 문서들은 한국전쟁의 기원에 관하여 분명한 사실을 제시하는데, 이는 미국의 공식적 견해와 조금도 다르지 않다. 스탈린과 김일성이 도발이 없었는데도 남한을 대규모로 침공했다는 것이다. (…) 대한민국에서 한국전쟁은 근본적인 재평가 과정을 겪었다. 이제 그 전쟁은 1930년대로부터 기원한 내전으로, 그렇지만 나가사키가 원폭으로 사라진 다음 날(1945년 8월 9일) 분별없는 결정으로 (…) 위도 38도선을 따라 경계를 그었던 미국의 유명한 관료 딘 러스크 때문에 피할 수 없게 된 전쟁으로 널리 알려지게 되었다. 미국 안에 존재하는 한국전쟁에 관한 지배적인 합의와 새로운 세대의 한국 학자 및 지도자들 사이의 이 근본적인 차이가 남한과 미국 사이가 점차 소원해지는 근본적인 원인이다. (11~12쪽, 한국의 독자들에게)

여기에는 민간인 학살의 더러운 역사가 끼어 있는데, 북한을 극악무도한 테러리스트로 보는 미국의 생각과 달리, 그 최악의 범죄자는 겉보기에 명백히 민주주의 체제였던 동맹국 남한이었다. 영국인 저자 맥스 헤이스팅스는 공산주의자들의 잔학 행위 때문에 국제연합이 한국에 "오늘날까지 지속된 도덕적 정통성"을 부여했다고 썼다. 그렇다면 남한의 잔학 행위는? 오늘날 역사가들은 남한의 잔학 행위가 훨씬 더 많았음을 알고 있다. 얄궂게도 이렇게 혼란스러운 경험은 (…) 당대의 대중잡지에서 크게 다루어졌다. 그러다가 더글러스 맥아더의 검열이 시행되자 금지되고 묻혀 50년간 잊혔다. 그래서 지금도 남한의 잔학 행위를 거론하는 것은 편견이자 균형을 잃은 것처럼 보인다. 그렇지만 남한의 잔학 행위는 오늘날까지 그 전쟁에서 가장 잘 기록되어 있는 부분 중 하나이다. (22쪽, 들어가며)

북한은 미국과 연합국의 많은 전쟁포로를 학대했다. 가혹하게도 음식을 주지 않았고 특히 잠을 재우지 않았으며, 많은 전쟁포로에게 미국에서 '세뇌'로 알려진 사상전향을 강요했다. (…) 미국의 예상과 달리 공산주의자들은 전쟁포로에게 보다 차등적으로 폭력을 가했던 반면에, 남한은 포로를 전쟁포로로 삼기 전에 일상적으로 살해했으며 살려둔 포로는 고문하고 정신적으로 괴롭혔다. 1940년대의 소요 때 흔히 보던 우익 청년단체들은 반공 포로를 조직하려 했으나 대체로 마구잡이 폭력을 가했을 뿐이다. 양쪽 모두 전쟁포로를 정치적으로 '전향'시키려 했으나, 공산주의자들은 긍정적인 메시지를 전달했고 자신의 말에 확신을 지닌 것으로 보였던 반면, 우익 청년단체 지도자들은 단순하게 기계적인 복종을 요구했다. (68~69쪽)

『한국전쟁의 전개과정(Korea: Unknown War)』은 브루스 커밍스가 존 할리데이(John Holiday)와 함께 쓴 책인데 차성수/양동주 공역으로 나왔다. '1. 외세개입과 한국분단, 2. 전쟁이 시작되다, 3. 북진전, 4. 완전히 새로운 전쟁, 5. 전시중의 회담, 6. 재통일 없는 정전'의 순으로 되어 있다. 이 책의 머리말에서 눈에 띄는 대목을 소개하겠다.

『한국전쟁의 전개과정
Korea: Unknown
War』(1988)

한국전쟁에 대해 가장 자주 제기되는 의문은 '누가 전쟁을 일으켰느냐?'는 것이다. 아무도 누가 베트남전쟁 또는 중국내전을 일으켰느냐고는 묻지 않는다. 그러나 이 모든 분쟁들이 그 본질에서는 동일하다 − 국내의 두 세력들 즉 험난한 반식민지 투쟁에 근원을 둔 혁명적 민족주의 운동과 현상유지 특히 불평등한 토지제도에 연결된 보수주의 운동 간의 내전인 것이다. 한국전과 이들 두 나라의 내전과의 차이점은 외부 간섭의 형태와 시점에 관한 것이다. 다른 두 분쟁과는 달리 한국에서의 분쟁은 서방의 해설자들에게는 어쩌다 전쟁이 발생한 외계의 블랙홀처럼 여겨진다. 한국전쟁이 냉전의 최고에 달했을 때 일어났기 때문에, 그리고 한국사회에서 영향력을 갖고 있는 내부세력에 대한 거의 완벽한 무지 때문에 문헌 전체가 이 전쟁을 알려지지 않은, 또는 이유 없이 발생한 청천벽력인 것처럼 다룬다. 오늘날도 특히 적측에 대해서는 연구해볼 가치도 없는 불모지로 남아 있다. (11쪽)

한국전쟁이 어떻게 시작되었는지에 대해서는 이렇게 적고 있다.

1950년 6월의 전투개시 상황에 대한 설명들의 대부분은 적이 완전히 방심하고 있을 새벽녘, 북한이 38선 전역에서 공격을 감행했다는 인상을 심어준다. 그러나 전쟁은 1949년 전투와 마찬가지로 38선에서 비교적 떨어져 있는 옹진반도에서 시작되어 몇 시간 후 38선을 따라 동쪽으로 확대되면서 개성, 춘천, 동해안으로 이른 것이다. 공식 미 군사는 이렇게 쓰고 있다. "1950년 6월 24~25일, 고요한 여름밤 17연대 병사들이 남한의 여타 지역으로부터 차단되어 있는 옹진반도에서 보초를 서고 있었다. 지난 일주일 동안 38선 부근에서 단 한 건의 중대사건도 발생하지 않았다. 그런데 새벽 4시 정각, 대포와 박격포가 너무도 급작스럽게 대한민국 경계선을 침범했다."

북한의 공영 라디오 방송은 그와 다르게 발표를 했다. 6월 26일의 북한의 발표에 따르면 상황은 다음과 같다. 6월 23일 오후 남한 병력이 옹진반도의 운파산 지역을 폭격하기 시작해 6월 24일 새벽 4시까지 곡사포와 박격포를 동원한 전투가 계속되었고, 38선을 넘어 진격한 17연대 맹호부대에 의해 옹진반도의 두락산이 6월 25일 새벽 공격당하고 있는데도 북한군대는 방어만 하고 있었다. 6월 25일 오후 2시 맹호부대는 옹진반도의 수동까지 진격했고 그 사이 옹진반도의 남한 경찰서와 부대를 공격하기 위해 게릴라가 투입되었다. 남한 측 소식통들은 그와 반대로 17연대의 몇 대대가 북의 선공에 반격을 가해 현재 해주를 점령하고 있다고 주장했다. (73쪽)

이 책은 이렇게 끝난다.

통일한국은 6천만 인구의 프랑스나 영국보다도 인구가 많은 단일민족국가가 될 것이다. 남북이 이미 쌓아올린 성과 위에 재통일이 가져올 심리적 유인뿐 아니라 양쪽 경제의 분명한 상호보완성을 생각할 때 통일한국은 많은 이득을 얻게 될 것이 분명하다. 한국은 비극적인 역사적 부정의 희생자였다. 2차 대전이 끝났을 때 한국은 공격의 책임이 없으면서도 분단된 유일한 나라였다. 한국을 점령, 병합하고 이웃국가들을 공격한 일본은 분단되지 않았다. 오스트리아조차도 유럽에서 냉전이 수그러들면서 다시 통일되었다. 가장 잔혹한 것은 한국이 '일본을 겨냥하고 있는 칼'이란 취지의 수사구들이다. 그것은 진실과

정반대다. 한국은 어떠한 나라도 결코 공격하지 않았다. 오히려 공격과 간섭에 계속 희생당해왔다. 이제 홀로, 평화롭게, 하나의 민족으로 살아남을 권리가 있는 것이다. (222쪽)

## 05

# 데이비드 핼버스탬

David Halberstam, 1934~2007

『콜디스트 윈터

The Coldest Winter』(2007)

데이비드 핼버스탬(David Halberstam)은 미국의 작가, 언론인, 역사가로 베트남전쟁, 정치, 역사, 민권 운동, 비즈니스, 미디어, 미국 문화, 스포츠 저널리즘 등과 관련된 많은 책을 썼다.

미국에서 가장 뛰어난 저널리스트이자 역사가 중 한 사람인 그는 1934년 4월 10일 뉴욕에서 태어났다. 하버드대학을 졸업한 후 작은 일간지 기자로 일하다가《내쉬빌 테네시》에서 일했다. 이후《뉴욕 타임스》재직 시절 베트남전쟁의 진실을 밝히는 보도로 1964년에 퓰리처상을 수상했다. 핼버스탬은 민권운동을 취재한 기록인『아이들(The Children)』(1999), 베트남전쟁을 다룬 최고의 베스트셀러『최고의 인재들(The Best and the Brightest)』(1972), 스포츠 저널리즘을 다룬『게임의 휴식(The

데이비드 핼버스탬

Breaks of the Game)』등 모두 21권의 베스트셀러를 집필했으며, 특히
『최고의 인재들』을 발표하면서 뉴저널리즘의 창시자이자 독보적인 존재
로 자리매김했다. 2007년 4월 23일, 핼버스탬은『콜디스트 윈터(The
Coldest Winter: America and the Korean War)』의 원고를 탈고한 후 닷새
만에 캘리포니아 멘로파크에서 자동차 사고로 사망했다.

영화가 된 작품으로『팀메이트(The Teammates)』(2003)와『아마추어
(The Amateurs)』(1985, 영화 〈Rowing Through〉의 원작)가 있다.


## 작품 속으로

『콜디스트 윈터(The Coldest Winter)』에는 '미국과 한국전쟁(America
and the Korean War)'이라는 부제가 붙어 있듯이, 문학적 작품이라기보

다 한국전쟁과 관련된 여러 가지 사건과 인물들을 심층 분석한 일종의 평론서이다. 유명 언론인답게 광범한 자료를 섭렵하고 날카로운 분석을 한 것이 특징이다. 한국어판도 1,084쪽에 이르는 방대한 분량이고 다루는 토픽도 다양하다. 한국전쟁에 관한 책으로 빠뜨릴 수 없는 책이라 하겠다. 더구나 퓰리처상을 받은 유명 저널리스트의 마지막 저서라니 더욱 의미 있다.

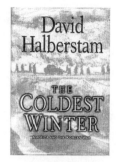

『콜디스트 윈터
The Coldest Winter』
(2007)

그런가 하면 간혹 심한 논평을 가하여 객관적인 균형감을 잃은 것도 눈에 띈다. 예를 들면, 맥아더 장군을 처음부터 끝까지 형편없는 사람으로 혹평하고 상당히 비판적인 시각을 보이고 있다. 이 책은 11부 53장으로 구성되었다.

책이 시작하는 '프롤로그'에서 저자는 이렇게 서술한다.

미군들은 자신들의 희생이 정당한 평가를 받지 못할뿐더러 미국 국민들이 자신들이 참전했던 전쟁을 대수롭지 않게 여기는 것 같아 소외감을 느끼기도 했다. 그전에 벌어진 제2차 세계대전에서 볼 수 있었던 영예와 명분이 전혀 없었다. 제2차 세계대전에서는 미국 전체가 위대한 목표를 향해 일치단결했다. 참전 군인들은 모두 민주주의 정신과 소중한 가치를 드높였다며 존경을 받았다. 그러나 한국전쟁은 제한적이고 가혹한 전쟁이었다. 한국전쟁을 통해 좋은 걸 기대할 수 없다고 판단한 미국 정부는 하루빨리 발을 빼려 했다. 참전 용사들은 귀국 후 자신들이 보고 느꼈던 전쟁에 대해 주변 사람들이 별로 관심을 기울이지 않는다는 사실을 알았다. 실제로 일상 대화에서 한국전쟁에 관해 얘기하는 경우는 거의 없었다. 한국전쟁보다는 국내 현안과 승진, 신형 자동차와 주택 마련이 훨씬 더 피부에 와 닿는 화제였다. 한국에서 날아오는 소식이 늘 암울했던 것도 사람들이 전쟁 이야기를 피한 이유 중 하나였다. 전쟁이 잘 치러지고 있을 때에도 실제 전황은 그리 좋지 않았다. 국면을 타개할 돌파구는 보이지 않았으며, 특히 1950년 11월 말에 중공군이 개입하자 승리는 저만치 멀어져 버렸다. 중공군의 참전으로 교착상태가 이어지자 군인들 사이에는 "비기기 위해 죽어야 하나 (die for a tie)"라는 냉소적 표현이 유행했다. 이처럼 당시 참전 용사와 일반 미국인들 사이의 거리감은 상당히 컸다. 이전의 다른 전쟁에 비해 유독 한국전쟁 참전 용사들이 인정받지 못한 것은 사실이다. 그들이 얼마나 용맹을 떨쳤는지 또는 대의명분이 얼마나 정당했는지 상관없이 말이다. (17쪽)

**한국전쟁에 참전한 미군들은 추위와 불안에 시달려야 했다.**

북진을 이끌던 일부 장교와 사병들에게는 걱정스러운 기색이 역력했다. 전투경험이 있는 장교들은 기온이 급격히 떨어지고 지형은 점점 험악해지는 상황에서 진군을 감행하는 것이 내키지 않았다. 후에 (미군들이 가장 훌륭한 남한군 지휘관이라 여겼던) 남한군 제1사단장 백선엽 장군은 너무나 고요한 적진으로 진군할 때 느꼈던 알 수 없는 불안감을 "혼자 외떨어져 있는 것 같은 고립된 느낌"이었다고 회고했다. 일본군과도 전투경험이 있는 베테랑 장군이었지만 당시에는 그 불안감의 원인을 알지 못했다. 전에는 남쪽으로 향하는 피난 행렬로 늘 인파가 넘쳤는데 이번에는 인적이 전혀 없는 극도의 적막감이 부대를 엄습했다. 도로는 무언가 심상치 않은 일이 벌어졌던 것처럼 텅 비어 있었으며 기온은 매일 조금씩 더 떨어졌다. (30쪽)

그럼에도 불구하고 북진하여 한반도의 북쪽 끝 압록강에 도달한다.

"압록강이다" 10월 말 압록강에 도달한 백선엽 장군의 부대원들이 소리쳤다. "드디어 압록강이다" 그런데 10월 25일 중공군이 공격을 개시했다. 백선엽 장군은 갑자기 콘크리트 벽에 쾅 부딪히는 느낌이었다고 회고했다. 처음에 남한군 지휘관들은 무슨 일이 벌어진 건지 제대로 파악하지도 못했다. (31쪽)

이 책은 강대국에 둘러싸인 우리나라를 폴란드에 비유하기도 하고, 낙동강전투를 지휘한 월튼 워커(Walton Harris Walker) 장군에 대한 서술도 흥미롭다. 맥아더의 해임에 관해서는 꽤 자세히 서술하고 있다.

한국은 작고 자부심이 강한 나라였지만 불행히도 중국, 일본, 러시아 등 야심에 찬 주변 강대국은 한 나라를 공격하는 데 필요한 전초기지나 다른 두 나라의 공격을 막는 방어막으로써 한반도를 이용하려 했다. 1950년 6월 이전 오래전부터 한반도 주변의 막강한 이웃 나라들은 모두 경쟁국에 대한 방어수단과 경고차원에서 한국을 침략했다. 독일과 러시아 사이에 끼어 불행했던 폴란드의 지리적 위치와 다를 바가 없었다. 남한의 대통령이 된 이승만은 "고래 싸움에 새우 등 터진다"라는 한국 속담을 즐겨 인용했다. (99쪽)

2개월 동안 인민군 남하를 막아낸 제8군의 능력은 개인적으로 월튼 워커의 훌륭한 어적으로 기록되었다. 그는 7월 말부터 9월 중순까지 약 6~7주 동안 모든 상황에 빈틈없이 대처하는 용맹스럽고 탁월한 모습을 보여주었다. 도쿄사령부와 워싱턴 정부로부터 무시를 당하고 탱크 전투가 불리한 지역에서 프랑스와 독일에서 이끌었던 군대에 비해 전투력이 형편없는 부대를 이끌면서도 말이다. 미군 역사상 지난 100여 년간 벌어진 전투 중에서 가장 무성의했던 전투가 한국전쟁이었다. 그중에서도 1950년 7월부터 9월까지 낙동강 근교에서 수차례 벌어진 소규모 전투에는 거의 관심도 두지 않았다. 따라서 낙동강방어선 전투를 지휘했던 월튼 워커는 미군 역사를 통틀어 공로를 제대로 인정받지 못한 가장 불운한 사람이 되었다. 공군으로 복무했던 마이크 린치는 "월튼 워커는 잊혀진 전쟁의 잊혀진 지휘관"이라고 말한 바 있다. (383쪽)

맥아더는 온갖 미사여구를 동원해 과거의 화려함을 강조하며 장황하게 이어진 연설의 결론을 내렸다. "이제 나는 52년간의 군 생활을 접으려 합니다. 20세기가 시작되기 전에 육군에 입대하여 어린 시절 내내 꿈꾸던 바를 잃었습니다. 웨스트포인트에서 엄숙한 서약을 한 후 세월이 흐르며 여러 가지 사건이 발생했고 내 꿈과 포부도 서서히 희미해졌습니다. 하지만 지금도 당시 막사에서 자주 부르던 노래를 그대로 기억합니다. '노병은 죽지 않는다. 다만 사라질 뿐이다'라는 가사입니다. 그 노래에 나오는 노병처럼 나는 이제 군 생활을 마무리하고 조용히 사라질까 합니다. 주어진 의무를 완수하고자 최선을 다했습니다. 신께서는 내게 주어진 의무를 확실히 볼 수 있도록 밝은 빛을 비춰주셨습니다." 미국을 통틀어 겸손과는 거리가 먼 사람이 한 말 치고는 굉장히 겸손한 표현이었으나 사실 그는 전혀 사라질 의향이 없었다. 그의 연설을 들은 수많은 사람들은 즉각적으로 반응을 보였다. 미주리주 하원의원 듀이 쇼트(Dewey Short)는 "그는 인간의 몸을 입은 신의 형상을 보여준 사람이다. 우리는 방금 신의 목소리를 들은 것이다"라고 말했다. 하지만 트루먼의 반응은 예상대로 무뚝뚝했다. "말도 안 되는 헛소리만 잔뜩 늘어놓고 있군." 에치슨은 어쨌든 맥아더가 자신의 자리에서 물러난다는 점을 명확히 했기 때문에 일단 마음이 놓였다. (942쪽)

이 책의 맨 뒤에는 퓰리처상 수상작가 러셀 베이커가 쓴 발문이 붙어 있는데, 핼버스탬과 그의 저술세계를 이해하는 데 도움이 된다. 그에 따르면, "핼버스탬은 50여 년 동안 21권의 저서를 내었다. 베트남에서 기자로 활동하는 동안 아무리 뛰어난 소설가의 상상력도 현실 세계에서 벌어지는 엉뚱하고 기발하고 어처구니없는 사건만큼 독자를 사로잡을 수 없다고 확신하고 최고의 저널리스트가 되기 위해 노력했다. 또 역사에는 항상 인간의 역할이 중요하기 때문에 인물연구에도 관심을 기울였다. 한국전쟁에 관한 이 책을 쓰기 위해 1962년에 베트남에서 한국전쟁에 참전했던 미군과 얘기를 나눈 데서 착안하여 오랫동안 자료를 수집하고 면

담하면서 집필하여 2007년에야 마지막 저서로 출간하게 되었다. 그러고
는 22번째의 책을 준비하기 위해 미식축구선수를 인터뷰하려고 캘리포
니아에 갔다가 교통사고로 운명하였다. 마지막까지 집필에 몰두한 진정
한 작가였다."고 서술하고 있다.

# 제5장

# 한국인의 피로 쓴
# 한국전쟁

**리처드 김** Richard E. Kim, 김은국
『순교자 The Martyred』

**타이 박** Ty Pak, 박태영
『죄의 대가 Guilt Payment』

**이창래** Chang-Rae Lee
『생존자 The Surrendered』

**수잔 최** Susan Choi, 최인자
『외국인 학생 The Foreign Student』

# 01

## 리처드 김

Richard E. Kim, 김은국, 1932~2009

———

『순교자 The Martyred』(1964)

———

한국전쟁을 다룬 문학을 논의할 때 김은국(Richard E. Kim, 金恩國)의 『순교자(The Martyred)』를 최고의 작품으로 꼽는 것은 자연스럽다. 그만큼 이 소설은 출간되자마자 미국과 전 세계에 큰 반향을 일으켰고 그를 일약 세계적 작가로 올려놓았다. 국내에서는 장왕록 교수에 의해 번역되었을 때 특히 기독교회 안에서 찬반논란이 있었지만, 강원용 목사는 훌륭한 문학작품이라고 격찬하였다.

김은국은 1932년 3월 15일 함남 함흥에서 목사 김찬도와 모친 이옥천 사이에 2남 2녀의 차남으로 태어났다. 일제 강점기에 수원고등농림학교 (서울대 농대의 전신) 재학 중 부친은 항일운동에 가담하여 옥고를 치렀다. 1933년 가족과 함께 만주 간도 룽징(龍井)에 가서 살면서 캐나다 선교사들이 세운 미션 스쿨에 다녔다. 1938년에 황주에서 초등학교에 입학했고 1944년에 평양고보에 입학하였다. 2학년 때 근로 노동에 동원되어 중퇴하고 고향에 내려와 해방을 맞았다. 1947년 여름 홀로 월남하여 먼저 월남한 아버지와 목포에 살면서 목포고등학교(구 목포중학교)를 5회로 졸업하였다. (극작가 차범석은 동기, 소설가 최인훈은 2년 후배)

김은국이 자녀에게 책을 읽어주고 있다.
(1964년)

1950년 서울대학교 상과대학에 입학하였으나 6·25전쟁으로 서울에서 내무서원에 붙잡혀 수용소에 갇혔다 극적으로 탈출했다. 인천에 숨어 있다가 인천에 상륙한 유엔군에 합세하였다. 가을에 한국군 사관후보생으로 입대하여 진해에서 훈련을 받았다. 1951년 1월 폐렴에 걸려 해병대에서 의병 제대하였다가 봄에 다시 육군에 자원해 미군과의 사이에 연락 및 통역병으로 근무하였다. 1952년에 한국 보병에 지원하여 광주보병학교에서 훈련받고 보병 소위로 임관하였고 1953년에 미군 제2군단 제7사단 사령관 아서 트루도 소장의 부관으로 임명되었다. 1954년 한국군 제2군 사령관의 부관으로 강원도 화천에서 근무할 때 포병 사령관이던 박정희를 처음 만났다. 12월 육군 보병 중위로 명예 제대하였다.

1955년 트루도 소장과 미국 뉴욕대학교 샬롯 마이네크 교수의 도움으로 부산에서 화물선을 타고 도미하였다. 제대군인원호법(G. I. Bill)에 따라 미들베리대학에 입학하여 역사학과 정치학을 공부했다. 그러나 필수과목인 과학 강좌의 학점을 얻지 못해 학사학위를 못 받고 1959년 수료하였다. 이듬해 1960년 2월 덴마크 및 독일계 미국 여성 페닐로프 앤그롤(Penelope Ann Groll)과 결혼하여 아들 데이비드(한국명 송훈)가 태어났다. 그해 존스홉킨스대학에서 창작으로 문학석사 학위를 받았다. 1962년 아이오와대학교 '작가 워크숍'에서 창작석사 학위(MFA)를 받았다. 1963년에는 하버드대학 극동어 및 문학과에서 문학석사 학위를 받았다. 1963년에 캘리포니아 롱비치주립대학 영문과에서 강의하였고 1964년부터는 매사추세츠대학교(애머스트 캠퍼스)에서 13년간 영문과 조교수로 창작을 강의했다. 1964년 미국 시민권을 받았다.

첫 장편『순교자(The Martyred)』를 1964년 출간하고, 그해 7월 10년 만에 처음으로 한국을 방문하였다. 1966년에는 박정희 대통령을 만났고「오 나의 한국!」수필을 발표하였다. 두 번째 장편『심판자(The Innocent)』를 1968년에 출간하고 두 번째로 한국을 방문하였다. 1970년에 세 번째 장편『잃어버린 이름(Lost Names)』을 출간하고, 서울에서 열린 37차 국제펜대회에 참석하여 〈지하 생활자의 수기〉를 강연하였다. 이때 한국계 미국인 문학의 아버지라 불리는 강용흘 박사를 처음 만났다. 1974년 이범선의『오발탄』을 영역하여 한국문학 번역상을 받았고, 1975년에는 네 번째로 방한하여 울산, 경주, 포항 등지를 돌아보았다.

1977년부터는 대학강의를 끝내고 집필에만 몰두하였다. 1980년 시베리아 횡단 열차로 TV 르포를 촬영하였다. 1981년 2년간 풀브라이트 교환교수로 서울대 영문과에서 강의하였고《코리아 헤럴드》와《조선일보》

에 칼럼도 연재하였다. 1983년에는 한국어로 쓴 동화책『파랑새 이야기』를 출간하였고, KBS-TV에 다큐멘터리〈한국전쟁〉을 발표하였다. 1985년 산문집『잃어버린 시간을 찾아서』를 내고 저작권 대행 기관인 'Trans-Literary Agency'를 설립하고 북한을 방문하였다. 1987년 스위스 루가노에서 열린 국제펜대회에 참가하였다. 1989년『소련과 중국, 그리고 잃어버린 동족들』을 출간하였다. 1990년에는 대한민국 정부로부터 옥관문화훈장을 받았다. 1999년 6월에는 미국 몬태나주립대학교가 주최하는〈한국전쟁: 한국과 미국의 대화〉에 참석하여 도널드 그레그, 데이비드 맥캔, 박완서, 김원일, 이문열, 서지문 등과 토론하였다. 2009년 6월 3일 미국 매사추세츠주 슈츠베리 자택에서 별세하였다. 필자는 한번 만나 대화했는데 한국어가 약간 어눌하면서도 유머가 있고 풋풋한 인정미를 느낄 수 있었다. 그리고 한국작가는 저작권을 더욱 적극적으로 수호해야 한다고 강조하던 모습이 잊히지 않는다.


## 작품 속으로

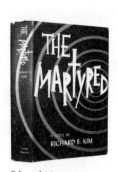

미국에서 1964년에『순교자(The Martyred)』가 나왔을 때 펄 벅은 "훌륭한 작품이다. 하나의 사건을 소재로 하여 이를 통해서 신에 대한 인간다운 믿음의 보편성을 표현하고, 신을 믿으려고 갈망하는 데서 비롯되는 의혹과 고뇌를 다룬다

『순교자The Martyred』
(1964)

는 것은 정말 어려운 작업이다. 김은국은 바로 그 어려운 작업을 해냈다."라고 평했다. 그리고 노벨상 수상 작가로서 김은국을 노벨상에 추

천하였다. 이 책은 곧 국내에서도 장왕록 교수의 번역으로 삼중당에서 한글판이 나왔다. 그 후 김은국 자신이 약간 교정하여 '정본' 번역서가 을유문화사에서 나왔다. 김욱동 교수가 쓴 『김은국 그의 삶과 문학』(2007)에 따르면, 그래도 번역에 손댈 곳들이 있어 '정본'이라 할 수는 없다고 한다. 아무튼 이 책은 6·25전쟁 당시 평양을 배경으로 이념의 대립이 빚어낸 비극적 사건의 진실을 밝혀나가면서 그 속에서 겪는 신앙과 양심의 갈등을 감명 깊게 그려낸다. 분단 한국의 비극적 역사 속에서 발생한 특수한 사건을 인간의 실존과 보편적 운명이라는 세계문학적 주제와 연결한다. 지루할 수도 있는 문학적 소재를 추리소설적 기법을 사용하여 박진감 있고 흡인력 강하게 전개하고 있다.

1950년 11월, 육군본부 정보처 평양 파견대의 장 대령과 이 대위는 전쟁 직전에 일어난 목사 집단처형 사건의 경위를 조사한다. 정보당국에 따르면 14인의 평양지역 목사들이 공산군 비밀경찰에 체포되었고, 그중 12인이 처형당했다. 장 대령은 이들을 정치선전의 도구로 이용하면서 성스러운 '순교자'로 규정하기를 원하지만, 이 대위는 진실이 추악하고 고통스러울지라도 진실을 밝혀야 한다고 맞선다. 이 사건의 진실을 밝히는 열쇠를 쥔 사람은 함께 체포되었다가 유일하게 살아서 돌아온 신 목사이다. 하지만 그는 진실이 진실의 역할을 다할 수 없다고 깨닫고 십자가를 지기로 결심한다. 소설은 이들의 이야기를 통해 인간의 보편적 고통인 죽음의 의미가 무엇이며, 그 비참한 운명 앞에서 무력하고 무의미한 인간 존재가 어떤 희망을 가질 수 있는가 하는 실존적인 궁극적 질문을 던진다. 물론 이에 대한 궁극적 대답은 없지만, 문학은 질문제기에 공감을 갖도록 할 수 있고, 이것이 이 소설의 탁월한 점이다. 그런 의미에서

'순교자'는 신이 없는 성자라 할 수 있다.

배경은 평양에서 서울, 대구를 거쳐 부산에 이르도록 광범하다. 대체로 한국전쟁의 전개과정에 맞추어 상황이 설정된다. 배경서술이 전쟁을 실감 나게 묘사한다.

> 평양 시민들은 한편으로 분개하고 한편으로는 겁을 집어먹은 나머지 긴장에 싸인 도시의 거리로 뛰쳐나와 연일 시위를 벌였다. 시민들은 중공군 개입을 항의하는 한편 우리가 평양 탈환 당시 그들에게 가져다 준 희망과 약속을 저버리지 말 것과 총공격을 감행하여 중공군을 저지할 것을 요구했다. 폭탄으로 구멍이 숭숭 뚫린 광장과 눈 덮인 공설운동장 같은 데서 대대적인 군중대회가 계속되었고 길모퉁이 모퉁이에 세워진 확성기들은 분노의 음성으로 전 시민이 무장할 것을 요구하며 자유의 정신을 고취하고 있었다. (178쪽)

이러한 전쟁의 상황 속에서 주인공들은 작전업무의 하나로 목사단 처형사건을 추적해 나간다. 주로 대화를 통해서 핵심으로 접근한다.

> 신 목사가 다시 소곤거렸다. "인간을 사랑하시오, 대위. 그들을 사랑해주시오! 용기를 갖고 십자가를 지시오. 절망과 싸우고 인간을 사랑하고 이 유한한 인간을 동정해 줄 용기 말입니다". 그는 내 옆을 떠나 그의 신도들에게로 돌아갔다. (230쪽)

이 책은 이렇게 끝난다.

나는 교회 밖으로 걸어 나와, 신을 가진 사람들, 그래서 '아멘'하고
말할 수 있는 사람들의 웅얼대는 목소리를 들으며 밖에 서 있었다.

잠시 후 예배가 끝나자 소년이 천막 밖으로 나오더니 종을 흔들었다.

나는 걷기 시작했다. 줄지어 늘어선 천막들, 온갖 고뇌와 시련이 소
리 없이 사람들의, 내 사람들의 가슴을 쥐어뜯고 있는 그 천막들을 지
나 나는 넓은 바다가 와서 출렁이고 있는 해안 모래밭 쪽으로 걸어갔
다. 거기엔 다른 한 무리의 피난민들이 밤하늘의 반짝이는 별빛을 지
붕 삼고 모여앉아 그들이 돌아가야 할 고향의 노래를 조용히 합창하
고 있었다. 그 노랫소리를 듣자 나는 그때까지 한 번도 느껴보지 못했
던, 이상하리만큼 홀가분한 마음으로 그들 사이에 끼었다. (254쪽)


이 소설은 1965년 유현목 감독에 의해 영화로도 제작되었는데, 이 마
지막 장면이 이 대위가 바닷가에 혼자 쓸쓸히 서 있는 것으로 처리되어
작가 김은국은 불만스러워했다고 한다.*

아무튼 한국계 작가에 의해 쓰인『순교자』는 세계문학의 수준에 당당
히 내어놓을 수 있는 명작으로 남아있다.

---

*김욱동,『김은국 그의 삶과 문학』, 서울대학교출판부, 2007, 218쪽

## 02

# 타이 박

Ty Pak, 박태영, 1938~

———

『죄의 대가 Guilt Payment』(1983)

———

타이 박(Ty Pak)이란 필명으로 유명한 박태영은 김은국 이후 현재 미국에서 명성 높은 한국계 외국작가로 알려져 있다. 그런데 아쉽게도 국내에는 그의 작품이 단편 하나만 번역 소개되어 있을 뿐이다. 무엇보다 그가 한국전쟁을 체험하고 그 기억으로 여러 단편소설을 써 단행본으로 출간한 것은 매우 의미가 크다. 다행히 근자에 이르러 그의 모교 서울법대 문우회에서 내는 《Fides》 지에서 그의 이력과 작가로서의 모습을 소개하여 알려지고 있다.* 그는 미 군정기에 활동했던 부친이 공산군에 의해 처형당한 아픈 가족사를 갖고 있는데, 일찍이 미국으로 건너가 하와

———

*박태영, 「한국 태생 미국 작가로서의 회상」, 《Fides》 9호, 2020, 146-159쪽.

이대학에서 강의하고 뉴저지로 옮겨 살면서 작가로서 활동하고 있다.

타이 박은 1938년 6월 19일 한국의 전라남도 해남에서 태어났다. 1953년 중3때 전국 학술경시대회에 1등을 하고 경기고교를 거쳐 1956년 서울대학교 법과대학에 입학하여 1961년에 졸업하였다. 대학 재학시절인 1957년 《The Stars and Stripes》지의 기자로 특종 기사를 많이 썼고, 이듬해부터는 《코리아 타임스》의 기자로 활동하였다. 1965년에 미국으로 이주하여, 1969년에 오하이오주의 볼링그린주립대학교에서 영문학박사 학위를 받았다. 이듬해에 하와이대학교에 초청되어 1987년까지 영문과 교수로 재직하였다.

첫 소설집 『죄의 대가(Guilt Payment)』(1983) 이후 『달해변(Moonbay)』(1999), 『울어라 한국(Cry Korea Cry)』(1999), 『코리언 데카메론(A Korean Decameron)』(2019), 『사랑하는 딸에게(Dear Daughter: On the Eve of Her Wedding)』(2018)를 내었다. 현재 뉴저지주의 노우드에 살면서 《뉴욕일보》에 소설 「다국어인(The Polyglot: Union of Korea and Japan)」을 2019년 6월 1일부터 연재하고 있다. 정치, 경제, 인종문제, 생활 일반에 대해 독특한 관점으로 논평하며 왕성한 문필활동을 전개하고 있다. 세 자녀를 두고 있다.

## 작품 속으로

타이 박의 『죄의 대가(Guilt Payment)』(1983)는 13개의 단편으로 구성된 소설집이다. 196쪽의 책으로 '죄의 대가, 신 내림 병, 서울의 성 베드

『죄의 대가
Guilt Payment』(1983)

로 사원, 정체성, 멧돼지, 안정된 손, 향수, 화재, 제2의 기회, 부활, 망명, 워터 타워, 감사하는 한국인'의 순으로 되어 있다.

각 단편은 모두 한국전쟁의 트라우마를 안고 있는 미국에 사는 한국 인들의 이야기이다. 각 단편의 주인공은 다른 이름을 가진 일인칭 내지 화자로 등장하지만 모두 작가 자신이나 전쟁을 겪은 동시대인의 경험을 대변하는 인물들이다. 이들은 모두 미국사회에서 하나의 모범적 소수민 족으로 잘 살아가고 있지만, 한국전쟁을 겪은 기억은 깊이 뿌리박힌 잠 재의식이 되어 떨쳐버리지 못한다. 그들의 정체성을 형성하는 데에 트라 우마로 작용하고 있기 때문이다.

소설 속의 주인공들은 모두 전쟁의 폭력 속에서 인간의 사악함을 목도 했거나 스스로 사악함의 주인공이 되어야 했던 장본인들이다. 그로 인해 상실을 체험하고 악몽에 시달려야만 했다. 이데올로기의 굴레를 벗어나 지 못하고 친구를 배반해야 했고, 주인과 하인의 신분이 바뀌면서 보복 과 살인의 극단적 전복을 체험하기도 했다. 죄 없는 순진한 사람을 순간 적 판단이나 불가피한 상황에서 살해해야 했고, 병든 아내를 버려야 했 다.「정체성(Identity)」이란 작품에서는 주인공이 전쟁에서 자신과 관련 된 모든 사람이 죽고 자신을 나타내는 호적도 불타버려서 자기가 누구 인지 증명할 수 없는 존재로 나타난다. 전쟁은 인간의 존재 자체를 없애 버리는 것이다.

「제2의 기회(A Second Chance)」에서 작가의 페르소나라 할 수 있는 주 인공 황기철은 전쟁으로 변화된 인간의 모습을 이렇게 말한다. "홀로코 스트 동안 그곳에 있지 않았던 사람은, 또 내가 했던 경험을 해보지 않은 사람은 알 수 없다. 전쟁으로 내가 얼마나 망가지고 바뀌었는지를…" 문제는 자신의 변화로만 끝나는 것이 아니라 「향수(Nostalgia)」의 주인공 현도남, 「화재(A Fire)」의 주인공 엘렌 신, 「부활(A Resurrection)」의 주인공 조오설과 같이 과거에 저지른 죄에 대한 트라우마를 극복하지 못하고 자살로 삶을 마친다는 사실이다. 이 소설집에서 전쟁의 상처를 극복하는 데 성공하는 사람은 아무도 없다.

소설집의 제목과 같은 첫 번째 단편 「죄의 대가(Gulit Payment)」에서 이름 모르는 주인공은 다음 단편 「신 내림 병(Possession Sickness)」에서 강정식으로 나오지만, 그는 전쟁 통에 아내를 버려 죽게 했고, 그 죽은 아내의 체현으로 무당이 된 아내를 또 버리고 미국으로 이민했지만 또 그 아내를 비행기 사고로 죽게 한 죄책감에 시달린다. 그는 결국 없는 엄마를 찾는 딸을 통해 다시 과거를 되살리게 되고, 결국 미국화 된 딸을 데리고 영구 귀국한다. 한국에서 미국이라는 새 꿈과 희망을 찾아 떠난 그는 결국 벗어나고자 하던 고국으로 돌아오는 것이다. 그는 잠재의식 속에 자리한 자신의 죄의 대가를 치르기 위해 고국으로 돌아온 것이다.

이 소설집은 분단국가의 내전의 비극을 적나라하게 보여준다. 북한에서 월남해 한국군에 입대하는 사람, 반대로 남한에서 의용군으로 입대해 인민군으로 싸워야 하는 사람, 이러한 역설적 상황으로 한국전쟁의 비극은 더욱 극대화된다. 한 예가 내전에서 흔히 보이는 무자비한 보복이다. 「부활(A Resurrection)」에서 9·28 서울수복 이후 공산군이 물러간 서울거리의 참상을 묘사하고 있는데 한 여인이 쓰레기더미를 뒤지는데 목이 없는 공산군 시체가 나뒹구는가 하면 죽은 엄마 옆에서 아기 둘이 울고 있다. 팔다리가 없는 한 남자는 드러누워 있고, 다섯 살쯤 되어 보이는 소녀는 눈이 멀고 다리는 화상을 입어 걸을 때 자꾸 넘어진다. 청계천에는 대꼬챙이에 찔리고 곤봉에 맞아 죽은 사체가 둥둥 떠다니고, 종로의 한 구덩이에는 천여 명의 민간인, 경찰 및 관리, 사업가 등이 손이 뒤로 묶인 채 총살당해 방치되어 있다.

그런가 하면 비극적 전쟁은 아이러니컬하게도 상상을 초월하는 인간적 감동을 유발시키기도 한다. 「부활」은 흑인 병사의 강간으로 원치 않은 검은 아기를 낳은 한 여인의 남편이 미국으로 이주하고, 한 남자는 흑인 혼혈아의 계부가 되어 새로운 삶을 살아가는 이야기이다. 비록 죽음이 지배하는 전쟁에서도 삶은 계속된다는 평범한 진리를 새롭게 터득하게 해준다.

「제2의 기회」에서도 성(性) 불구가 된 황기철은 성기능을 회복하고 그토록 자기를 원하는 여인과 결합해 미국에서 새 삶을 전개할 희망을 그린다.

이 소설집의 모든 주인공들은 한국전쟁으로 초래된 이산의 고통을 안고 미국에 살고 있는 한국계 미국인들이다. 이들은 플래시백을 통해 과거를 조명하고 과거의 기억으로 고통받는다. 그러나 현재로 돌아오면 그들은 이산인들이라서 정체성을 정립하는 데 어려움을 겪는다. 대부분의 주인공들은 과거의 문제를 해결하지 못한다. 동시에 「감사하는 한국인(The Grateful Korean)」에서 미국으로의 이주는 다시 태어나는 것과 같은 것으로, "그 한국인을 받아들이기 위해 팔을 활짝 벌리는" '새로운 나라'에 대한 감사로 소설집은 끝난다.

문학과 언어학을 전공한 저자는 영어문장이 탁월하다고 평가받고 있다. 이 작품집이 나온 이듬해에 워싱턴대학교의 솔버그(Sam E. Solberg) 교수는 《Amerasia Journal》(1984) 지에 다음과 같이 논평했다.

"어느 곳에 있든 한국 사람치고 온전한 사람은 없다" 하고 타이 박의 13단편 중 하나의 등장인물이 말한다. 이 한국계 미국인 작가의 첫 단편집의 으뜸가는 장점은 분단, 전쟁, 게다가 온전치 못한 조국에 태어난 한 세대의 한국인을 밀어 주는 반면 가로 막는 정신적, 육체적 공허와 상처를 가차 없이 직시하는 것이다. 망명의 위험, 상실감, 신분증과 이를 확인하는 사진처럼 취약하고 일시적인 자신의 비 영구성, 현재가 과거를 또 과거가 현재를 직시하는 상징적 우연, 이런 것을 소재로 타이 박은 한국계 미국인이 쓴 어느 작품보다 더 정교하게 20세기 후반 한국인 내지 한국계 미국인의 의미가 무엇인지를 투시해 주는 이야기들을 만들어 냈다.

(…)

타이 박의 주인공들이 어디를 가든, 하와이, 미 중서부, 사우디아라비아 건축 현장, 중 태평양에 뜬 참치 어선, 그들은 상처를 지고 가게 된다. 그리고 무자비한 육체적 훼손을 입은 한 인물은 "한국인은 온전할 수 없어"란 말에 일루의 재활의 약속을 제공받으나 정신적 상처에는 그러한 위안의 여지조차 없다. 재수가 좋던 나쁘던 운명은 무관심하며 성공하든 실패하든 치유는 못 받는다.

조선이 외국인 내방이든 본국인 출국이든 정식으로 개방하기 훨씬 전인 1850년, 1860년경 조선인 인삼 장사꾼들이 차이나타운에 드나든다는 전설에 의하면 조선인들은 중국인들과 거의 같이 오래전부터 미국에 와 살았다. 19세기 말에 생긴 조선인 이민의 첫 물결은 미국 거류민단이라는 점에서 보다 일본 식민제도에서의 정치적 망명이란 점에서 더 눈에 뜨인 것일 뿐 20세기의 60년대 70년대까지는 숫자면에서는 미미했다. 미국 동부 거주 망명자들의 생을 확인해 주고 김논영(그로리아 한)의『진흙 담』이 서부 거주자들에게 그리하듯『죄의 대가』의 이야기들은 이 새로운 세대 한국인들의 생을 재확인하는 시발점이다.『죄의 대가』에서 우리는 새로운 한인계 미국인의 음성을 듣게 된다. 당분간 이는 한반도 태생의 고통이 얽힌 이민자의 음성으로 남을 것이나 이로써 아시아계 미국 문학은 한 음성 더 부유해졌다.

## 03

# 이창래

Chang-Rae Lee, 1965~

———

『생존자The Surrendered』(2010)

———

이창래(Chang-Rae Lee)는 재미교포작가이자 세계문학계에서 주목받는 미국 작가이다. 그리고 《뉴요커》 지에서 선정한 '40세 미만의 대표적인 미국 작가 20인' 중 한 명, 노벨문학상 후보로 지목되기도 했다. 그는 『생존자(The Surrendered)』(2010)에서 한국전쟁 중 월남한 아버지의 체험을 그렸다. 한국전쟁을 배경으로 한 이 소설은 인간의 거대한 싸움이 인간 삶에 끼친 영향과 트라우마를 견디며 살아가는 과정을 그리고 있다.

이창래(Chnag-rae Lee)는 1965년 서울에서 태어나 세 살 때 의사인 아버지를 따라 미국으로 이민 가서 뉴욕주 웨스트체스터에서 성장했다. 예일대학교 영문과를 졸업하고 오리건대학교에서 문예창작학석사 학위를 받았다. 작가가 되기 전에는 월스트리트의 주식 분석가로 일하기도 했다. 정치적 사건에 연루된 한국계 미국인의 변방의 삶을 다룬 첫 소설『영원한 이방인(Native Speaker)』은 1995년 발간되어 미국 언론의 화려한 찬사를 받으며 펜 헤밍웨이 문학상, 오리건 도서상, 반스앤노블의 위대한 새로운 작가 발견, QPB의 새로운 목소리상 등 미국 문단의 주요 여섯 개 문학상을 수상했다. 1999년에 발간한 두 번째 작품『척하는 삶(A Gesture Life)』는 제2차 세계대전 당시 일본군으로 복무하며 한국인 위안부들과 함께한 경험을 회상하는 의사의 이야기를 다루었다. 이 작품 역시 전편을 능가한다는 찬사를 받으며 아니스필드-볼프 도서상과 구스타부스 마이어즈 도서상, 아시아계 미국인 문학상 등을 수상했다. 2004년 출간된 세 번째 작품『가족(Aloft)』은《타임》지 선정 '당신이 놓쳤을지도 모를 훌륭한 책 6권' 중 하나에 뽑혔고, '교양인이 읽어야 할 필독서'라는 극찬을 받았다. 이창래는 2002년부터 프린스턴대학교 문예창작과 교수로 재직하다 2016년부터는 스탠퍼드대학교 문예창작과 교수로 재직 중이다.

지은 책으로『영원한 이방인(Native Speaker)』(1995),『척하는 삶(A Gesture Life)』(1999),『가족(Aloft)』(2004),『생존자(The Surrendered)』(2010),『만조의 바다 위에서(On Such a Full Sea)』(2014) 등이 있다. 그의 작품은 대개 갈등이 먼저 제시된 후 그것이 심화되고 분화되다가 끝내는 해결되는 성장서사이다. 그런데 이 성장서사는 이방인으로서의 정체성과 자국민으로서의 정체성을 동시에 지닌 주인공과 만나면서 독특한 분위기를 풍겨낸다.

그는 한국에 비교적 자주 방문하는 편이다. 주로 대학교 등에서 강연을 하였는데 영어만 사용하고. 어느 강연에서 본인을 한국에 관심이 있는 미국인 작가라고 하기도 했다. 연세대학교 언더우드국제대학 석좌교수로 임용되어 강의를 한 적도 있다. 소설을 쓰기 전에 사전조사와 인터뷰에 세심한 공을 들이는 작가로 알려져 있다.

## 작품 속으로

『생존자(The Surrendered)』는 총 19장으로 이루어졌는데, 한 장이 40여 쪽씩 되니 600쪽이 넘는 방대한 작품이다. 한국어 번역은 나중길 번역가가 했다.

1986년 미국, 경제적 삶에서는 성공했지만 자녀에게는 미처 사랑을 쏟지 못한 한국계 미국 교포 여성 준은, 죽은 아버지의 흔적을 찾아 8년 전

『생존자
The Surrendered』
(2010)

유럽으로 떠난 아들 니콜라스의 흔적을 몰래 추적하며 35년 전의 과거를 반추한다. 6·25 중에 가족을 처참하게 잃고 전쟁과 인간의 잔혹 속에서 공포심만 키운 11살의 준은 한 고아원에서 미군 병사 헥터를 만난다. 헥터는 그의 마음을 위로해 주었지만 고아원을 운영하는 선교사의 아내 실비와 특별한 관계를 맺는데 그들은 예상치 못한 비극으로 치닫는다.

이렇게 『생존자』는 6·25전쟁 당시 한 산골에 세워진 고아원과 그로부터 35년여 후인 1986년의 미국을 배경으로 현재와 과거를 오가며 전쟁으로 인해 뒤얽힌 세 남녀의 비극적인 삶과 슬픔, 더 나아가 인간의 가치를 말살하는 전쟁의 참상을 고발한 작품이다.

이 소설의 주요인물은 다음과 같다.

전쟁고아 준은 1950년 쌍둥이 동생 둘과 함께 남쪽으로 향하는 피난민 기차에 겨우 몸을 실었다. 어린 소녀 준은 피난 전에 아버지와 오빠를 잃고, 피난 도중에 어머니와 언니를 비참하게 잃고 충격을 받았지만 동생들을 돌보아야 한다는 일념으로 버텨나간다. 그러나 불의의 사고로 인해 동생들마저 잃고 살아 있는 동안 잔혹한 세상과 완벽한 담을 쌓기로 한다. 발길 가는 대로 흘러 도착한 고아원에서 뜻하지 않은 인연들을 만난다.

미군 병사 헥터는 전쟁을 경멸하는 아버지에 대한 사랑과 미움이 뒤섞이는 가운데 자신의 부재중에 일어난 사고로 아버지가 죽자 죄책감을 이기지 못하고 한국전쟁에 참전한다. 타고난 군인으로서의 자신의 자질을 발견하지만 죽음을 맞이하는 인간의 마지막을 더 이상 볼 수 없어 죽은 이를 대하는 전사자 처리부대로 자리를 옮긴다. 그러나 그 자리마저 지키지 못한 그는 언제나 번민과 고뇌에 휩싸인 자신을 가만히 놓아둘 수 없어 전쟁고아들이 가득한 고아원에 둥지를 틀고 일하기로 결심한다.

선교사의 아내 실비는 어릴 적부터 부모님을 따라 세계를 누비며 선교 활동을 해온 부모님의 희생정신과 용기를 그대로 물려받아 자신도 부모님과 같은 사람이 되겠노라 맹세한다. 하지만 만주사변 당시 현장에서 부모님을 잃는다. 다행히 선교사의 아내로서 자신의 모든 것을 희생하며 과거를 잊는 방식으로 삶을 꾸려나가지만 가슴속 깊은 상처는 계속 발목을 움켜잡는다.

1950~1953년 한국전쟁 당시 과거와 1986년 미국을 오가며 진행되는 이야기는 지금은 중년이 된 준이 엉켜버린 과거의 매듭을 풀기 위해 과거

를 회상하는 방식으로 진행된다. 작가는 무거운 주제와 전쟁에 대한 철학적 사유를 담으면서도 소설적 이야기의 재미를 놓치지 않으려고 준이 끊임없이 과거를 반추하고 되돌리려는 방식을 뜻밖의 미스터리적 구성으로 담기도 한다. 전쟁의 참상 속에서 엉망이 된 인물들의 과거의 엉킨 매듭을 풀려는 준의 모습은, 과거와 현재를 오가며 깊은 울림을 준다. 소설『생존자』는 전쟁과 구원, 사랑과 용서, 숭고한 희생에 대한 가치를 일깨워주는 대작이다.

방대한 작품에서 앞부분과 마지막 부분을 인용해 본다. 1950년 한국 전쟁의 한 장면을 묘사한 앞부분은 이러하다.

> 그녀(준)는 동생을 안고 달리기 시작했다. 객차 하나의 문이 빠끔히 열려 있었다. 그녀는 힘껏 달려가서 객차를 가득 채운 사람들을 향해 동생의 몸을 치켜들었다. 몇몇 사람이 그녀에게 얼른 올라타라는 손짓을 했다. 기차가 속력을 내고 있었고 그녀는 점점 기차로부터 멀어져 갔다. 그것은 그들 남매에게 주어진 마지막 기회였다. 하지만, 바로 그 순간, 지영의 다리에 묶여 있던 허리띠가 풀리면서 바닥으로 흘러내렸다. 그러자 마개가 벗겨진 것처럼 지영의 다리에서 핏물이 콸콸 뿜어져 나왔다. 준은 달리면서 절단된 다리 부위를 꽉 움켜쥐었지만 한 손으로는 제대로 힘을 쓸 수가 없었다. 거침없이 쏟아지는 피를 막기에는 역부족이었다. 준은 결국 멈추어 서서 동생을 땅바닥에 눕힌 다음 양손으로 절단 부위를 꽉 움켜쥐었다. 기차는 천천히 남매를 스치고 남쪽으로 굴러갔다. 이제 그들의 뒤로는 기차의 3분의 1만 남아 있었다.
>
> "왜 멈췄어?"

지영이 우물거리며 말했다.

"더 이상 달릴 수가 없었어."

"아."

얼굴의 핏기가 빠져나가면서 지영은 의식을 잃어가고 있었다.

"날 찾으러 돌아올 거야?"

준은 고개를 끄덕였다.

"약속하는 거지?"

준은 다시 고개를 끄덕였다.

"괜찮아, 안 와도 돼."

준은 온기가 남아 있는 지영의 손을 내려놓고 역시 온기가 남아 있는 동생의 얼굴에 입을 맞췄다. 그러고 나서 동생의 곁을 가능한 한 오래 지켰다. 하지만 마지막 기차가 스치고 지나갈 때, 그녀는 자리에서 일어나 몸의 중심을 잡은 다음 오직 살아남기 위해 달리기 시작했다. (46~37쪽)

이렇게 시작된 이 긴 소설은 이렇게 끝난다.

아직 끝이 아니었다. 준은 기차를 향해 달리고 있었다. 마지막 객차가 그녀로부터 멀어지고 있었다. 기차는 그녀가 따라잡을 수 없는 속도로 달리고 있는 듯 보였다. 사람들의 목소리가 들려왔다. 사람들은 그녀에게 포기하지 말고 계속해서 달리라고 소리쳤다. 그녀는 맨발이었다. 언제 신발이 벗겨져 나갔을까? 철로 옆의 땅바닥에는 날카로운 자갈과 가시투성이의 잡초가 깔려 있었다.

하지만 그녀는 전신을 뒤덮은 통증 따위에는 조금도 개의치 않았다. 힘이 빳빳하게 들어간 두 다리는 피스톤이 되어 그녀가 평생 달려온 이 단거리를 완주하도록 그녀의 몸을 미친 듯이 앞으로 밀어내고 있었다. 준은 뒤를 돌아볼 수 없었다. 그녀는 그들 모두를 사랑했지만 뒤를 돌아보게 되면 자신은 끝장이라는 것을 알고 있었다. 언젠가는 멈추게 될 테지만 아직은 멈추고 싶지 않았다. 무언가를 갈망한다는 것은 결국 시간을 갈망하는 것이다. 그녀는 그저 시간을 좀 더 가지고 싶었을 뿐이다. 마지막 객차의 바퀴가 날카로운 비명 소리를 내면서 섬광을 번쩍였다. 그것은 속도를 내며 멀어지려 하고 있었다. 그녀는 필사적으로 앞으로 몸을 기울이며 소리를 질렀다. 다음 순간 그녀는 숨을 멈춘 채 문의 시커먼 모서리를 향해 손을 뻗었다. 그녀의 뒤쪽으로 세상이 빠른 속도로 멀어졌다. 누군가가 그녀를 끌어올려 품어주었다. 그녀는 지면에서 발을 뗐다. 살아남은 것이다. (660~661쪽)

## 04

# 수잔 최

Susan Choi, 최인자, 1969~

———

『외국인 학생

The Foreign Student』(1998)

———

　수잔 최(Susan Choi)는 현재 미국에 사는 한국계 작가로 많은 기대를 받고 있는 여성이다. 무엇보다 그녀는 일제강점기에 경성제국대학과 해방 후 연세대학교 교수였던 영문학자 최재서(1908~1964)의 친손녀라는 사실이 주목된다.

　수잔 최는 1969년 미국 인디애나에서 태어났다. 아버지는 인디애나주립대의 최창 교수로 한국의 경성제대 영문학과 최재서 교수의 아들이다. 최재서의 딸 최양희(Yanghi Wall-Choi) 교수도 한국문학을 영어로 많이 번역하여 한국펜번역상까지 받았다. 최창 교수는 유대계 여성과 결혼하여 수잔을 낳았다. 수잔은 1990년 예일대학을 졸업하고 1995년 코넬대학 문예창작과를 졸업했다.

현재 뉴욕에 살면서 《뉴요커》 지에서 근무하고 있다. 1999년 7월에 한국을 방문하여 자신의 책 출판을 기념하고 언론들과 인터뷰도 가졌다. 9세 때 아버지를 따라 한국을 이틀간 방문한 것을 제외하면 처음 아버지의 나라를 찾은 셈이다. 2014년에는 '2014 서울국제작가축제'에 참석하기 위해 한국을 다시 방문했다.

『외국인 학생(The Foreign Student)』은 1998년에 나와 《LA 타임스》 지에 토니 모리슨(Toni Morrison)과 함께 '미국에서 가장 좋은 소설 베스트 10'에 선정되었다. 한국전쟁을 다룬 이 소설로 일약 미국의 차세대 선두 작가로 떠올랐다.

수잔 최는 『외국인 학생』으로 아시아계 미국인 문학상(Asian-American Literary Award)을 수상했고, 2003년에 발표한 두 번째 장편 『미국 여자(American Woman)』로 퓰리처상 최종 후보에 오르는 등 미국 문단에서 인정받고 있다. 그녀는 한국 언론과의 인터뷰에서 "매순간 기억하고 사는 것은 아니지만 글을 쓸 때 항상 한국과 내 가족의 역사와 연결된 주제가 나온다. 첫 작품 또한 한국전쟁에 참전한 아버지의 이야기를 토대로 했다. 할아버지가 일제강점기의 문인이었고, 친일 논란이 있는 것으로 안다. 요즘 가장 관심 있게 들여다보고 있는 주제다. 책을 쓰기 전까지 알 수 없지만 다음 책으로 이어질 가능성이 높다고 생각한다."고 하였다.

그녀의 어머니는 유대인이기 때문에 수잔 최는 재미 한국작가라고 할 수도 있고, 재미 유대인작가라고 할 수도 있다, 유대인문학은 노벨상에 가까운데 앞으로 수잔 최가 노벨문학상을 탈 수 있기를 기대한다.

## 작품 속으로

『외국인 학생(The Foreign Student)』은 한국전
쟁의 악몽에서 벗어나려고 미국으로 건너간 안
창과 14세 때부터 아버지의 친구와 사랑에 빠져
상처를 간직한 미국 여자 캐더린 먼로 사이의 감
동적인 사랑을 다루었다. 이 작품은 미국 언론
들로부터 '색다른 감수성과 놀랄 만한 감동을

『외국인 학생
The Foreign Student』
(1998)

지닌 소설', '잊을 수 없는 아름다운 산문체의 문장' 등의 호평을 받았다.

전쟁의 상처와 사랑의 상처를 보편적 인간의 문제로 연결시킨 이 소설
은《LA 타임스》서평담당자가 주제 사라마구의『눈먼 자들의 도시』, 토
니 모리슨의『천국』과 함께 1998년 10대 서적에 선정하는 등 큰 호평을
받았다.

소설의 주인공 안창은 절친한 친구가 공산주의자가 되어 행방을 감추
자 공산군을 피해 다니다 엉뚱하게 제주에 내던져지고, 이후 국군에 붙
잡혀 혹독한 고문을 받는다.

소설의 또 다른 주인공 캐더린은 아버지 친구 찰스 애디슨 교수에게 사
랑을 느끼는데, 금단의 사랑을 하기 때문에 애디슨 교수의 곁을 행성처
럼 맴돌 뿐이다. 열네 살이라는 어린 나이에 일찍 사랑에 눈뜬 그는 미국
사회의 중심부에 설 수 있는 조건을 충분히 갖추고 있음에도 이방인으로
내동댕이쳐진 것이다.

상처 입은 이들 두 인물이 만나 자아를 회복해간다. 역사라는 씨줄과
개인이라는 날줄을 사용하면서 삶의 직물을 짜가는 것이다. 또한 전혀

다른 세계와 배경에서 자란 두 주인공을 내세우면서 동양의 특수성과 미국사회의 보편성을 포괄하고 있는 것이다.

이 작품은 좁게 보면 작가의 가족사라고 할 수 있다. 주인공 안창이 곧 수잔 최의 아버지이며 소설의 스토리는 작가가 살아온 발자취를 닮았기 때문이다.

안창과 캐더린은 평범한 사랑을 하고 안락한 삶을 살기엔 너무 깊은 상처를 가진 사람들이다. 전혀 다른 세계에서 살던 두 사람은 스웨니라는 작은 마을에서 만난다. 이 평화로운 마을에 낯선 한 동양인 유학생이 찾아든 것이다. 그의 이름은 창이지만 미국식 이름은 척이다. 이곳 사람들은 말수가 적고 어두운 그늘을 가진 그에게 호기심과 동정심을 보낸다. 창은 한국전쟁에서 가족과 친구를 잃고 심한 고문까지 당해서 고국을 도망쳐 나왔다.

일제강점기에 영문학을 전공한 아버지 덕에 상당한 영어를 할 수 있던 그는 한반도에 미군이 주둔하자 하지(Hodge) 장군의 통역관으로 일하였다. 그리고 미공보부 통신원인 피터필드의 조수로 일하기도 했다. 학창시절 친구인 김은 공산주의자가 되어 자취를 감추었다. 전쟁이 발발하자 창은 가족을 모두 부산으로 피난시키고 자신은 서울에 남는다. 기다리는 김은 오지 않고 피터필드는 서울을 떠난다.

전쟁이 터지고 공산군 치하의 서울에서 창은 식모의 도움을 받으며 계단 밑 은신처에서 숨어 지낸다. 마침내 서울이 수복되자 겉으로는 일상으로 돌아갔지만 몸과 정신이 피폐되었다. 그는 인간에 대한 불신과 전쟁에 대한 극도의 혐오감을 갖는다.

서울이 다시 공산군에 넘어가자 창은 국회의원인 삼촌의 도움으로 서울을 탈출한다. 그러나 부산행 계획은 잘못되어 피난민 포로들과 함께 외딴 제주도에 내리게 된다. 은밀히 빨치산의 활동을 돕고 있는 외국인 선교사의 안내를 받아 게릴라들의 동굴로 들어간 창은 친구 김을 찾으려고 애쓰지만 찾지 못하고 부랑자가 되어 거지 생활을 한다. 국군에게 붙들려 혹독한 고문을 당하고 풀려난다.

창은 미국행을 백방으로 모색한다. 필사적 노력 끝에 미국에 왔지만 그는 더 이상 인간과 세상을 신뢰하지 않는다. 선교회의 장학금으로 겨우 생활은 하지만 마음을 표현할 '말'조차 잃어버렸다. 그는 심한 고독에 빠진다.

그의 새 인생에 두 사람이 등장한다. 카리스마를 지닌 교수 찰스 에디슨과 백인여자 캐더린이다. 상류층 교육을 받은 백인 처녀 캐더린은 에디슨 교수의 매력에 사로잡혀 14살의 어린 나이에 치명적 사랑에 빠진다. 그녀는 모든 것을 버리고 스웨나라는 작은 마을에서 에디슨의 주변을 맴돈다.

이런 두 인간이 낯선 곳에서 만나 깊은 사랑을 나누게 된다. 그녀는 백인이긴 하지만 제3세계에서 온 동양인인 안창과 마찬가지로 난파자인 셈이다. 그들은 서로의 상처를 보듬어주며 스스로 치유의 길을 걷는다. 서로의 체험을 공유하면서 진정한 화해의 바다로 나아간다. 상처는 사랑에 의해 조금씩 치유되어간다.

사실 이 소설을 쓰기 전까지 수잔 최는 여느 미국인들처럼 한국전쟁에 대해 잘 몰랐다. TV 드라마 〈MASH〉를 즐겨 보며 자랐지만 그것이 자신의 아버지의 고국에서 일어난 전쟁인 줄은 몰랐다. 그래서 아버지의 삶에 대해 묻고 기록하여 쓴 것이 이 작품이다.

이 소설에서 한국전쟁에 대해 묘사한 부분을 인용해 본다.

> 1953년 여름이 끝나갈 무렵 휴전협정이 맺어졌다. 다음 해 봄에 창
> 은 부모님을 따라 서울로 돌아왔다. 그들의 집은 쓸쓸히 버려진 채 여
> 전히 남아 있었다. 그들은 집 안에 있는 방들을 대부분 잠궈 버렸다.
> 한때 아버지가 다시는 외부활동을 하지 않고 그대로 남은 삶을 끝내
> 려고 틀어박혀 있었던 방과 은실이가 쓰던 방, 서재 그리고 2층의 모든
> 방을 닫아버렸다. 계단으로 올라가는 길은 아예 막아버렸다. 위층은
> 온통 쥐들의 세상이 되어버렸다. 미친 듯이 날뛰는 쥐들의 소리는 마치
> 머리 위에서 공을 굴리는 것처럼 요란하게 들려왔다. 처마 밑에는 비둘
> 기들이 둥지를 틀고 있어서 구구거리는 소리가 집 안으로 흘러들어왔
> 다. 창은 계단 밑의 은신처를 가리고 있는 널판지를 옆으로 치웠다. 그
> 리고 그 무덥고 어두운 구멍 안에 손을 넣어보았다. 그 구멍 속으로 들
> 어갔던 일이 실감나지 않았다. 어쩌면 일부러 잊어버린 것인지도 몰랐
> 다. 그는 외국의 여러 대학에 지원서를 보내느라 바쁘게 쫓아다녔다.
> (…) 그의 유일한 목적은 미국에 가는 것이라기보다는 남한을 떠나는
> 것이었다. (257~258쪽)

이 소설은 이렇게 끝난다.

> 부산에서 가족들을 다시 만났을 때 어머니는 문가에 서 있는 그를
> 쫓아내려고 했었다. 거지라고 생각했기 때문이다. 그는 벌컥 화를 내
> 는 어머니를 피해 거리로 달아났다. 그리고 몇 시간 동안 담밑에 쭈그

리고 앉아 있다가 다시 문을 두드렸다. 그런 일을 겪어도 그는 조금도 화가 나거나 놀라지 않았다. 단지 안심이 될 뿐이었다. 그의 두려움과 허약함과 질병은 모두 사라졌다.

어머니가 그를 알아보지 못하는 순간, 가족에 대한 그의 의무도 끝난 것이다. 그리고 계속 밀려드는 수치심과 불안에도 불구하고, 언제나 은밀히 마음속에 간직해 왔던 그의 생각이 옳았다는 것이 마침내 증명되었다. 이곳에서의 삶은 결코 그의 삶이 될 수 없으며 이 전쟁도 결코 그를 규정할 수 없다는 생각이었다. 그날 밤 그의 어머니는 끊임없이 눈물을 흘리셨지만, 그리고 그에게 음식을 갖다 주고 더러운 옷을 빨아주고 그가 잠들 때까지 그의 손을 꼭 잡고 있었지만.

그는 몸이 회복되자마자 아무렇지도 않게 부산에 있는 미국공보부를 찾아가서 일자리를 얻고 전쟁이 끝날 때까지 전보를 번역하면서— 그는 마치 새로운 어휘가 새로운 사고의 틀이라도 줄 수 있는 것처럼 영어를 빨아들였다.—2년 동안이나 세월을 보냈지만 그는 이미 그 순간에 그곳을 떠나버린 것이었다.

그는 자유로운 몸이었다. (275쪽)


이 소설은 결국 사랑으로 온갖 세계사적 고통을 극복할 수 있다는 교훈을 건네고 있다.

# 한국문학이 노벨문학상을
# 받는 날을 꿈꾸며

나는 이 책에서 한국전쟁을 문학작품과 르포 등 다양한 내용과 형식으로 저술한 38인의 세계작가들을 발굴해 소개하였다. 이들은 미국인 29인, 중국인 3인, 독일인 1인, 프랑스인 1인, 그리스인 1인, 인도인 1인, 인도네시아인 1인, 영국인 1인이다. 물론 이들이 전부라고는 할 수 없다. 한국전쟁에 대해 글로 쓴 작가들이 더 많이 있을 것이고, 이 책에는 단지 내가 도서관과 인터넷에서 찾아 읽고 모은 작가들을 소개한 것일 뿐이다. 역시 미국인이 많은 것은 한국전쟁에 미군이 많이 참전한 이유도 있지만, 미국이란 원래 '용광로(melting pot)'란 별명처럼 각종 인종과 민족이 모인 나라이다. 그래서 이 책에는 김은국(Richard E. Kim)과 같은 한국인계 미국 작가들도 4인이 소개되었다. 김은국이 노벨상을 받지 못하고 작고한 것은 실로 아쉬움이 크다. 또한 이 책에는 하임 포톡(Chaim Potok) 등 유대계 작가들도 소개되었는데, 유대인 작가는 특별히 관심을 기울여야 할 연구대상이다.

이 책에 소개된 작가들은 소설가들이 가장 많지만 히긴스(Marguarett Higgins) 등 르포 작가들도 있고 맥아더(Douglas MacArthur) 장군 등 한국전쟁에 참전한 군인들도 있다.

펄 벅(Pearl S. Buck)과 토니 모리슨(Toni Morrison) 같은 여성 노벨상 수상작가가 한국전쟁에 관심을 갖고 소설로 문학화한 것은 놀랍고 고마운 일이다. 중국계 작가로 한수인과 하진 같은 소설가가 영어로 좋은 작품을 써서 세계문학계에 알리고 활동하고 있는데, 우리는 이것을 교훈으로 삼아야 한다.

한국전쟁을 비롯하여 한국에 관해 쓴 외국작가들의 작품들을 어떤 내용과 주제로 분류하고 분석할 것인가는 간단치 않다. 장기적인 문학평론의 과제로 남겨야 한다. 이것은 연구 인구의 층과 직결되는데 이런 작품들을 읽고 분석하며 정리하는 연구자들이 있어야 한다. 한국문학계는 현재 노벨문학상이 가장 큰 과제로 남아 있다. 한글로 쓰는 작가는 많아도 영어나 외국어로 쓰는 작가는 매우 적다. 번역만 잘되면 한국문학이 노벨상을 탈 수 있을 것이라 믿는다. 세계 속의 한국, 한류문화가 확산되는 만큼 한국작가들도 다양한 언어로 쓰는 노력을 해야 할 것이다. 이 책이 한국문학을 발전시키는 한 초석이 될 수 있기를 바랄 뿐이다.

아쉽지만 이 책에서는 38인의 외국작가와 작품을 간단히 소개하는 정도로 그쳤다. 필자가 여기저기서 발견한 대로 이 책에 소개했기 때문에 미처 다루지 못한 중요한 작가도 있을 것이다. 작품내용을 분석하고 평가하는 일은 다음 과제로 남긴다. 이런 작업을 문학평론이라 해야 할지 한국문학사의 장르라 해야 할지 모르겠지만 아직도 연구가 제대로 이루어지지 않고 있다. 다행히 영문학자 정연선 교수의 『잊혀진 전쟁의 기억: 미국소설로 읽는 한국전쟁』(2019)이 최근에 출간되었다. 미국소설에만 국한하지 말고 세계문학으로 폭을 넓히는 작업도 뒤따라야 할 것이다.

다시 한 번 강조하건대 세계무대에서 한국은 아직도 전쟁이 있었던 나라로 기억되는데 한국전쟁 등을 소재로 하여 노벨문학상이라도 받으려면 한글로만 쓰기보다 영어나 다른 언어로 쓴 좋은 작품도 나와야 할 것이다. 이 책에 소개한 세계작가들이 쓴 한국전쟁에 관한 작품들의 내용과 성격이 어떤지 각론적으로 분석하여 산지식으로 소화하는 것은 우리의 몫이다.

# 세계문학 속의 **한국전쟁**

38인의 작가로 읽다

**초판 1쇄 인쇄** 2021년 6월 14일
**초판 1쇄 발행** 2021년 6월 25일

**지은이** 최종고
**펴낸이** 조동욱
**편집** 김종필

**펴낸곳** 와이겔리
**등록** 제2003-000094호
**주소** 03057 서울시 종로구 계동2길 17-13(계동)
**전화** (02) 744-8846
**팩스** (02) 744-8847
**이메일** aurmi@hanmail.net
**블로그** http://blog.naver.com/ybooks

ISBN 978-89-94140-42-1 03900

＊책값은 뒤표지에 있습니다.
＊잘못 만들어진 책은 바꿔 드립니다.